Ferenc Máté

Die Hügel der Toskana

Mein neues Leben in einem alten Land

Aus dem Amerikanischen
von Martin Bauer

Ullstein

Ullstein Taschenbuchverlag 2000
Der Ullstein Taschenbuchverlag ist ein Unternehmen
der Econ Ullstein List Verlag GmbH & Co. KG, München
Deutsche Erstausgabe
2. Auflage 2000
© 2000 für die deutsche Ausgabe
by Econ Ullstein List Verlag GmbH und Co. KG, München
©1998 by Ferenc Máté
Titel der amerikanischen Originalausgabe:
The Hills of Tuscany (W. W. Norton, New York)
Übersetzung: Martin Bauer
Redaktion: Gisela Klemt
Umschlagkonzept: Lohmüller Werbeagentur GmbH & Co. KG, Berlin
Umschlaggestaltung: DYADEsign, Düsseldorf
Titelabbildung: ZEFA, Düsseldorf
Gesetzt aus der Minion
Satz: Josefine Urban – KompetenzCenter, Düsseldorf
Druck und Bindearbeiten: Clausen & Bosse, Leck
Printed in Germany
ISBN 3-548-35959-0

Für Candace, in ewiger Liebe

Teil I

September 1987

1   ᵔ Das Licht der Toskana

Wir traten aus den kühlen Schatten der Arkaden hinaus in die Wärme der Herbstsonne. Es war früher Nachmittag, die Straßen waren verwaist, die Geschäfte geschlossen. Die gesamte Toskana saß beim Mittagessen. Wir gingen Arm in Arm durch das herbstliche Licht; die Wärme und die Karaffe Rotwein, die wir zum Essen getrunken hatten, legten sich uns angenehm aufs Gemüt. Still und zufrieden wanderten wir hügelan Richtung *piazza*, wo die Mosaikfassade der Kathedrale glitzerte wie tausend kleine Sterne.

In den letzten Wochen hatten wir in Schweden, Finnland und der Bretagne für ein Buch recherchiert, und immer war es kalt und feucht gewesen. Zum ersten Mal seit über einem Monat froren wir nicht. Wir bewunderten das Mosaik und setzten uns dann, vom Wein ermüdet und vom Glanz geblendet, auf die niedrige Steinmauer, die den Friedhof hinter der Kirche umgab. Von dort ließen wir unseren Blick über die Landschaft streifen. Wahrscheinlich haben sich seit Jahrhunderten immer wieder Träumer auf dieses Mäuerchen gesetzt, um in die Landschaft hinaus zu blicken. Ein Meer von Hügeln wellte sich bis zum Horizont, bedeckt von liebevoll gepflegten Weingärten und Olivenhainen, Obstgärten und Feldern. Hier lag ein frisch gepflügter Acker, dort stand noch der Mais, auf einem Feld trocknete Heu. Weide, Wald, Felder: Die ganze

Landschaft lag offen da, ohne Zäune, und die Grenzen zwischen den Feldern verliefen nicht gerade, sondern vom Lauf eines Baches vorgegeben, der Kurve eines Hügels oder dem Grund eines Tals folgend. Entlang dieser Grenzen zogen sich Pappeln oder Gräben, oft aber gab es zwischen den Feldern überhaupt keine Abgrenzung. Auf manchen Hügeln kauerten alte Steingebäude, umgeben von Zypressen, Obstbäumen und Gemüsegärten. Auf einem Kamm stand ein Kloster mit einem quadratischen Kirchturm, dahinter sah man ein winziges Dorf auf einer Hügelkuppe. Alles schien klein – mit den Augen des Menschen gesehen. Und über allem herrschten das weiche Licht der Toskana, Stille und Ruhe.

Candace war völlig abwesend, ihr Blick verlor sich irgendwo am Horizont, ihr rötlichbraunes Haar glänzte in der abendlichen Sonne. Licht erfüllte die Luft.

Nach einer Weile schlug ich vor weiterzugehen.

Candace sah mich an: »Weißt du,« sagte sie schließlich, »allmählich mag ich nicht mehr weitergehen. Seit 15 Jahren ziehen wir ständig weiter: vom Hausboot aufs Segelboot, dann in die Berghütte, in den Schuppen an der Laguna Beach, in die Pariser Dachwohnung, in diesen New Yorker Schuhkarton, in dieses Dingens auf den Bahamas. Wie hieß dieses achteckige Teil gleich wieder?«

Die Luft schwang leicht unter dem langsamen und sonoren Glockenschlag, der vom Kloster herüberwehte und sich wie ein Schleier der Melancholie über die stillen Hügel legte.

»Eine Beerdigung«, sagte Candace und schaute so traurig drein, als ob sie den Verstorbenen gekannt hätte. Als die Glocken verstummten und ihr Echo verklungen war, legte sich pietätvolle Stille über die Landschaft. Hinter ein paar Wolkenbändern ging die Sonne unter, die Welt strahlte.

Wenig später hörten wir ganz in der Nähe das Knacken von Holz, das zu Spänen gehackt wird. Und gleich darauf die laute Stimme einer Frau, die es gewohnt war zu schreien: »*Mario! Non troppo grosso! Per la Madonna!*«

Ich lachte und fragte Candace: »Was hat sie geschrien?«

»Sie hat gesagt, daß sie allmählich nicht mehr weiterziehen mag, und wenn sie noch ein einziges Mal weiterziehen müßte, würde sie das alleine tun und dich zurücklassen wie Kameldung in der Wüste.«

Mario hackte noch eine Weile, rhythmisch, ohne Hast. Anscheinend waren die Späne jetzt fein genug, denn er wurde nicht weiter beschimpft.

»Ich möchte seßhaft werden«, sagte Candace. »Ich möchte ein kleines Haus, ein paar Obstbäume, einen Gemüsegarten.«

»Klingt gut«, meinte ich. »Wo?«

»Irgendwo.« Sie hatte das ein wenig lauter gesagt, und es hallte von der Kirchenmauer zurück. Ein alter Mann mit einem schmalkrempigen Hut war in den Friedhof geschlendert und sah jetzt zu uns her, als ob er unsere Unterhaltung verfolgt hätte. Ich blickte über die Hügel, die Wärme, die Ruhe. »Warum nicht hier?« fragte ich und deutete auf das Tal unter uns.

»Hier?«

»Massenweise Platz für Gemüse. Wir könnten einen alten Bauernhof kaufen und renovieren. Wir hätten ein kleines Feld, ein bißchen Wald, ein paar Weinstöcke, einen Weinkeller. Wir könnten sogar eigenen Wein keltern. Riechst du schon, wie die alten Holzfässer duften? Hörst du schon die Tauben auf unserem Dach gurren, den Hahn auf dem Misthaufen krähen? Oliven! Stell dir vor, wie wir unser eigenes Olivenöl pressen und es dann über eine dicke Scheibe geröstetes Brot gießen, die wir vorher mit einem Kilo Knoblauch belegt haben?«

»Du spinnst!« lachte sie.

»Meinetwegen nur mit einem Hauch Knoblauch.«

»Ich rede von deinem Plan, hierher zu ziehen.«

»Warum nicht? Die Landschaft ist wunderschön, das Essen unübertroffen, die Leute sind nett. Und die Kunst erst! Konzerte in Kirchen und Schlössern. Ich kann hier ebensogut schreiben wie überall sonst auf der Welt, du kannst malen – und bei diesem Licht! Sogar das Klima ist perfekt. Was will man mehr? Unser kleiner Bauernhof könnte genau dort unten liegen«, sagte ich und deutete auf ein kleines Bauernhaus. Rings um die bröckelnden Mauern grasten ein paar weiße Flecken im Schatten.

»Ein Bauernhof! Du hast keine Ahnung von Landwirtschaft.«

»Das könnte ich lernen.«

»Aber du sprichst kein Wort Italienisch.«

»Ich belege einen Kurs.«

Sie lächelte: »Du weißt nicht einmal, wo wir hier sind.«

»Ich frage einfach.«

Stumm starrte sie mich an – der alte Mann übrigens auch, und sein Gesicht verriet, wie gespannt er war. Dann lächelte Candace. »Du bist ein netter Kerl«, sagte sie wie eine Pflegerin, die einen Verrückten beruhigen will, »aber du und die Wirklichkeit, ihr paßt nicht zusammen.« Sie schüttelte den Kopf; der alte Mann schien zufrieden mit dieser Reaktion, er rückte seinen Hut zurecht und ging. Plötzlich hörten wir die Glockenzüge im Kirchturm über uns knarzen, dann schwang eine riesige alte Glocke aus dem Turm heraus, wieder zurück, mit größerem Schwung wieder heraus, und dann begann ein ohrenbetäubendes Läuten, das die Luft und die Erde zum Beben brachte. Ein kleiner Pfarrer mit großen Händen schlurfte in die Kirche, gefolgt von ein paar älteren Damen.

Candace stand auf, tief in Gedanken versunken. »Ich glaube, es gibt nur wenige Dinge, die angsteinflößender sind als ein Umzug in ein fremdes Land.«

»Ich wüßte keines«, sagte ich.

2   ∾   Bei der Madonna links!

Das nächste Jahr lebten wir wie eingemauert in New York, Candace arbeitete wie besessen an ihrem Abschluß in Fine Arts, während ich ein Buch über Segelboote fertigstellte und mit einem Roman kämpfte, dessen Held ein Matrose war, der seine tote Frau suchte. Schließlich war alles geschafft, Candace bekam ihren Abschluß, ich beendete den Roman und packte ihn behutsam in eine Holzkiste, in der er – so hoffte ich zumindest – noch nachreifen würde wie guter Wein.

Wie auch immer, das Jahr ging vorüber.

Leute, die ihren Verstand beisammen haben, hätten dieses Jahr dazu genutzt, sich ihre Tagträume vom Leben in der Toskana abzuschminken, sich einen festen Job zu suchen, Kabelkanäle zu abonnieren und Mitglied in einem Fitneß-Klub zu werden. Ich nicht. Ich plante. Zuerst mußten wir ein Quartier anmieten, von dem aus ich dann auf die Suche nach meinem Traumhaus gehen könnte. Also rief ich beim Italienischen Fremdenverkehrsbüro an, bei italienischen Reisebüros, bei einer amerikanischen Universität in der Toskana, bei einem Benediktinerkloster in der Nähe von Florenz. Ich ging sogar in die Pizzeria nebenan – ihr Besitzer stammte aus Korea, hatte aber Postkarten aus Siena an der Registrierkasse. Einmal besuchte ich den italienischen Pensionärsklub in New York, doch dort stieß ich nur auf stocktaube alte Leute. Nichts half, niemand wußte etwas. Oder wenn sie etwas wußten, schwiegen sie. Oder wenn sie redeten, sprachen sie Italienisch, und ich verstand kein Wort.

Die Notwendigkeit, eine Sache gründlich zu planen, war etwas völlig Neues für mich. Normalerweise mache ich alles spontan – nicht, weil ich abenteuerlustig, sondern weil ich faul bin. Bis jetzt hatte das auch wunderbar geklappt, aber ich konnte doch nicht einfach in die Toskana jetten, mich auf den Marktplatz stellen und brüllen: »Hat hier jemand ein Haus zu vermieten?«

Die Herbstsonne stand schon tief am Himmel, als wir das nächste Mal durch die Hügel der Toskana fuhren. Der Matra, der kleine Sportwagen, den wir uns gekauft hatten, als wir vor einigen Jahren in Paris lebten, war wie geschaffen für die kurvige Landstraße, die sich um Haine voller knorriger Olivenbäume und um Rebhänge wand, deren Laub in warmen Gelb- und Rottönen leuchtete. Die Straße führte uns immer weiter nach oben, bis die mittelalterlichen Mauern und Türme von Monte San Savino und die Weinstöcke verschwunden waren. Wir fuhren an Pinien und steinalten Olivenbäumen vorbei, durch ein paar winzige Ortschaften mit halbverfallenen Steinhäusern, und erreichten schließlich Palazzuolo, ein *borgo* von sechs Häusern. Dort wies mich Candace an, in eine schmale Straße abzubiegen, die an einer verfallenden Kirche vorbeiführte, von der der Putz bröckelte. Dann passierten wir ein langes steinernes Stallgebäude und einen Madonnenschrein, später zwängten wir uns durch die engen Zypressenreihen am Friedhof vorbei. Schließlich kamen wir an ein grobes Holzschild, auf dem handschriftlich »*Podere Bastardino*« geschrieben stand – »Landgut kleiner Bastard«. Prima Name für ein Haus! Candace gab mir die letzte Anweisung: »Bei der Madonna links!« Angesichts der Heerscharen von Madonnen, die in der Toskana überall herumstehen, war diese Anweisung etwa so sinnvoll, wie einem Steuermann zu befehlen, »bei der nächsten Welle links« zu steuern. Doch die nächste Madonna – ihre Güte sei gepriesen – stand tatsächlich an einer Weggabelung. Nach rechts verlor sich ein schlammiger Karrenweg in der Dunkelheit, nach links führte ein steiniges Sträßlein direkt in die flachstehende rote Sonne.

Allmählich wurde ich nervös. An diesem Tag war ich von Chambéry am Fuß der französischen Alpen bis hierher gefahren, einen großen Teil davon auf kurvigen Landstraßen, und ich war völlig erschöpft. Die Straße führte aufwärts, in einen Wald von gewaltigen Eichen. Über uns schloß sich das Blätterdach, und am Ausgang dieses Baumtunnels sah ich, wie plötzlich zwei Ungeheuer auf uns zustürmten, wie sie sonst nur in Sagen vorkommen. Ich bremste so scharf, daß die Front unseres Matra hart auf die Straße schlug. Die Ungeheuer rasten an uns vorbei und verschwanden in den Feldern, gefolgt von einem spukhaften Geschöpf, klapperdürr, mit knochigen Armen und Beinen, einem winzigen Kopf und windzerzaustem Haar.

Verträumt sagte Candace: »Ein Schäferidyll wie aus dem 18. Jahrhundert. Uralte Eichen, Herbstlaub, Schweine im Schatten, eine Schweinehüterin im Licht der untergehenden Sonne.«

Ich strengte meine müden Augen an, und natürlich hatte Candace recht. »Blöde Schweine«, schimpfte ich, »was tun die hier?«

»Sie fressen Eicheln, du Held der Landwirtschaft. Glaubst du, daß Schweine in Form von abgepackten Schnitzeln auf die

Welt kommen?« Dann kurbelte Candace ihr Fenster herunter und schwatzte ein wenig mit der alten Frau, die so dünn war, daß nur noch ihre ledrige Haut sie zusammenzuhalten schien. »Noch 200 Meter, dann links«, sagte Candace, »soll ich fahren?«

Während ich die letzten Meter fuhr, frisierte sich Candace, um bereit zu sein für den herzlichen Empfang, den uns die Besitzer unserer Villa wohl sicher bereiten würden.

Natürlich kam es anders: Alle Türen und Fensterläden des Hauses waren verschlossen. Die Sonne ging gerade unter, es wurde kühl. Der Wald um uns verdunkelte sich bedrohlich. Das fing ja gut an!

Ich spielte gerade mit dem Gedanken, den Besitzern eine freundliche Nachricht zukommen zu lassen, mit einem Hinweis darauf, wohin sie sich ihre lausige Bude stecken konnten, als die Schweinehüterin noch einmal auftauchte. Sie fragte etwas, und Candace antwortete mit: »*Non c'è nessuno*«, es ist niemand zu Hause. Da deutete die alte Frau auf einen riesigen Tonkrug mit Salbei. Candace ging hinüber, kippte ihn leicht und zog im letzten Licht des Tages den Schlüssel hervor, unseren Lebensretter.

Im Inneren des makellos sauberen Steinhauses fanden wir alte Holzmöbel, einen massiven Küchentisch, der schon so lange benutzt wurde, daß seine Oberfläche richtig glänzte, und einen Kamin, in dem man eine ganze Ziege grillen konnte, so riesig war er. Die Fenster blickten über die dunstigen Hügel, in denen die Sonne gerade versank. Mir stockte der Atem.

»Wie ich schon sagte, das perfekte Paradies«, lobte ich mich selbst.

Wir waren ganz aus dem Häuschen, tollten herum wie Kinder, schnappten uns dann die Reserveflasche Wein, die wir noch im Auto hatten, den Brie und das Brot, das wir für Notfälle dabeihatten, und setzten uns auf die Begrenzungsmauer unserer Terrasse. Die untergehende Sonne berührte gerade den Horizont und sandte Feuer über den ganzen Himmel. Wir tranken den Wein – er war lauwarm, aber wen störte das? – und um uns explodierte ein Feuerwerk an Farben. Die Olivenbäume glänzten silbern, die Geranien loderten, und aus dem uralten Gemäuer sickerten die Farben der Jahrhunderte. Es duftete nach Wald, nach Salbei, Lavendel und Rosmarin, nach herbstlicher Erde und sonnengewärmten Steinen. Wir aßen, gluckerten den Wein und wurden langsam beschwipst. Wir umarmten uns, während es langsam dunkel wurde. »Die *trattoria* schließt bald«, sagte ich. »Wir sollten aufbrechen, wenn wir noch etwas zu essen bekommen wollen.«

»Und zu trinken«, sagte Candace.

Die Iren seien gepriesen!

Wir duschten, trockneten uns die Haare am Kamin und traten dann in den herbstlichen Abend hinaus. Über uns schimmerte ein gewaltiger Sternendom. Der dunkle Wald lebte: Es raschelte im Unterholz, die Frösche quakten, irgend etwas bewegte sich in der Hecke und machte japsende Geräusche. Während wir durch den jetzt pechschwarzen Wald fuhren, tanzten im Scheinwerferlicht des Autos wilde Schatten. Schließlich erreichten wir die winzige Ortschaft, die wir schon auf dem Hinweg passiert hatten. Beim letzten Haus brannte ein Feuer, der Geruch des Rauchs mischte sich mit dem der Hühnerställe, und ein alter Mann rammte eine Heugabel in die Kohlen, worauf die Funken nur so in den Nachthimmel stoben.

Einen guten Kilometer weiter lag die Trattoria del Cacciatore. In dem abgeschiedenen Haus brannte Licht, aus dem Kamin zog Rauch, der sich über die Felder breitete. Wir betraten das Restaurant durch eine Pergola. Drinnen saß eine alte Dame hinter der kleinen Bar und nähte, um sie herum lagen Haufen von Gewürzen, Seifen und Gemüse. Sie grüßte uns mit einem leisen *buonasera* und bedeutete uns, in den ruhigen Gastraum weiterzugehen. Dieser war sauber, geweißelt, mit Holzbalken an der Decke und einem Terrakotta-Boden. Auf den wenigen Tischen lagen makellose Decken, hinter einem Bogengang befand sich ein hüfthoher Kamin, in dem ein Holzfeuer gloste. Ein kleines Mädchen stand da, mit ihrer Puppe in der Hand, und rief: »*Mamma, c'è gente!*« Das waren tatsächlich Neuigkeiten, denn obwohl es schon nach acht war, schienen wir die einzigen Gäste des Abends zu sein. Die *Mamma* kam herein, eine schüchterne, etwa dreißigjährige Frau. Sie sprach uns an und deutete auf einen Tisch nahe am Kamin, den wir gerne nahmen. Auf ihm stand bereits eine Flasche Rotwein ohne Etikett. Das Feuer strahlte eine herrliche Wärme aus. Plötzlich kam das Mädchen an den Tisch, setzte ihre Puppe auf den freien Stuhl und begann, leise auf sie einzureden. Nacheinander sah das Mädchen uns an und wandte sich dann wieder seiner Puppe zu, informierte sie über die Gäste und befahl ihr, sich zu benehmen. Candace plauderte mit dem Mädchen, das ein sehr ernstes Gesicht machte, noch kurz seiner Puppe etwas zuflüsterte und dann verschwand. Ich entkorkte mittlerweile den Wein und schenkte aus. Candace erhob ihr Glas und sagte: »Willkommen daheim!«

Das Essen war ebenso einfach wie das Restaurant. Als Appetizer gab es verschiedene *crostini* – auf dem Feuer geröstete und mit Hühnerleber oder angebratenen Pilzen belegte Brotstückchen. Danach kam natürlich *pasta*. Wir bestellten beide *pici* – eine Art selbstgemachter Spaghetti. Candace wählte eine Soße mit Wildschwein-Fleisch, ich eine aus gemischten Waldpilzen. Wir aßen langsam, jeden Bissen genießend. Als die *Mamma* kam, um sich zu erkundigen, ob es uns schmeckte, überhäufte Candace sie mit Lob für ihre Kochkunst und entschuldigte sich dafür, so langsam zu essen. Da lächelte die Frau über das ganze Gesicht und meinte: »*Piano, piano, con calma*« – langsam, langsam, nur mit der Ruhe. Danach kam der Fleischgang, für Candace gebratener Fasan, für mich Wildschwein. Mein Fleisch war in Rotwein und Wacholder eingelegt gewesen und schmeckte himmlisch. Dazu bestellten wir einen Teller weiße Bohnen in Olivenöl und Knoblauch und einen Salat. Wir stießen auf das Mädchen an, ihre Mutter, die Toskana, das Wildschwein, die Bohnen und leerten so mühelos ein Glas nach dem anderen.

Es wurde immer später, das Mädchen und ihre Puppe waren schon längst von der *nonna*, der Großmutter, zu Bett gebracht worden, aber noch konnten wir uns nicht aufraffen zu gehen. Doch dann kam die *nonna* mit unserer Rettung: zwei Tassen Espresso.

Zum Abschluß spendierte sie uns noch zwei Grappa, und als wir gingen, verabschiedete sie sich so herzlich von uns, als ob wir seit Jahren die besten Freunde wären. Dann traten wir in das silbern flutende Mondlicht hinaus.

Tief sogen wir die Nachtluft ein, restlos glücklich. Dazu hatten nicht nur das Essen und der Wein beigetragen, sondern auch die Gastwirtsfamilie: Es hatte etwas sehr Anrührendes, diese drei Generationen gemeinsam in ihrem Haus zusammenleben zu sehen. Wir fühlten uns fast, als ob wir bei Freunden gegessen hätten. Das Restaurant war so solide, so bodenständig, hier zählte nicht die Inneneinrichtung oder modischer Schnickschnack, sondern nur das Essen. Wir fanden es beruhigend zu wissen, daß das Gemüse aus eigenem Anbau stammte, der Wein vom Weingut auf der anderen Straßenseite, und daß das Wildschwein und der Fasan vom *nonno*, dem Großvater, erlegt worden waren.

Als wir so im Mondlicht spazierten und über diese Dinge nachdachten, meinte Candace plötzlich: »Haben wir den ganzen Wein getrunken, um jetzt über gesunde Nahrungsmittel zu reden?« Also beeilten wir uns, nach Hause zu kommen. Die Bettwäsche fühlte sich kühl und angenehm an, und durch das Fenster floß das Mondlicht und warf die Schatten schwankender Äste an die Wand.

3 ~ Dreihundert Millionen??

Am nächsten Morgen sprangen wir früh aus dem Bett, um die neue Umgebung zu erkunden. Das Fensterbrett hatte sich in der Sonne bereits erwärmt, die Ortschaften auf den Hügeln gleißten im Morgenlicht, doch in der Ferne hingen noch letzte Nebelfetzen in den Tälern. Die Blätter der großen Eichen zitterten leicht im Wind, und irgendwo im Wald hörte man unsere Retterin von gestern rufen, »Jiii, jiii«, die Schweine würden schon wissen, was damit gemeint war. Überall sahen wir Vögel; Finken pickten an Pinienzapfen herum, Eichelhäher machten sich über reife Äpfel her, und über dem nächsten Hügel kreiste ein Falke und wartete darauf, daß der unter ihm pflügende Traktor Mäuse aus ihrem Versteck trieb. Im Wald neben dem Haus bewegte sich etwas, und einen Moment später trat ein alter Mann in das Sonnenlicht, der fast so dürr war wie die Schweinehirtin. Als er uns sah, zog sich ein jungenhaftes Lächeln über sein hageres Gesicht. Er trat ganz aus dem Wald heraus, zeigte auf seinen Weidenkorb und rief: »*Funghi!*«

Candace erblaßte, sogar ihre Sommersprossen verschwanden. Mit rauher Stimme sagte sie »*porcini*«, sprang in ihre Jeans, zog sich eine Lederjacke über die nackten Schultern, polterte die Treppe hinab und in den Garten. Dort unterhielten sich die beiden angeregt über Pilze, beugten sich über den Korb wie Hexen über ihren Kessel, zogen einzelne heraus und bewunderten sie. Candace wandte sich mir zu und hielt zwei große knollenförmige Objekte mit dunkler, samtiger Haut in die Höhe. Steinpilze. Ich erkannte die Form aus meiner Jugendzeit: In Märchen sahen alle Pilze so aus. »Heute gibt es etwas wirklich Gutes zu essen«, rief Candace begeistert. Der Alte bedachte mich mit einem Schwall unverständlicher Wörter, auf die ich mit »*Stupendo, grazie!*« antwortete – »Phantastisch, vielen Dank«, worin sich meine Italienischkenntnisse so ziemlich erschöpften. Daraufhin drehte sich der Mann um und verschwand im Wald.

»Riech doch! Riech doch!« rief Candace. Also ging ich hinunter. Candace stand schon in der Küche und hielt einen Pilz hoch, als wäre er der Heilige Gral. Ein süßlich-modriger Geruch hing in der Luft. »Die grillen wir heute abend«, verkündete sie triumphierend.

Wir frühstückten auf der Terrasse, in der Sonne. Die unsichtbaren Eigentümer der Villa hatten Notrationen von Kaffee und Zucker dagelassen, so daß wir uns einen Cappuccino zu unserem Brot und Brie machen konnten. Als Nachspeise pflückten wir uns Äpfel direkt vom Baum.

Als die Sonne immer höher stieg, wurde es Zeit für ein bißchen Abenteuer. Candace mußte noch zwei Bilder für eine Ausstellung malen, aber ich hatte keinerlei Verpflichtung. Außer der, ein Haus für uns zu finden.

Bevor ich aufbrach, half ich Candace, sich in ihrem zukünftigen Atelier einzurichten. Wir verrückten Möbel, bauten eine Staffelei auf und zogen zwei Leinwände auf Rahmen, die sie zerlegt aus New York mitgebracht hatte. Dann meinte Candace: »Es ist stickig hier drin!« und ging hinüber, um die Terrassentür und die Türläden zu öffnen.

Und damit brach die Hölle los. Innerhalb einer Sekunde verwandelte sich der ruhige Erdgeschoßraum in ein kriechendes, krabbelndes, ekliges Pandämonium: Der handbreite Zwischenraum zwischen Tür und Türladen hatte sämtliche glibbrigen, haarigen, schleimigen Insekten dieser Erde beherbergt, die sich jetzt, in ihrer Ruhe gestört, über den Raum ergossen. Das ganze Zimmer summte und brummte, krabbelte und kroch, wuselte und hüpfte. Wespen, Fliegen, Ameisen, Tausendfüßler, Käfer, Motten und anderes Kroppzeug verdunkelten den Himmel und die Erde.

Wir schlugen zurück, ich mit einem Besen, Candace mit einem Staubwedel. Wir schlugen und schoben, wischten und wedelten sie in Richtung Tür, aber die meisten kamen wieder zurück.

Der Schweiß floß uns nur so herunter, am Ende standen wir zentimetertief im Blut. Die Terminatoren. Candace lief in den sonnigen Garten hinaus und spuckte aus. Dann schüttelte sie ein paar Insekten aus ihren Haaren und spuckte noch einmal aus. Sie schüttelte ihren Rock, und weitere Krabbeltiere fielen zu Boden. Mit zuckersüßer Stimme sagte sie: »Genau wie du gesagt hast: ein Paradies.«

～

Ich fuhr in die Stadt, die Weinberge glühten. In den Olivenhainen bereiteten sich Männer auf die Ernte vor, trugen Holzleitern herbei und richteten Netze her. Über uns zog eine schwarze Wolke auf, doch noch schien die Sonne. Ich parkte außerhalb der mittelalterlichen Stadtmauern und ging zu Fuß durch den gewaltigen Bogen des Stadttors, dessen Flügel aus uraltem, gesprungenem grauem Holz bestanden und mit eisernen Dornen bewehrt waren. Plötzlich brachen Regen und Donner los. Bis ich meinen Regenschirm geöffnet hatte, glänzten die großen Pflastersteine bereits vor Nässe. Die Geschäftsleute, die gerade noch vor ihren Läden gestanden waren und mit Kollegen und Passanten geschwatzt hatten, waren ins Innere geflüchtet, von wo sie jetzt traurig nach draußen sahen, vom Regen zum Schweigen verdammt.

Nur wenige Läden hatten überhaupt Schilder; warum auch? Man konnte doch durch die Schaufenster ins Innere der Geschäfte blicken und erkennen, was dort verkauft wurde. Und außerdem wußte ohnehin jeder Bewohner dieses Städtchens, wo er hingehen mußte – außer mir. Meine Kontaktperson in Kalifornien hatte mir gesagt, ich müßte nach einem Geschäft mit ein paar angeschlagenen Antiquitäten in der Auslage suchen. Also prüfte ich ein Schaufenster nach dem anderen, bis ich das richtige fand: Auf der Ladentür stand *Assicurazione*, Versicherungen, und innen verkaufte Signor Neri Häuser. Oder Schweine und Kühe, wenn seine Nachbarn ihn darum bitten. Bei Bedarf trifft er auch alle nötigen Vorbereitungen für eine Beerdigung.

Ich zögerte einzutreten. Das Schaufenster war schon merkwürdig genug: Zwischen einem Spiegel und einem Melkschemel stand ein Ölgemälde, auf dem ein trauriger Heiliger einen Totenkopf betrachtete. Und durch die Scheibe sah ich in einer Wolke von Zigarettenqualm Signor Neri, der gerade telefonierte und dabei so heftig mit beiden Armen wedelte, als dirigierte er ein ganzes Orchester. Ich brachte es einfach nicht über mich, das Geschäft zu betreten, also hielt ich meinen Regenschirm so, daß er mein Gesicht verdeckte, und ging weiter. Mit vier Berufen Neris hatte ich kein Problem, aber Bestattungsunternehmer … Ich weiß, daß ein Mann von vierzig Jahren sich der Vergänglichkeit des Lebens bewußt sein sollte, aber ich war noch nicht bereit dafür, den Mann kennenzulernen, der irgendwann einmal meinen Sarg zunageln würde. Schlimmer noch: Schon der Kauf eines Hauses schien mir ein so gewaltiger Schritt Richtung Gesetztheit, daß ich mich an diese Idee noch nicht ganz gewöhnt hatte. Sobald man seßhaft wird, hört die Welt auf, eine bunte Palette von Wundern zu sein, aus der man nur wählen muß. Seßhaft werden heißt sich festlegen, endgültig.

Schließlich hörte der Regen auf, die Ladenbesitzer kamen wieder auf die Straße und redeten schon, bevor sie ihre Geschäfte ganz verlassen hatten. Aus allen Hauseingängen und Cafés strömten Leute. Ich war inzwischen an den äußeren Wall der Stadt gelangt und hatte angesichts der unüberwindlichen Mauer keine Wahl: Ich mußte umkehren.

Entschlossen umklammerte ich meinen zusammengeklappten Regenschirm, machte kehrt und murmelte zur Wiederholung noch einmal die Wörter, die ich speziell für den Immobilienkauf gelernt hatte: *rudere*, Ruine, *casa colonica*, Landhaus, *muri*, Mauern, *tetto*, Dach, *trave*, Balken, *pavimento*, Boden, *inedificabile*, nicht verbaubar.

Die Straße war jetzt voller Leute, hauptsächlich alte Rentner und Hausfrauen, die schwer an ihren Einkaufstaschen voll Brot, Fleisch und Gemüse trugen. Über meinem Kopf begannen sich die Fenster zu öffnen, und es strömte ein Geruch von frischem Brot und köchelnden Soßen in die Gasse. Dann erschienen Köpfe in den Fenstern, um sich lautstark in die Gespräche einzuschalten, die auf der Straße geführt wurden. Festen Schritts ging ich weiter.

Mit meinem Italienisch war ich mittlerweile recht zufrieden. Ich grüßte einen Unbekannten mit »*Buongiorno, che bella giornata«* – ich war bereit für Signor Neri! Ich konnte Wörter, vollständige Sätze, ja halbe Monologe! Neri würde sofort merken, daß er es nicht mit einem Dummkopf zu tun hatte. *Buongiorno. Che bella giornata. Mi chiamo* Ferenc Máté, *sono uno scrittore da* New York, *cerco una bella casa colonica* und so weiter.

Natürlich hatte ich die Demütigung, die ich im vorigen Sommer erdulden mußte, inzwischen völlig aus meinem Gedächtnis verdrängt. Als wir damals nach Deutschland gingen, schlug Candace vor, doch zumindest einige Grundworte zu lernen. Vor Empörung wurde ich ganz rot. *Ich* sollte Deutsch lernen? War ich nicht von Ungarn nach Österreich geflohen und dort in die Schule gegangen? Konnte ich denn nicht Deutsch wie ein Muttersprachler? Rücksichtsvoll wies mich Candace darauf hin, daß seitdem 30 Jahre vergangen waren, aber ich hörte überhaupt nicht zu, so beleidigt war ich. Also stürmte ich in das kleine bayerische Restaurant, wandte mich an die freundliche Empfangsdame und begann mein übliches nettes Geplauder mit einem herzlichen »*Guten Abend*«. Danach hätte ich normalerweise die schöne Landschaft gelobt, die Stadt, die örtliche Küche, aber ich brachte nichts heraus. Es fiel mir nicht einmal so Naheliegendes ein wie *Schnaps, Liebfrauenmilch* oder *Autobahn*. Nichts.

Aber diesmal hatte ich geübt, ich hatte alles parat: jedes Wort, jeden Satz, jede Nuance, jeden Tonfall; ich konnte sogar ein bißchen italienisch gestikulieren. Ich war bereit.

Entschlossen öffnete ich die Ladentür, schritt auf Signor Neri zu, der inzwischen sein Telefonat beendet hatte, lächelte freundlich und begann: »*Buongiorno. Mi chiamo* Ferenc Máté. *Sono uno scrittore da* New York, *sto cercando una casa colonica*« und so weiter. Die Worte strömten nur so, Mund und Gehirn

31

liefen auf Autopilot, ich sprach melodisches Italienisch und wedelte sogar noch höchst authentisch mit den Armen. Makellos. Signor Neri hörte mir mit offenkundiger Aufmerksamkeit zu, nickte, sagte hin und wieder »*Ho capito*« und schien beeindruckt, wenn ich so komplizierte Wörter wie *preferibilmente* benutzte. Dann beendete ich meine kleine Rede. Ich hatte es geschafft, ich beherrschte die Sprache. Die Toskana lag mir zu Füßen. Signor Neri stand auf. Ich weiß nicht recht, was ich eigentlich erwartet hatte, vielleicht spontanen Applaus, einen anerkennenden Händedruck, vielleicht sogar eine kurze Führung durch Neris Lieblingssärge. Statt dessen machte er etwas ganz und gar Verheerendes: Er antwortete.

In langen Sätzen.

Die gar nicht mehr enden wollten.

Ich war völlig verdattert und versuchte, mit offenem Mund ab und zu ein verständliches Wort aus diesem Hurrikan von Silben zu fischen. Doch Neri kannte keine Gnade, er redete und redete. Siedendheiß fiel mir ein, daß ich ja gar nicht wußte, ob Neri mich richtig verstanden hatte. Vielleicht legte er mir gerade nicht die Vorzüge eines Landhauses dar, sondern die einer Lebensversicherung, einer Milchkuh oder eines Sarges.

Aus dieser verzweifelten Lage rettete mich die Sonne, als sie durch die Wolken brach und vom Spiegel im Schaufenster direkt auf das Foto eines alten toskanischen Bauernhauses gelenkt wurde. Ich sah mir das Bild genauer an. Das Haus hatte ein schönes Nebengebäude und einen äußeren Treppenaufgang, der halb von Brombeerbüschen bedeckt war. »*In vendita?*« fragte ich, zu verkaufen?

Neri hielt in seiner unendlichen Rede inne, betrachtete das Foto, dann mich, als überlege er, ob ich des Hauses würdig sei. Bedächtig antwortete er: »*Forse*«, vielleicht.

Ich war schockiert. »Vielleicht«? Wo hat man so ein un-professionelles Verhalten schon einmal gesehen? Bloody hell, in Amerika läuft das anders! Wir rufen einen Makler an, geben einen Preis vor und lassen unser Haus auf die Verkaufsliste setzen. Fertig. Aus. Keine Fisimatenten. Aber hier in der Toskana verhält es sich ein wenig anders – das sollte ich noch vor Einbruch der Nacht erfahren. Das Immobiliengeschäft unterliegt keinen festen Gesetzen oder bindenden Regeln, sondern ungreifbaren Stimmungen. Das Erste Gebot scheint zu lauten: »Du sollst niemals etwas niederschreiben – sonst kannst du später deine Meinung nicht mehr ändern.« Am deutlichsten sieht man das an den Zu-verkaufen-Schildern: Es gibt keine. Auch Immobilienmakler existieren offiziell nicht, und sie erfahren auch niemals direkt von einem Ver-kaufsangebot, sondern indirekt über Schwippschwäger zwei-ten Grades oder über Bekannte von Bekannten. Entsprechend traut auch keine der Parteien den anderen über den Weg. Signor Neri demonstrierte mir in der nächsten Stunde, wie sich das in der Praxis auswirkt. Er bedeutete mir, mitzukom-men, trat durch die Ladentür und schloß sie hinter mir schnell wieder, damit nicht zuviel Zigarettenrauch entkäme.

Draußen schien die Sonne wieder mit ganzer Kraft, die Pflastersteine dampften, die Passanten schlenderten durch die angenehme Herbstluft. Alle Türen und Fenster waren weit geöffnet, es roch nach gebratenem Fleisch und Rosmarin: Die Toskana bereitete sich auf das *pranzo* vor, das Mittagessen mit mindestens vier Gängen. Vom Umfang kann man das *pranzo* mit einem Weihnachtsmenü vergleichen, nur daß es das *pranzo* jeden Tag gibt. Es beginnt normalerweise etwa um ein Uhr und endet, wenn der letzte Esser ohnmächtig zu Boden sinkt. Jetzt war es aber gerade erst elf Uhr, Soßen und Fleisch waren erst halbfertig, und die Leute hatten noch Zeit, in Zweier- und Dreiergruppen auf der Straße zu stehen und ein Schwätzchen zu halten. Alte und Alte plauderten miteinander, Alte und Junge, Hunde und Katzen. Jeder unterhielt sich mit jedem – Gott weiß, worüber.

Wenn man kein Wort von dem versteht, was andere sprechen, kann man sich immer vorstellen, daß die Leute ausschließlich freundliche, witzige und interessante Dinge sagen. Ein (unwissender) Optimist wie ich kann sich ausmalen, daß die alte Frau mit der melodischen Stimme, die unter den Arkaden Eier verkauft, tiefe Weisheiten über das bäuerliche Leben von sich gibt, auch wenn sie in Wirklichkeit vielleicht nur über die Hühnerscheiße schimpft, die noch an den Schalen klebt.

Abrupt bog Neri vor mir in eine Gasse, die so schmal war, daß ich mit ausgebreiteten Armen die Häuser auf beiden Seiten berühren konnte. Wir stiegen einige Stufen hinauf und betraten eine winzige Pizzeria, in der wenige Tische und ein riesiger alter Ziegelofen standen, der eine Wüstenhitze verströmte. Direkt vor dem Höllenschlund des Ofens arbeitete ein kleiner, drahtiger *pizzaiolo*, dem nur noch ein paar Haare auf dem Kopf verblieben waren. Sein Outfit entsprach wohl dem neuesten Schick der Zunft: Er trug Hose und Lackschuhe, sonst nichts, nicht einmal Socken. Neri und der *pizzaiolo* stürzten sich in eine hitzige Debatte; der Pizzabäcker schien von dem, was Neri sagte, nicht gerade begeistert zu sein. Er protestierte zuerst mit einem erhobenen Arm, dann mit zweien, schließlich streckte er beide Arme Richtung Ofen und schimpfte: »*Porca Madonna. Che fo' con il fuoco? Dio cieco.*«

Wenn man eine Fremdsprache erlernen will, sollte man solchen Ausbrüchen intensive Aufmerksamkeit widmen.

Erstens ist die Aussprache der Leute in Momenten höchster Aufregung kristallklar. Und zweitens brennt sich angesichts der besonderen Umstände jedes Wort in das Gedächtnis des Sprachenschülers. So konnte ich mich später genau erinnern, daß das weibliche Nomen *Madonna* das Adjektiv *porca* (säuisch) in der weiblichen Form (also mit -a) nach sich zog, während das männliche *Dio* (Gott) mit einem Adjektiv auf -o beschrieben wurde (*cieco*, blind). Der Mittelteil bedeutete übrigens: »Was soll ich mit dem Feuer machen?«

Als der Schwall geendet hatte, faßte mich Neri am Arm, grinste triumphierend und sagte: »*Un attimo!*« Der Pizzabäcker telefonierte, streifte ein Hemd über und schrie: »Elena«, worauf eine umwerfend schöne, etwa zwanzigjährige Frau mit schwarzen Haaren erschien. Der *pizzaiolo* gab ihr schnell einige Anweisungen und schob uns dann auf die Straße hinaus, wo mich der Glanz seiner sockenlosen Lackschuhe blendete. Signor Neri muß mit seinen lebenden Tieren oder toten Menschen gute Geschäfte gemacht haben, denn er fuhr einen edlen Lancia, in dem wir jetzt an den kleinen *Fiat Cinquecentos* und den dreirädrigen *Api* vorbeizischten. Auf einem Hügel hielten wir an und wanderten zu Fuß durch einen kleinen Wald und über ein saftig grünes Feld, bis wir nach etwa einer Minute vor dem Haus standen. Meine Knie zitterten. Die uralten Steinmauern waren etwa 60 Zentimeter dick, mit gewölbten Türbögen. Das Ziegeldach leuchtete in ungefähr hundert verschiedenen Farbtönen. Ein L-förmiges Nebengebäude umfaßte einen Hof, in dessen Mitte ein verfallener Brunnen lag. Was konnte man vom Leben mehr verlangen? Daß das Gebäude weder Türen noch Fenster hatte, daß einige der Mauern eingestürzt waren, daß die Sonne durch das Dach schien, all das störte mich nicht. Und Candace, die

Stimme der Vernunft, war weit weg. Ich betrat das Haus und sah mich um.

Ich war schockiert: Das Haus hatte überhaupt keine abgetrennten Räume, das gesamte Erdgeschoß bestand aus einem Stall, in den durch winzige Fensterchen hoch an der Mauer ein mattes Licht tröpfelte. Entlang der Wände liefen Rohrleitungen, und die gesprungenen, abgetretenen Bodenkacheln hatten früher dazu gedient, ganze Bäche von Urin zu kanalisieren und abzuleiten. Obwohl der Strom seit Jahren versiegt war, hing sein Geruch noch immer schwer in der Luft. Unser toskanisches Traumhaus war ein Schweinestall!

Ich wandte mich zu Neri um, sah ihn jedoch nirgends. Ich ging ins Freie, umrundete das Haus: nichts, nur abgemähte Wiesen und ein Wäldchen. Was waren denn das für Sitten? Wie konnte Neri einfach seine Kundschaft alleine lassen? Warum war er nicht hier, um mir seine Maklerphrasen ins Ohr zu schrauben und mich über die zahlreichen Vorzüge dieses herrlichen Anwesens aufzuklären? Ich hatte ja schon gehört, daß manche Verkäufer auf cool machen, aber Neri übertrieb es definitiv. Hatte der Mensch keinen Ehrgeiz? Wollte er denn nicht noch einen größeren Lancia? Oder einen Zweitwagen? Ein elektrisches Golfwägelchen? Mit Chauffeur? Ein Häuschen in Kenia?

Verärgert fing ich an, mit einem Stock auf die Brombeerbüsche einzuschlagen, und plötzlich erkannte ich tief im Gebüsch die Überreste der Außentreppe, die ich auf dem Foto gesehen hatte. Ich kämpfte mich durch das Gestrüpp, durch Stacheln, Dornen, Kletten und Nesseln, bis ans obere Ende der Treppe. Als ich die massive Doppeltür aufzog, flatterten Fledermäuse auf. Ich gelangte in eine schäbige kleine Küche mit einem eingestürzten Kamin und einem Loch in der Decke, durch das es seit Jahren hereinregnete. Der Putz bröckelte, die Balken faulten, der Mörtel zwischen den Ziegeln löste sich auf. Doch die Türen waren das Schlimmste – denn sie führten in drei kleine, öde Räume und einen Außenabort, in dem das Prinzip der Toilette auf seinen Kern reduziert wurde.

Schwer enttäuscht stand ich da, weit entfernt hörte ich die Stimmen von Neri und Lackschuh. Sie kamen aus dem Wald und gingen nebeneinander durch die abgemähte Wiese, heftig mit den Armen rudernd und erregt diskutierend. Ich nahm an, sie sprächen über Grundstücksgrenzen oder den Bau einer Zufahrtsstraße, doch als sie mich sahen, strahlten sie mich an, hielten Papiertüten hoch und riefen unisono: »*Funghi!*«

Viel später erst erkannte ich, was *funghi* einem Toskaner bedeuten; das Wort ist mit so starken Gefühlen verbunden, wie es in Amerika höchstens das Wort »*Mom*« ist – nur daß man die *Mom* nicht zu bestimmten Jahreszeiten im Wald suchen geht und sie dann gegrillt, mit ein bißchen Salz und Öl, verspeist.

Diese Suche nach *funghi*, vor allem nach *porcini*, ist übrigens keine Eigenheit einer schrulligen Landbevölkerung, sondern ein echter Nationalsport. Nicht selten sieht man nachtblaue BMWs oder grellrote Maseratis am herbstlich schlammigen Straßenrand geparkt, während ihre Besitzer in Anzügen oder Pelzmänteln durch Gräben waten und unter Laub und Büschen nach den samtigen Pilzen suchen. Die gesetztesten und vernünftigsten Doktoren und Professoren finden es durchaus nicht abwegig, zu aberwitzig früher Stunde aufzustehen und auf den Tip von irgendeinem Bekannten hin zu einem geheimen Ort zu fahren, an dem angeblich die besten Pilze stehen.

Lackschuh und Neri hatten mich schon fast erreicht, da donnerte direkt neben uns eine Kanone los. Beinahe hätte ich einen Herzinfarkt bekommen.

Dann tauchte ein gemütlich aussehender Mann mit einem runden Gesicht hinter einem Busch auf, ging ein paar Schritte in das Feld, bückte sich und hob einen Fasan vom Boden auf.

»*Porco Dio*, Duillio. *Che bel fagiano!*« rief Lackschuh ihm zu und hob seine Tüte hoch: »*Funghi!*« Die drei steckten eine Zeitlang die Köpfe zusammen und bewunderten gegenseitig ihre Beute, dann begann – ohne daß ich mir dessen bewußt wurde – der Verkauf des Hauses.

Neri kam zu mir herüber, nahm mich am Arm und flüsterte »*Padrone*«, was wohl »Eigentümer« bedeutete. Dann zog er mich ein wenig zur Seite, außer Hörweite der anderen. Dann dauerte es eine Ewigkeit, bis Lackschuh sich endlich vom *padrone* löste und zu uns schlenderte. Die Stoppeln des Feldes stachen ihn in seine nackten Fußknöchel, weshalb er die Füße bei jedem Schritt sorgfältig anhob und dabei aussah wie ein Storch auf einer Herdplatte. Jetzt berieten sich Neri und Lackschuh, das Ergebnis faßte Neri in einem Wort für mich zusammen: »*Forse.*« Vielleicht.

Die nächsten Minuten pendelte Lackschuh zwischen dem *padrone* und uns hin und her, auf beiden Seiten beriet man sich und wedelte mit den Armen. Sobald Lackschuh weg war, kroch Neri buchstäblich unter den nächsten Busch, um weiter nach Pilzen zu suchen. Die Verhandlungen hatten gerade ihren Höhepunkt erreicht, da entdeckte Neri einen ganzen Wald von blaßbraunen Pilzen am Wurzelstock eines abgestorbenen Olivenbaums. Neri brüllte: »Duillio! *Sei cieco? So' famiglioli!*« Egal, ob das jetzt ein brillanter Verhandlungstrick war oder nicht, auf jeden Fall funktionierte es: Duillio kam völlig durcheinander. Er konnte es nicht ertragen, daß ihm jemand nur wegen eines Hauses so viele *funghi* vor der Nase wegschnappte.

Lackschuh kam zurück, baute sich vor mir auf und sagte: »Veri chip. *Trecento milioni.*«

Mir blieb die Luft weg. Verzweifelt versuchte ich die richtige Anzahl Nullen zu streichen, war mir aber nicht sicher, ob Lackschuh gerade dreitausend oder drei Millionen Dollar verlangt hatte.

Aber Neri wußte Bescheid. Er rannte hinüber zu Duillio, und eine Sekunde fürchtete ich, er würde ihn niederschlagen. Er beschimpfte ihn aus vollem Hals, erwähnte die Madonna in Zusammenhang mit einer breiten Auswahl von Wild- und Haustieren, wandte sich dann abrupt ab, rannte zu einem weiteren Wurzelstock und sammelte eine Handvoll *famiglioli* ein. Dann sagte er leise »*Stronzo*«, Scheißkerl, gerade so laut, daß jeder ihn hören konnte.

Das war vermutlich unser Gegenangebot.

Im Tal schlugen die Kirchenglocken ein Uhr. Neri seufzte zufrieden, sein Zorn schien völlig verraucht. Er nahm Lackschuh und mich am Arm und sagte: »*Ragazzi, mangiamo*«, laßt uns essen, Leute. Neri und Lackschuh wandten sich Duillio zu und wünschten ihm guten Appetit. Der stand mit seiner Flinte und seinem Fasan etwas verloren herum, rief dann: »*Aspettate*«, setzte seinen wuchtigen Körper in Bewegung und überreichte Neri den Fasan. »*Un po' d'arrosto*«, ein kleiner Braten.

Das war vermutlich die Antwort auf unser Gegenangebot.

Während der Fahrt zurück in die Stadt wurden weder das

Haus noch Duillio mit einem Wort erwähnt. Soweit ich das Gespräch verstand, kreiste es ausschließlich darum, wie man *funghi* und Fasane auf hundert verschiedene Weisen zubereiten konnte. Die Straßen der Stadt lagen inzwischen verwaist, aus den geöffneten Fenstern hörte man Stimmen und das Klappern von Besteck. Die Toskana stopfte sich gerade voll. Zuerst lud Neri mich zum *pranzo* ein, dann lud Lackschuh uns beide zum *pranzo* in seinem Restaurant ein. Sofort gerieten sie sich darüber in die Haare, wer die Ehre haben dürfe, mich zu bewirten. Ich mischte mich ein und versuchte auf italienisch, französisch, englisch und – als das alles nicht zu helfen schien – mit einigen derben ungarischen Flüchen zu erklären, daß meine Frau mich erwartete, eine rothaarige Frau, die einen mit Küchengegenständen bewarf, wenn man zu spät kam.

Das verstanden sie.

Zum Abschied sagte Neri etwas, das ich interpretierte als: »Keine Angst! Morgen können wir massenweise Häuser besichtigen.« Dann reichte er mir eine Visitenkarte (ohne jede Berufsangabe) und ging. *Arrivederci, arrivederci.*

4   ❧   Ein winziger Ort

Das goldene Herbstlicht legte einen Strahlenkranz um die Zypressen, auf der Straße und den Feldern zeigte sich keine Seele. Als ich durch die winzige Ortschaft kam, blickte nur eine in einem Hinterhof grasende Kuh auf und schüttelte ihre Glocke. Der Rauch eines Holzfeuers zog über die flechtenbedeckten Dächer. Auch im Wald herrschte gespenstische Stille, nur von meinem Matra gestört.

Zu Hause standen alle Fenster offen, die einfachen Baumwollvorhänge flatterten im Wind. Ich hörte Candace singen »If I ever lose my head, da da da da dum«. Ich setzte mich in einen alten eisernen Gartenstuhl, schloß die Augen und ließ mich von der Sonne anstrahlen. Herrliche Küchengerüche zogen in meine Nase, es roch nach gebratenem Fleisch, aber wilder, intensiver. Als Candace zu singen aufhörte und nur noch summte, rief ich ihr zu: »Candace, kommst du mal? Bin ich tot? Bin ich gestorben und ins Paradies gekommen?«

Sie beugte sich aus dem Fenster, ihr rotes Haar war ganz durcheinander, ihr Gesicht von der Hitze des Feuers gerötet. Strahlend sagte sie: »Mein lieber Freund, wenn du jetzt schon glaubst, du wärst im Paradies, dann warte erst einmal, bis du das Essen probiert hast!«

Auf dem Tisch lagen bereits eine karierte Tischdecke, einfache alte Porzellanteller und ein Laib frisches toskanisches

Brot. Dazu kam ein Teller geviertelte Tomaten, eine Flasche Wein, eine Flasche schleimiggrünes, undurchsichtiges Olivenöl und zwei Portionen ungekochte Nudeln, die Candace nun in das kochende Wasser warf.

»Woher hast du all die Sachen?« fragte ich.

»Aus dem Geschäft. Die nächste Ortschaft hat einen Laden.«

»Aber das sind mehr als drei Kilometer. Bist du die ganze Strecke gelaufen?«

»O nein, mein Freund, der *porcini*-Sammler hat mich mit seinem dreirädrigen Gefährt mitgenommen. Ich hoffe, du wirst nicht eifersüchtig, aber ich glaube, ich habe einen Verehrer.«

Der allerdings mindestens 85 war; meine Eifersucht hielt sich in Grenzen. Außerdem war ich gewohnt, daß Candace per Anhalter fuhr – so hatten wir uns kennengelernt. Es war ein sonniger Maitag in Vancouver gewesen, überall hatten die Obstbäume geblüht. Ich fuhr ein uraltes, verbeultes Porsche-Cabrio, das mich 800 Dollar gekostet hatte. Candace saß auf einem alten Dreigangrad, vor Anstrengung ganz rot im Gesicht, und ruhte sich kurz aus, bevor sie den nächsten Hügel in Angriff nahm. Gottseidank stand da ein Stopschild, so daß ich mir keine Ausrede einfallen lassen mußte, um anzuhalten. Sie sah mich an, ich glotzte zurück. Sie lächelte und fragte: »Nimmst du mich den Berg hinauf ein Stück mit?« So fing alles an.

Im Jahr davor war sie sogar auf einem Boot per Anhalter mitgefahren. Sie studierte an der University of Hawaii und wollte in den Semesterferien nach San Francisco. Also ging sie zum Yachthafen hinunter, fragte verschiedene Crews und fand schließlich eine Mitfahrgelegenheit. Die Überfahrt dauerte 27 Tage.

»*Tagliatelle con porcini*«, verkündete sie.

Als ich anfing, diese Geschichte niederzuschreiben, schwor ich mir, nicht zuviel über Essen zu schreiben. Doch ich erkannte bald: Wenn man von der Toskana erzählt und das Essen wegläßt, dann ist das ungefähr ebenso sinnvoll, wie wenn man über die Titanic schreibt und ihren Untergang ausspart. Also: Wir aßen unsere *porcini* in ehrfurchtsvollem Schweigen, tranken dazu den Wein. Nie werde ich den Geschmack der Pilze vergessen: wuchtig, süß, wild, rauchig. Und der Wein erst! Danke, Bacchus! Candace war so schlau gewesen, den Ladenbesitzer nach einem zu *porcini* passenden Wein zu fragen. Und er hatte ihr einen Brunello aus dem nahegelegenen Montalcino verkauft. Wir hatten noch nie von diesem Wein gehört und erfuhren erst später, daß der Brunello zu den Spitzenweinen Italiens gehört.

Das Essen, der Wein, die hereinströmende Sonne – alles war perfekt. Wir waren dabei, uns rettungslos in die Toskana zu verlieben, und in das Leben generell. Gerne hätte ich die 3 Billionen oder so bezahlt, die Duillio für seinen maroden Stall verlangte, nur hatte ich sie nicht.

Nach dem Brie hatten wir gerade noch Zeit für einen Spaziergang, bevor die Sonne unterging. Arm in Arm schlenderten wir unter dem Laubdach, das die Eichen über uns formten. Abwechselnd brachte der laue Wind Wellen warmer Luft von den Feldern und kühler Luft aus dem Wald. Ich erzählte Candace von meinen morgendlichen Abenteuern, warnte sie, daß wir vielleicht mit einer Einzimmerwohnung am Stadtrand von Turin Vorlieb nehmen müßten, aber sie schaute nur zwischen den Baumstämmen umher und sog die Waldluft ein. Plötzlich verschwand sie zwischen den Bäumen. Als sie wiederkam, hielt sie eine Hand hinter dem Rücken.

»O nein, nicht schon wieder *funghi*!« dachte ich. Candace befahl mir, die Augen zu schließen und die Hand zu öffnen. Dann legte sie mir etwas zwischen die Finger, etwas Weiches, wie bröckliger Samt. »Riech daran!« sagte sie. Der Geruch war traurig, erregend, beruhigend, so herrlich rund, als wäre alles Werden und Vergehen seit Anbeginn der Welt darin enthalten. Ich hielt Erde in meiner Hand, Waldboden.

Golden glänzten die Steinmauern des Örtchens in der tiefstehenden Sonne. Die Kuh war nicht mehr im Hof angepflockt, aber wir hörten ihr Schnauben ganz in der Nähe. Die Holztür zu einem Stall beim Marienschrein stand offen, eine handgemachte Holzleiter führte auf einen Heuboden hinauf, von wo ein unsichtbarer Arm Heu auf die Straße herunter warf. Als ein recht großer Haufen zusammengekommen war, erschien das Gesicht des alten Manns, der gestern nacht das Feuer versorgt hatte. Sehr bedächtig stieg er mit seiner Heugabel die unebenen Sprossen der Leiter hinunter. Dann erst bemerkte er uns und lächelte uns an. Sein Lächeln war nicht überrascht oder leicht peinlich berührt oder ausdruckslos wie das Lächeln der Stadtmenschen. Nein, es war ein breites, herzliches Lächeln, das Vorfreude ausdrückte. Es ähnelte dem Gesichtsausdruck von Kindern, die gerade Geschenke auspacken. Dieses Lächeln sollten wir in den nächsten Jahren in der ländlichen Toskana noch sehr häufig sehen, das Lächeln von älteren Männern und Frauen, die erkannt haben, daß es nichts Schöneres gibt als die Gesellschaft anderer Menschen, seien es Angehörige, Freunde, Nachbarn oder neue Bekannte.

»*Buongiorno*«, sagten Candace und ich fast im Chor.

»*Buonasera*«, antwortete er, noch immer breit lächelnd.

»*Che animali ha Lei?*« erkundigte sich Candace, auf den

Stall deutend. Der Alte strahlte über die Chance, sein Reich herzuzeigen: »*Prego, prego. Venite*«, sagte er und bedeutete uns einzutreten.

Der Stall war winzig. Von außen hatte er schon ziemlich klein gewirkt, aber wegen der dicken Steinmauern blieb innen nur sehr wenig Platz. Während Candace und der Alte sich leise unterhielten, sah ich mich um. Eine einzige Kuh wartete am Futtertrog und stampfte unruhig, verärgert über die Verzögerung ihres Abendessens. Neben ihr stand eine Ziege, deren Euter bis zum Boden herunterhing. In der gegenüberliegenden Ecke brütete eine Henne auf Eiern, die unter ihren Flügeln hervorblickten. Der Stall wirkte, als ob die Zeit stehengeblieben wäre, fast heilig. Wenn es Ende Dezember gewesen wäre, hätte ich mich nach dem Jesuskind umgesehen.

Knirschender Kies und fröhliches Kindergeschrei brachen den Zauber. Ich trat aus dem Stall und sah einen etwa fünfjährigen Jungen, der auf einem Dreirad herumsauste – verfolgt von seiner älteren Schwester, die einen Rechen schwang und brüllte: »*Ti ammazzo, ti ammazzo*«, ich bring' dich um! Sie versuchte, mit dem Rechen die Speichen des Dreirads zu blockieren, aber der Junge entwischte ihr jedesmal, sie traf nur die armen Hühner, die verzweifelt umherflatterten. Candace und der Alte waren inzwischen auch aus dem Stall gekommen, und das Mädchen rief: »*Nonno! Aiuto! Prendilo!*« Doch Großvater dachte gar nicht daran, ihr zu helfen. Sein Lächeln hatte sich verändert, jetzt sah er aus, als ob er gerne einige Tage seines restlichen Lebens dafür geben würde, wenn er noch einmal auf einem Dreirad sitzen und eine Wolke panischer Hühner hinter sich herziehen könnte.

Die Sonne ging unter. Ich stupste Candace an und deutete auf den Horizont. Der Alte verstand, wir verabschiedeten uns.

Wir wanderten entlang der Straße zurück, die wir gestern zum ersten Mal entlanggefahren waren – vor unendlich langer Zeit. Wieder kamen wir an der Madonna vorbei, in einem Marmeladenglas standen frische Blumen, dann passierten wir Bastardino und gingen hinunter in Richtung Friedhof, wo sich die Zypressen dunkel gegen den Himmel abzeichneten. Candace grübelte: »Erinnerst du dich daran, was David über die Iren gesagt hat, als er nach Limerick zurückging? ›Wenn die moderne Welt zusammenbricht, dann springen die Iren einfach 300 Jahre in der Zeit zurück, ohne einen zweiten Gedanken daran zu verschwenden.‹ Das gleiche gilt hier, glaubst du nicht? Das Leben hier ist zeitlos.«

Zwei ältere Damen kamen uns mit untergehakten Armen entgegen, grüßten uns freundlich und musterten uns neugierig. »*Ti ammazzo, ti ammazzo!*« hörte man in der Ferne.

Wir beschlossen, einen kurzen Blick in den Friedhof zu werfen. Er war von einer mannshohen Mauer umgeben, das verrostete Tor wurde von einer Eisenkette zusammengehalten. Als ich die Kette löste, schwang das Tor von selbst auf und zog mich dabei in den Friedhof. Sollte ich das als Einladung auffassen oder als eine Erinnerung an meine eigene Sterblichkeit? Überall waren Blumen, auf allen Gräbern standen flackernde elektrische Grablichter. Manche Lampen waren aus Milchglas und hatten die Form einer Flamme, andere waren aus Kupfer und stellten kleine Laternen oder Kuppeln dar.

Die Grabsteine und -platten waren aus Travertin. Die Grabplatten bestanden aus zwei Teilen, einem kürzeren »Kopfteil« und einem etwa 1 Meter 20 langen »Fußteil«. Sie waren recht dünn, weniger als 3 Zentimeter dick, und wogen nicht viel. Eine durchschnittlich starke Seele konnte sie also leicht zur Seite schieben und ein wenig im Mondlicht spazieren gehen.

Die Dämmerung verdichtete sich. Candace in ihrer Neugier steuerte auf die Kapelle an der hinteren Friedhofsmauer zu. Da ich nicht allein bleiben wollte, folgte ich ihr. In die alten Grabsteine waren die Namen eingemeißelt, auf den neueren standen die Namen in erhabenen Bronzelettern. An fast allen Gräbern sahen wir ein Foto des Verstorbenen. Giuseppe Zamperini, ein Bauer mit dichtem Schnurrbart. 1860–1939, ein langes Leben. Angelo Magi, 1866–1944: große Ohren, tief eingefallene Augen. In einer Ecke des Friedhofs standen einige schmiedeeiserne Kreuze an die Mauer gelehnt. Giuseppe Brogi: ein einfaches Bauerngesicht. Inschrift »*Uomo buono e laborioso*«, ein guter und arbeitsamer Mann. An der nächsten Grabstätte fand ich die Inschrift »*Amico di tutti*«, mit allen gut Freund. Mir stiegen Tränen in die Augen, Gott weiß warum. Die Schatten der Zypressen wuchsen.

Ein alter Mann, den ich zuvor nicht bemerkt hatte, betrat den Bogengang, dessen hohe Wand mit quadratischen Grabplatten bedeckt war. Der Mann versuchte, eine stählerne Leiter zurechtzurücken, doch sie war zu schwer für ihn. Also begnügte er sich damit, den Kopf in den Nacken zu legen und die Grabplatte einer schönen Frau mit grauen Haaren und intelligentem Blick von unten zu betrachten. Ich ging auf ihn zu und fragte auf englisch: »Kann ich helfen?« Da war es wieder, dieses Lächeln! »*No, no, va bene così*«, antwortete der Mann. Er fragte: »England?« und ich sagte: »No, America.« Da strahlten seine Augen. »Amerika *serr gut*«, lobte er in gebrochenem Englisch, »ich verwundet im Krieg. Amerika mir helfen zwei Jahre.« Ich verstand nicht, was er damit meinte, konnte aber auch nur schlecht nachfragen. Mit einer traurigen Geste deutete er auf die Grabplatte der Frau mit den klugen Augen und sagte: »*Mia moglie*«, meine Frau. Sie war vor vier Jahren gestorben. Dann wies er lächelnd auf die noch offene Nische direkt daneben: »*Questo è per me*«, die ist für mich.

Es wurde allmählich dunkel, wir mußten aufbrechen. Wir verabschiedeten uns von dem Witwer und machten uns auf den Heimweg.

»Toskana serr gut«, sagte ich.

5   ❧ O so - le mi - i - o

Am nächsten Morgen schreckte ich aus dem Schlaf hoch. Ich starrte auf die massiven Eichenbalken der Zimmerdecke und die dazwischen liegenden Tonziegel, und obwohl die Konstruktion in ihrer Einfachheit beruhigend solide wirkte, zeigte sie mir gleichzeitig, wie fremd ich hier war. Wir hatten uns in ein fremdartiges Land voller seltsamer Leute begeben. Waren wir nicht verrückt, unsere gesamten Ersparnisse für ein Haus in der tiefsten italienischen Provinz auszugeben? Rannten wir nicht unerfüllbaren Träumen nach? Leider konnte mich die Stimme der Vernunft nicht beruhigen; sie war schon längst aufgestanden.

Ich floh vor diesen Grübeleien, indem ich aus dem Bett sprang. Ich öffnete die Fensterläden – und die Toskana strömte in ihrer vollen Schönheit ins Zimmer. Während der Nacht hatte der kühle Nordwind die gesamte Feuchtigkeit aus der Luft gesogen, die Hügelketten reihten sich kristallklar hintereinander bis zum Horizont. Was für ein beruhigender, tröstlicher Anblick!

Irgend jemand hatte in der Wiese unterhalb des Hauses zwei Kühe angepflockt, die jetzt in zwei perfekten Kreisen alles abweideten, was sie erreichen konnten. Im Wald auf der anderen Straßenseite raschelte es leise, dann stürmte Candace in die Morgensonne, einen Arm erhoben wie die Freiheitsstatue. Sie jubelte: »*Porcini!* Ich habe selbst *porcini* gefunden!«

Beim Frühstück erzählte Candace dann von ihren Abenteuern beim Pilzesammeln. Danach ging sie ins Insektorium, um zu malen, während ich die Suche nach einem Heim fortsetzte.

Als ich Monte San Savino erreichte, lag es noch totenstill, weit gähnte das Stadttor. Die Geschäfte hatten noch nicht geöffnet, als einziger war ein einsamer Straßenkehrer unterwegs, der seinen alten, abgenutzten Reisigbesen mit weiten, sensenartigen Bewegungen über das Kopfsteinpflaster bewegte. Ab und zu hielt er ein, um einen Papierfetzen aufzuheben und in sein Rollwägelchen zu werfen, um eine Katze zu streicheln oder um ein Kind anzufeuern, das zur Schule rannte. Er erreichte ein Café, stellte sein Wägelchen ab und wollte gerade hineingehen, als ein Windstoß in seinen Abfallbehälter fuhr, einige Papierfetzen fortriß und wieder über die Straße verteilte. Ich erwartete jetzt eine Abfolge von derben Flüchen, in denen die Madonna, zahlreiche Heilige und noch mehr Haustiere eine prominente Rolle spielen würden, doch der Straßenkehrer breitete lediglich seine Arme Richtung Himmel, blickte nach oben und fragte: »*È una cosa bella questa?*«, war das jetzt nett? Dann bückte er sich ruhig nach den störrischen Fetzen, steckte sie wieder in ihr Gefängnis, wusch seine Hände an dem nahegelegenen Brunnen und verschwand im Café. Das ganze kam mir vor wie perfektes Straßentheater. Erst später wurde mir bewußt, daß es auch genau das war. Italiener schaffen es irgendwie zu lachen, wenn sie eigentlich zornig werden müßten. Anstatt sich zu ärgern, reißen sie einen Witz – oder lassen zumindest eine ganze Litanei von spontan erdachten Schimpfworten vom Stapel.

Das beste Beispiel dafür hatten wir im Jahr zuvor an der Küste von Amalfi erlebt. Die Küstenstraße oberhalb von Positano ist auf schwindelerregende Weise direkt aus den oftmals senkrecht ins Meer abfallenden Klippen geschlagen und so schmal, daß selbst Pkws oft bis zur nächsten Ausweichbucht zurücksetzen müssen, um den Gegenverkehr durchzulassen. Und wenn sich zwei Busse begegnen, dann hat man ein Problem. Genau das passierte uns, und weil der Verkehr recht dicht war, bildete sich sehr schnell ein Stau. Nichts rührte sich mehr, keiner der Busse konnte zurücksetzen, bevor nicht alle Autos dahinter Platz gemacht hatten. Die Situation schien völlig hoffnungslos, die Leute brüllten und hupten frustriert. Plötzlich sprang der Taxifahrer hinter uns verzweifelt aus seinem Auto und knallte die Tür so schwungvoll zu, daß das ganze Auto wackelte. Sein Gesicht war vor Zorn verzerrt. Und was dann kam, werde ich bis zu meinem Lebensende nicht vergessen: Der Mann riß sich seine Mütze vom Kopf und – fing an zu singen! Er schmetterte »*O so - o - ole mi - i - io*«.

Ich schwöre, daß diese Geschichte wahr ist! Candace und ich lachten, bis uns die Tränen kamen. Immer wenn wir seitdem an unserem Entschluß zweifelten, nach Italien auszuwandern, erinnerten wir uns an diesen Vorfall und wußten, daß wir uns richtig entschieden hatten.

»*Buongiorno, scrittore*«, grüßte eine Stimme hinter mir. Neri. In großen Teilen Italiens ist es üblich, die Menschen mit Titeln anzureden und sie *professore, architetto, avvocato* oder *dottore* zu nennen – auch wenn der Betreffende nie promoviert, sondern mit Ach und Krach irgendein Examen bestanden hat. Wie auch immer, ich war jetzt der *scrittore, basta.* »*Prendiamo un caffè*«, schlug Neri vor. Das konnte ich nicht ablehnen – vor allem, weil Neri mich untergehakt hatte und praktisch mitzog.

Die Kaffeekultur in Italien unterscheidet sich grundsätzlich von der französischen: Wenn man sich in einem Bistro trifft, redet man über Gott und die Welt, während man seinen Kleinen Schwarzen trinkt. In Italien dagegen ist Kaffeetrinken kein sozialer Akt, sondern das Einnehmen einer Droge. Die gesamte Zeremonie ist streng ritualisiert: Der Barmann setzt die halbvolle Espressotasse auf die am Tresen bereitgestellte Untertasse, man löffelt ein Viertelpfund Zucker hinein und schüttet das kochend heiße Gebräu in einem Zug hinunter. Sekunden später rast einem das Koffein durch die Adern, und man fühlt sich stark genug, die Welt aus den Angeln zu heben. Während ich mich also noch nach dem Zucker umsah, hatte Neri schon umgerührt, ausgetrunken und bezahlt. Jetzt stand er an der Tür und wartete auf mich. Da meine Speiseröhre nicht mit Asbest verkleidet ist, mußte ich Neri entschuldigend anlächeln, während ich darauf wartete, daß mein Kaffee abkühlte.

Danach gingen wir zu seinem Büro, wo noch der kalte Rauch von gestern die Luft verpestete. Aus einem alten Schrank holte Neri einen Schuhkarton, in dem man vielleicht die Liebesbriefe einer altjüngferlichen Tante vermutet hätte, nicht aber die Arbeitsunterlagen eines seriösen Immobilienmaklers. Ich sah Karteikarten verschiedenster Größen, Papierschnipsel, Fotografien, gefaltete Landkarten, abgerissene Kartonstücke, beschriftete Schlüsselbunde, ein Taschenwörterbuch Italienisch-Deutsch und zwei violette Würfel. Neri schien für jede Eventualität gewappnet. Er durchwühlte diesen Haufen, zog drei merkwürdige Fetzen hervor und telefonierte. Ich verstand kein Wort. Dann steckte er das Wörterbuch ein, und wir gingen.

»Tudei«, sagte Neri in einer Sprache, die er für Englisch hielt, »one frend speek Inglish«, und wedelte mit seinem Italienisch-Deutschen Wörterbuch. Aber Neri war kein Dummkopf, er wußte, wo er sich Verstärkung holen konnte. Unter dem halbgeöffneten Rolladen hindurch schlüpften wir in die Pizzeria, wo ich allerdings nicht von leuchtendweißen nackten Fußknöcheln gegrüßt wurde. Statt dessen sah ich hochhackige Schuhe, schwarze Nylons und dann die ganze Elena, die angezogen war, als wolle sie zum Tanzen gehen. Mir wurde unbehaglich, ich atmete tief durch – ein Fehler: Elena hatte offensichtlich heute morgen in Parfüm gebadet. Wir stiegen alle in den Lancia und kurvten durch Olivenhaine und Weinberge. Jetzt spielte Neri seine Trumpfkarte aus: Er zeigte mir eine alte schwarzweiße Fotografie des schönsten Bauernhauses der Toskana. »Ve go«, sagte er.

Fast alle toskanischen Bauernhäuser sahen ursprünglich so aus, wie Kinder Häuser malen: ein quadratisches Gebäude mit einer Tür, Fenstern und einem Kamin. Normalerweise wurde die Eintönigkeit nur durch eine breiten Treppe zur Eingangstür gebrochen. Doch über die Jahrhunderte hinweg entstanden an jedem Bauernhaus Anbauten – entweder weil die Familien wuchsen oder weil sie reicher wurden. Und genau diese Anbauten verleihen den Häusern ihren Charakter und machen sie einzigartig. Oft werden die Dächer umgebaut, um Taubenschläge einzurichten oder Lagerräume, in denen der *prosciutto* trocknet und der *vinsanto* reift. Doch auch das Erdgeschoß wird gerne erweitert, um einen Heustadel, einen riesigen Außenofen zum Brotbacken oder um einen Kuhstall. Zu Kriegszeiten bekamen manche Häuser einen eigenen

Wehrturm — seltene Juwelen. Wenn die Kinderschar wuchs, wurde manchmal ein gesonderter Flügel für den Nachwuchs errichtet, Kapellen entstanden, wenn die Besitzer des Hauses besonders fromm waren. Auch ummauerte Gärten waren recht beliebt, wegen der ruhigen Gelassenheit, die sie ausstrahlen.

Und manchmal, ganz selten, geschieht das Wunder, daß all diese über die Jahrhunderte angebauten, hinzugefügten, veränderten Gebäudeteile eine perfekte Einheit bilden, als ob Generation nach Generation einem feststehenden Bauplan gefolgt wäre, anstatt nach Gutdünken zu improvisieren. Der Italiener sagt, ein Haus habe *movimento*, wenn die verschiedenartigsten Anbauten, Dachlinien, Baustile auf eine unerklärliche Weise zusammenpassen und ein rundes Ganzes bilden. Und das Bauernhaus auf dem Foto hatte *movimento* im Überfluß.

Jetzt fühlte ich mich doppelt unwohl. Ich kurbelte das Fenster herunter, um meine Sinne zu beruhigen, doch der herbstliche Duft der Landschaft verwirrte mich nur noch mehr. Immer wieder sah ich mir das Bild an, um mich zu vergewissern, daß ich nicht träumte. Doch das Haus war immer noch da, mit *movimento* und allem. Nach ungezählten Haarnadelkurven hielten wir an, stiegen aus und folgten einem Fußpfad, auf dem niemand mehr gegangen war, seit Napoleon von Elba floh. Elena — die bis jetzt noch kein Wort in irgendeiner Sprache gesagt hatte — stöckelte mit ihren hohen Absätzen so mühelos durch Steine und Unkraut, als ob das die übliche Ausrüstung wäre.

Und plötzlich traten wir auf eine Kuppe, von der aus man die halbe Toskana überblicken konnte. Wir waren angekommen. Ich sah alte Obstbäume, einen gemauerten Ziehbrunnen und einen Teich. Dahinter fiel der Hügel steil ab und gab den Blick über ein breites Tal hinweg bis zu den schneebedeckten Gipfeln des Apennin frei. Rechts von uns stieg ein terrassierter Olivenhain vom Tal herauf. Diese natürliche Kuppe lag nach allen Seiten so geschützt, daß man problemlos eine jahrzehntelange Belagerung überstehen konnte – normalerweise hätte hier eine Burg stehen müssen, oder zumindest irgend etwas. Doch um uns herum gab es nur Bäume, Brombeerbüsche und freie Fläche.

Neri redete, das Mädchen redete, ab und zu wedelte Neri zur Bekräftigung mit dem Wörterbuch, und beide zeigten immer wieder nach vorne, auf ein riesiges Brombeerdickicht. Ich verstand lange nicht, was sie meinten, bis mir endlich die Augen aufgingen. Unglaublich! Dort stand mein spektakulärstes Bauernhaus der Toskana – völlig von Büschen überwuchert! Ich ging darauf zu, umrundete es, erhaschte durch die Weinblätter Blicke ins Innere, verglich den Bau mit dem Foto, um zu sehen, wo ich gerade stand. Alles war genau wie auf dem Foto: der Bogengang, die Ställe, die Kapelle und sogar der Innenhof, in dem ein steinalter Olivenbaum stand. Alles war wie auf dem Foto – mit einem winzigen Unterschied: Das spektakulärste Bauernhaus der Toskana reichte mir nur bis zu den Knien. Der Rest war verschwunden.

Ich spürte jemanden in meiner Nähe und drehte mich um. Elena. Sie muß meine Enttäuschung darüber gespürt haben, daß mein Traumhaus nicht einmal mehr ein Schutthaufen war. Sie erklärte mir in gutem Englisch, daß der frühere Besitzer das Haus Stein für Stein abgetragen habe, um weiter unten einen neuen Kuhstall zu bauen. Beinahe wäre ich in Tränen ausgebrochen. Hatte dieser Banause doch glatt sechshundert Jahre Geschichte abgerissen, damit seine Kühe nicht im Freien scheißen mußten! Ich murmelte, daß man gut auf den Petersdom aufpassen müsse, damit ihn niemand abträgt, weil er Ziegel für seine neue Garage braucht.

Elena erklärte mir, daß sich vor 20 Jahren niemand für diese Bauernhäuser interessiert habe. Manche seien als Steinbruch mißbraucht worden, manche einfach so verfallen. Manche Bauern seien sogar mit Planierraupen angerückt, weil die Ruinen mitten in einem Feld standen und die Arbeit behinderten. Damals sei das hier eine arme Gegend gewesen, und man habe jede Möglichkeit genutzt, den Ertrag des Bodens zu steigern.

Aber seitdem sei alles anders geworden, munterte sie mich auf. Jetzt sei man in das andere Extrem verfallen: alte Häuser dürften überhaupt nicht mehr verändert, sondern nur noch restauriert werden. Eine Genehmigung für Neubauten auf landwirtschaftlichen Flächen sei nur in seltenen Ausnahmefällen zu bekommen, doch auf diesem Grundstück liege *il diritto*, das Recht, das alte Haus wieder aufzubauen. Allerdings ohne Veränderungen. Ich könnte Steine aus den umliegenden Feldern verwenden, Holz aus den Wäldern, ich könnte alte *tegole* und *coppe* für das Dach auftreiben, und alles würde wieder so werden wie früher.

Es schauderte mich.

Ich dachte nicht nur an die Kosten – denn es würde nicht nur ein, sondern mehrere Vermögen kosten, dieses Anwesen wieder aufzubauen, das in seiner Komplexität einem Prunkschloß nicht nachstand. Nein, hauptsächlich war ich über den Verlust erschüttert. Das Haus war unwiederbringlich zerstört, mitsamt der Erinnerung an die Leute, die hier über die Jahrhunderte gelebt hatten. Ich glaube nicht an Geister, aber wenn ich ein altes Gebäude betrete, das von Hand und nach Augen-

maß errichtet wurde, dann überkommt mich ein merkwür-
diges Gefühl. Vielleicht bilde ich mir das alles nur ein, aber ich
spüre Ruhe in mir aufsteigen und ich vermeine, Augenblicke
aus den tausend Jahren gelebten Lebens in diesem Haus vor
meinen Augen zu erblicken. Gelächter, Tränen, Sorgen um die
Ernte, um ein krankes Kind. Und Träume. Wenn diese Menschen in ihrem arbeitsreichen Leben sich kurz ausruhten,
wovon träumten sie dann? Was erhofften sie, wonach sehnten
sie sich? Wenn sie in langen Winternächten dicht gedrängt vor
dem großen Kamin saßen, wovor fürchteten sie sich dann am
meisten? Worüber konnten sie am herzlichsten lachen? Dieses
Haus hatte eine Geschichte zu erzählen, die jetzt für immer
im Dunkel der Vergangenheit verlorengegangen war.

Ich riß mich aus meinen Gedanken und sah, wie Elena
kleine Pflanzen pflückte, die in den Mauerfugen wuchsen. Als
ich zu ihr hinüberging, zeigte sie mir ein Häufchen Blätter, die
aussahen wie Geranienblätter, und kleine runde Kügelchen.
»*Capperi*« sagte sie, Kapern, »den Namen der Blätter kenne
ich leider nicht, aber sie helfen gegen Bronchitis.« Später fand
ich heraus, daß die meisten Toskaner ein erstaunlich großes
Wissen über Kräuter haben. Sie lieben die Natur, aber nicht
nur, weil sie schön, sondern auch weil sie nützlich ist. In
der freien Natur fühlen sie sich geborgen. Unter Freunden.
Und unter *funghi* – genau in diesem Augenblick kam Neri mit
einer vollen Papiertüte hinter den Brombeeren hervor und
grinste.

Mit der Hilfe von Elena machte ich Neri klar, daß ich die
Gegend ganz unglaublich schön fände, aber keine Lust hätte,
ein altes Haus komplett neu zu errichten. Da könnte ich ja
gleich nach Disneyland fahren. Sie lachten. »*Alla prossima*«,
sagte Neri gutgelaunt, zum nächsten!

Wir fuhren ostwärts; Neri stellte Fragen, Elena übersetzte. Er versuchte herauszubekommen, was ich genau wollte. Wie groß sollte das Gebäude, was für eine Art Haus sollte es überhaupt sein? Wieviel Land wollte ich, wie viele Nachbarn? Ich sagte Neri, daß wir zwei Jahre lang auf einem 10-m-Segelboot gelebt hätten, die Größe des Wohnraums also nicht entscheidend sei, aber abgeschieden müsse das Haus schon liegen. Wir wollten einige tausend Quadratmeter Grund mit ein paar Olivenbäumen, Rebstöcken, vielleicht einem Wäldchen. Das Haus mußte alt und bewohnbar sein – und einen Blick auf die dramatischen toskanischen Sonnenuntergänge haben.

Kaum war ich mit meiner Beschreibung fertig, als wir an einem idealen Beispiel vorbeifuhren, einem kleinen alten Bauernhaus direkt neben der Straße. In den Fenstern hingen Vorhänge, an der Wäscheleine wehten Bettücher, im Hof rannten Hühner herum. Das Anwesen hatte einen Gemüsegarten und schien gut erhalten, auch wenn seit Jahrzehnten nichts mehr daran gemacht worden war. »Genau so ein Haus wäre perfekt!« rief ich.

Neri stimmte mir sofort zu: »*Ideale! Tante piante di castagne.*«

Maroni!

In meiner Kindheit war *Gesztenye* meine Lieblings-Süßspeise gewesen: eine Creme aus Süßkastanien, mit Rum und Schlagsahne. An jedem Geburtstag nahm mich mein Vater zu einem Café im Népliget-Park mit und bestellte mir *Gesztenye*, an der ich dann stundenlang andächtig herumlöffelte.

Und hier gab es ganze Wälder von Eßkastanien! Bald würde ich *Gesztenye* eimerweise vertilgen! Neri wuchs mir immer mehr ans Herz. Man mußte einen Menschen einfach lieben, der ein Haus nicht nach dessen Größe oder Prestige oder Lage bewertet, sondern nach den Früchten des Bodens, der das Haus umgibt.

»*A vendere questa casa?*« fragte ich.

»Niemals«, meinte Elena, »diese Leute sind *contadini*. Bauern. Bauern und Tote verlassen ihre Erde nie.«

Wir nahmen eine scharfe Kurve und wären beinahe in eine Wollwand gekracht. Neri bremste scharf, Schafe sprangen panisch zur Seite und blökten beleidigt. Neri bedankte sich kurz bei der Madonna, sprang aus dem Auto und brüllte: »Bindi! Bindi!«

»*Che c'è?*« rief jemand zurück. Dann trat ein sehr kleiner und stark schielender Schafhirte aus seiner Hütte. Neri gesellte sich zu ihm und brüllte eine Zeitlang. Der Hirte fixierte Neri mit einem Auge, während das andere herumwanderte und Schafe zählte. Dann verschwand er kurz in der Hütte, aus der er drei kleine graue Kugeln mitbrachte. Neri gab ihm Geld, nahm die Kugeln und verabschiedete sich. Bindi scheuchte die Schafe von der Straße, es konnte weitergehen. Neri drehte sich zu mir um und reichte mir eine der Kugeln.

»*Pecorino*«, sagte Elena, »Schafskäse. Ist vier Monate in einer Höhle gereift.«

Ich dankte ihm überschwenglich.

Wir fuhren in das Valdichiana hinab, ein breites Tal, das sich nach Osten bis zu den schneebedeckten Spitzen des Apennin zieht. Bis ins 18. Jahrhundert war das Tal ein einziger Sumpf, dann legten es die Österreicher trocken und verwandelten es in eine der fruchtbarsten Gegenden Italiens. Weitläufige Obstplantagen und riesige zusammenhängende Felder beherrschten das Tal und bildeten einen scharfen Kontrast zu den handtuchgroßen Olivenhainen, Wäldchen und Weinbergen, aus denen wir gerade gekommen waren. Hier standen keine Dörfer, sondern wuchtige Einzelhöfe. Ich fragte, warum die Bauernhäuser hier so viel größer seien als in den Hügeln, worauf Elena antwortete: »Dieser Boden wirft viel ab, er ernährt mehr Menschen. Die Leute auf den Hügeln waren alle bettelarm.«

Wenig begeistert fragte ich, ob wir uns als nächstes ein Haus hier im Tal ansähen. Keine Angst, beruhigte Neri mich, wir führen in das Hügelland um Cortona. Cortona, Cortona, hatte ich darüber nicht schon etwas gelesen? Ja, richtig, ich erinnerte mich an eine Beschreibung als »perfekte mittelalterliche Stadt, am Hang eines Hügels gelegen. Kunstgeschichtlich interessant, Geburtsort von Luca Signorelli. Von den Etruskern gegründet und im Mittelalter von Arezzo verwüstet«. Am besten erinnerte ich mich aber an ein Foto der *piazza*: Im Vordergrund der unregelmäßig geformte Hauptplatz, im Hintergrund eine majestätische Steintreppe, auf der die Bürger der Stadt standen oder saßen und sich unterhielten. Neid war in mir aufgestiegen, als ich das Foto sah, auch ich wollte so unbeschwert leben, so selbstverständlich zu einer Gemeinschaft gehören wie die plaudernden Bürger von Cortona.

Schon bald tauchte die Stadt in all ihrem Glanz vor uns auf, Würde und heitere Gelassenheit ausstrahlend. Das Gelände wurde hügeliger, wir kurvten um kleine, flache Kuppen herum – eine Miniaturversion der Landschaft um Monte San Savino.

Neri begann mir das nächste Objekt vorzustellen, Elena übersetzte. Sechs Hektar Grund, Rebstöcke, Olivenhaine, Obstbäume, Felder, ein bißchen Wald. Es klang zu schön, um wahr zu sein. Wahrscheinlich war das Haus fürchterlich, eine

Ruine oder ein auf zwei Getränkekisten aufgebockter Wohn-
wagen. Neri muß meine Gedanken gelesen haben, denn er
versicherte mir, das Haus sei erst im letzten Jahr vollständig
renoviert worden, und zwar mit »*gusto perfetto*«, höchst stilvoll. Der geforderte Preis befand sich hart an unserer Schmerz-
grenze, aber wenn wir den Matra verkauften und uns statt
dessen ein Maultier anschafften, würden wir ihn schon auf-
bringen können – vorausgesetzt, ich bekäme einen Vorschuß
auf mein nächstes Buch (ich hatte allerdings noch keinen
Schimmer, wovon es handeln sollte). Die Hitze nahm zu. Wir
bogen auf einen Feldweg ein und erreichten nach wenigen
Minuten ein steinernes Tor.

Und dann sah ich das Haus.

Ich dachte, ich sterbe. Dort stand ganz zweifellos das
zweitschönste Bauernhaus der Toskana – und es *stand*! Bis hin
zum großartigen, originalgetreu restaurierten Dach aus uralten Ziegeln. Das zweistöckige Haus hatte einen kleinen Turm
und war von einem üppigen, gepflegten Garten umgeben.
Zwei breite Bogengänge standen einer Loggia gegenüber, die
von bauchigen Terrakotta-Vasen mit Orangen- und Zitronen-
bäumchen geziert wurde. Durch eine jahrhundertealte, zwei-
flügelige Tür betraten wir das Bauernhaus – das im Inneren
aussah wie ein mittelalterliches Schloß! Der Bau lag an einem
sanft ansteigenden Hügel, und die Steinböden der verschiedenen Stockwerke folgten dieser Hügellinie. Massive Bögen
und Säulen aus Ziegel trugen die Zimmerdecken, durch zerbrochene Fensterscheiben strömte das Licht und bildete helle
Pfützen auf dem Boden. Zu meiner Rechten lag ein Lesezim-
mer mit gemütlichen Sesseln, einem Perserteppich und einer
tiefen Nische, die mit Bücherregalen gefüllt war. Links von
mir stand ein riesiger alter Refektoriumstisch aus schwarzem

Holz mit zwei ebenso massiven Holzbänken. Der hintere Teil des Hauses wurde von einer riesigen Feuerstelle beherrscht, in die ein eisernes Gestell eingelassen war, auf dem man Töpfe abstellen konnte. Als weitere Kochstelle gab es einen gemauerten, etwa hüfthohen Ofen, in den man seitlich glühende Kohlen füllte. Da nirgends Feuer brannte, erkundigte ich mich bei Neri, ob hier jemand wohne. Nein, sagte er, lediglich ein Schweizer *industrialista* miete das Haus hin und wieder für seine Ferien.

Eine breite Bohlentreppe führte in das obere Stockwerk, in dem sich schön restaurierte Schlafzimmer und modern eingerichtete Badezimmer befanden. Alles war vollkommen, mit »*gusto perfetto*« renoviert, wie Neri versprochen hatte. In bester Stimmung ging ich wieder hinunter, um den Garten zu besichtigen.

Schon auf der Treppe fiel mir ein merkwürdiger Geruch auf, den ich selbst zwischen den Zitronen- und Orangenbäumchen im Garten noch riechen konnte. Und plötzlich sah ich in der Ferne das Blinken von Stahl: Weniger als zwei Kilometer entfernt erhob sich ein Industrieschornstein über einer weitläufigen Düngemittelfabrik und verpestete die Luft. Die Schlange im Paradies. Ich dachte, ich sterbe.

Ich hatte länger als ein Jahr vom perfekten Haus in der Toskana geträumt, aber eine Düngemittelfabrik war in diesen Träumen nie vorgekommen. Neri und Elena sahen verwirrt aus, ich weiß aber nicht, ob Neri auf meinen Gesichtsausdruck reagierte oder auf den Mangel an *funghi* in der Gegend. Er fragte mich, was ich von dem Anwesen hielte. Ich deutete nur auf den Schornstein und sagte: »*Troppo industriale.*« Erstaunlicherweise schien Neri nicht enttäuscht, sondern fast befriedigt. Mit Stolz in der Stimme sagte er: »*La nostra zona è molto più bella. Torniamo a casa.«* Unsere Region ist viel schöner. Fahren wir nach Hause.

In diesem Moment kam der Schweizer Industrielle in einem schlachtschiffgroßen Mercedes die Einfahrt herauf. Er grüßte uns höflich in makellosem Englisch, und ich machte ihm Komplimente, daß dieses Haus das schönste sei, das ich bisher besichtigt hätte. Dann verabschiedeten wir uns. Am nächsten Tag erfuhr ich, daß der Schweizer das Anwesen gekauft hatte. In den Träumen mancher Menschen kommt anscheinend mehr Dünger vor als in meinen.

Als wir nach Monte San Savino zurückkamen, brodelte das Leben in den Straßen. Das Café hatte zwei Tische auf die piazza gestellt, die Ladenbesitzer saßen auf Stühlen, Schemeln oder Obstkisten vor ihren Geschäften und plauderten. Jeder versuchte, noch ein bißchen Sonne zu erwischen, bevor der Winter kam. Neri führte aus seinem Büro noch zwei Telefonate, erreichte aber nichts. Mein toskanisches Traumhaus schien nicht zu existieren. Zumindest nicht in den Hügeln von Monte San Savino.

Ich bedankte mich herzlich bei Neri und dem Mädchen und verließ das Geschäft. Draußen warf ich einen letzten Blick auf den Heiligen, der im Schaufenster stand, mit dem Totenkopf in der einen und den Lilien in der anderen Hand. Sein blasses junges Gesicht strahlte heute, wie mir schien, Zufriedenheit aus – wie auch nicht? Schließlich hatte *er* seinen Platz in der Toskana gefunden. Er konnte sich alle Zeit der Welt nehmen, um über Leben, Tod und Ewigkeit nachzudenken. Irgendwie gefiel er mir, also ging ich ins Geschäft zurück, um mich nach dem Preis dieses wunderschönen alten Bildes zu erkundigen. »Alt?« lachte Neri. Die Farbe sei kaum trocken, ob ich denn nicht auf die Signatur geachtet hätte?

Recht unsanft hob er das Bild aus dem Schaufenster, staubte die Leinwand mit einem Wischtuch ab und hielt es in das rauchgetrübte Licht. Rechts unten in der Ecke stand »1865«.

»*Vede? Appena un secolo.*«

»Sehen Sie?« übersetzte Elena. »Gerade einmal ein Jahrhundert alt.« Für die beiden war das Gemälde ein Witz, praktisch neu. Für mich war es der älteste Gegenstand, den ich jemals besitzen würde.

»*Quanto costa?*« fragte ich schüchtern.

»*Centomila*«, meinte Neri.

Ich benötigte einige Sekunden, um Nullen zu streichen. Konnte das sein? Ich mußte mich verhört haben. Doch Neri hatte bereits seine alte Rechenmaschine angeworfen und reichte mir einen Zettel: »*Centomila lire*«, sagte er, »*settantacinque dollari.*«

Er mußte verrückt sein! Fünfundsiebzig Dollar für ein altes Ölgemälde?

»*Troppo?*« fragte Neri. Zu viel?

Forschend prüfte ich sein Gesicht, ob sich darin beginnender Wahnsinn abzeichnete, aber er schien ganz der alte.

»*Troppo poco*«, protestierte ich. Viel zu billig!

»O.k.«, lachte Neri, »siebzig *dollari.*«

Schnell sagte ich: »*Venduto*«, bevor er es sich noch anders überlegte. Ich kramte meine Reservedollars heraus, gab sie Neri, nahm den Heiligen vorsichtig aus seinen Armen und ging. Auf der Straße hielt ich das Bild ins Licht. Hier in der Sonne schien der Mönch weniger traurig, eher in Gedanken versunken. Wie ein Narr stand ich da, mitten auf der Straße, und starrte meinen Heiligen an. Eine Dame mit einem Einkaufsnetz voller Lebensmittel erhaschte einen Blick auf das Bild, sagte lächelnd »*Che bello!*«, bekreuzigte sich und ging.

Erst jetzt bemerkte ich ein weißes Band am unteren Rand des Bilds. Darauf stand »S. Filippo«. Jetzt hatte ich meinen persönlichen Heiligen, den ich nach Hause tragen konnte. Ich fühlte mich nicht mehr als Fremdling.

Dann schlugen die Kirchenglocken eins, die Rolläden der letzten noch offenen Geschäfte rasselten herunter, Schlüssel drehten sich, und die Straßen leerten sich wie bei einem Bombenalarm.

Ich verließ die Stadt durch das Tor und ging Richtung Park. Von dort kam mir eine rauhe, brüllende Lautsprecherstimme entgegen. Sie dröhnte von einem Fiat Cinquecento, auf dessen Dach ein antiker Lautsprecher montiert war. »*Circo, circo, circo! Circo Orfeo!*« schallte es mir entgegen, es folgte ein schier endloser Wortschwall. Am Heck des Autos hing ein Plakat, auf dem eine Zirkusdame einen Tiger ritt. Ein kleines Mädchen beugte sich aus einem Fenster im zweiten Stock und winkte dem Wagen. Als der Fiat verschwunden war, winkte sie mir. Ich grüßte zurück, dann schwenkte ich S. Filippo hin und her, daß auch er zu winken schien. Das Mädchen lachte so ausgelassen, wie es nur kleine Mädchen können, wenn der Zirkus in die Stadt kommt.

6 ～ Ein Wildschwein!

San Filippo und ich fuhren durch die Hügel nach Hause. Bald hingen wir hinter einem Schulbus fest, der sich mühsam die Kurven hinaufquälte. Ich versuchte gar nicht erst zu überholen und merkte zu meiner Überraschung, wie entspannend es war, langsam dahinzutuckern, den Blick schweifen zu lassen und vor sich hin zu träumen.

Der Hügel um das Haus badete in Licht, satt standen die Kühe auf der Weide und starrten mich an. Ich stellte das Auto ab und rief Candace, ich müsse ihr jemanden vorstellen. Sie kam, mit einem Pinsel in der Hand. Sie schloß Filippo gleich ins Herz und brachte ihn ins Atelier, wo sie ihn später reinigen wollte. Das Bild, an dem Candace gerade arbeitete, schwelgte in Farben. Hügel räkelten sich lasziv wie Badende in einem milchigen Sonnenuntergang. Ein blauer Strom wand sich durch das Bild, still lag ein Teich und spiegelte bewundernd den Himmel über sich. Diese Farben! Jahre später schrieb ein Kritiker über das Bild: »Es lädt uns zum Träumen ein.« Ich sagte Candace, wie wundervoll ich es fand. Sie lächelte: »Danke. Aber ich würde lieber *funghi* sammeln gehen.«

Dann aßen wir, und nur wenige Augenblicke meines gastronomischen Lebens haben sich mir so eingeprägt wie jener. Ich erinnere mich an die Hühnersuppen meiner Mutter und an eine Schüssel Miesmuscheln mit einer Zwiebel-Weiß-

weinsoße in einer bretonischen Fischerkneipe, an das zehn-
gängige Silvestermenü, das ich in Arles gegessen habe, an
das Essen zu unserem dreizehnten Hochzeitstag im Relais
Louis XIII. Und an das Mittagessen, das jetzt folgte. Es fing
einfach genug an, mit altem, luftgetrocknetem *prosciutto,*
Bindis Schafskäse und einer scharfen Wildschweinwurst.
Dazu gab es frisches Brot und Brunello, den wir inzwischen
wie ordinären Tafelwein pichelten. Die Überraschung kam
erst später, mit den Tomaten. Candace hatte im Dorfladen
Olivenöl verlangt, worauf der Besitzer sie in seinen Vorratskeller geführt und dort aus einem irdenen Krug eine trübe,
dickliche Masse geschöpft hatte, die wir jetzt über unsere
Tomaten träufelten. Wir besprachen gerade die verschiedenen
Abenteuer unserer Häusersuche und achteten gar nicht recht
auf das Essen – bis wir den ersten Bissen von den Tomaten
nahmen. Wir verstummten. Sahen uns an. Wie schmeckten
denn die? Pfefferig, bittersüß, scharf; der Geschmack war so
komplex, daß er auf der Zunge regelrecht explodierte. Erst
dann bemerkten wir, daß nicht die Tomaten so schmeckten,
sondern das undurchsichtige, dicke Olivenöl, das wir über sie
geträufelt hatten. Wir gossen mehr Öl über die Tomaten,
tunkten es mit Brot auf, schließlich aßen wir das Öl mit Löf-
feln. Wir tauchten eine Karotte hinein, dann unsere Finger.
Wir leckten die Gabeln ab. Und seufzten glücklich, wie Kinder,
die sich in einem Bonbonladen austoben dürfen.

So sah unsere erste Begegnung mit steingepreßtem Olivenöl aus. Eine der besten Gaben Gottes! Heute pressen wir
längst unser eigenes – und verbrauchen pro Woche etwa
einen Liter.

Als Nachtisch gab es Äpfel, danach gingen wir durch die
Hügel spazieren. Bevor wir starteten, stopfte sich Candace eine

Papiertüte in die Jacke. Sie sah meinen mißtrauischen Blick und sagte: »Keine *funghi* mehr. Ich verspreche es.«

Wir schlenderten durch die kleine Ortschaft, die, vom *pranzo* erschöpft, ruhte. Von dort gingen wir nach Osten, wo angeblich im Wald versteckt ein kleines Schloß lag. Dabei wanderten wir einfach querfeldein, keine Zäune behinderten unseren Weg. Die wogenden Hügel, die Felder, die Wälder, sie alle schienen uns mit offenen Armen zu empfangen.

Von diesen offenen Landschaften der Toskana geht ein starker Zauber aus. Nur ganz selten grenzt ein Zaun das Eigentum eines Bauern ab – und dann dient der Zaun meist dazu, Schafe oder Pferde auf ihrer Weide bzw. Koppel zu halten. Wenn man gerne durch die Landschaft streift, ist diese Gegend also das reinste Paradies. Die schmalen Feldwege schmiegen sich natürlich in die Landschaft, voller Kurven, und man hat das Gefühl, hinter jeder Kurve wieder auf etwas Neues und Unerwartetes zu stoßen. Doch jetzt gingen wir quer über die Felder, jeden Schritt durch die grob aufgeworfene, frisch gepflügte Erde mit Bedacht setzend. Selbst die Natur schien nach schwerem *pranzo* Mittagsruhe zu halten, kein Laut war zu hören bis auf den Wind, der durch die Pinien strich. Wir traten in eine Gruppe alter Eichen, durch deren Dach sich die Sonne nur mit großer Mühe kämpfte. Rechts und links des schmalen Pfades war das Laub immer wieder aufgewühlt, zu Häufen zusammengeschoben, als ob jemand am Boden gescharrt hätte. Ein Geruch wilder Natur lag in der Luft. »*Funghi*«, flüsterte Candace. Ich hatte meine Zweifel, sagte aber nichts. Es roch nicht nach *funghi*. Vor allem aber wühlen *funghi* den Boden nicht auf.

Plötzlich machte Candace mir ein Zeichen stehenzubleiben. Sie deutete in die Dunkelheit vor uns, in der sich etwas bewegte. Zuerst hielt ich es für einen Fuchs oder einen kleinen Wolf, doch dann wandte sich das Tier in unsere Richtung: ein Hund. »Weißt du, was das ist?« flüsterte Candace.

»Ein Hund«, meinte ich. »Warum flüstern wir eigentlich?«

»Falsch, du Held der Landwirtschaft, das ist nicht irgendein Hund, das ist *der* Hund, der wertvollste Hund der ganzen Toskana. Weißt du, was er da im Wald macht?«

»Hasen jagen?«

»Er gräbt, und weißt du warum?«

»Vielleicht ist ihm langweilig?«

»Nein, er steckt mitten in der Arbeit. Er sucht nach Trüffeln.« Candace ließ sich das Wort »Trüffeln« auf der Zunge zergehen, als ob es ebenso göttlich schmeckte wie die Knolle selbst.

Ich gab es ja nur ungern zu, aber wahrscheinlich hatte sie recht. Aber wo war dann der Eigentümer dieses wertvollen Hundes, der uns nur kurz angesehen, sich dann aber wieder seiner Aufgabe zugewandt hatte?

»Komm schon!« sagte Candace. »Der Hund wird uns die besten Trüffel aufspüren, die wir im ganzen Leben je bekommen werden.«

Der Hund bewegte sich bedächtig, mit kontrollierter Erregung. Er kratzte mal hier am Boden, dann wieder auf der anderen Seite des Weges. Dann schnüffelte er am hohlen Wurzelstock einer uralten Eiche. Erregt stieß mir Candace ihren Ellenbogen in die Seite: »Schau! Trüffel wachsen oft an Eichenwurzeln.« Doch der Hund verlor das Interesse, knurrte plötzlich und trottete den Waldweg hinab, als ob er eine Witterung aufgenommen hätte. Dann setzte er sich in Trab – jetzt hatte ihn die Erregung gepackt.

»Schnell hinterher!« flüsterte Candace, »diese Hunde können Trüffel aus 15 Meter Entfernung riechen.« Das Tier wurde immer schneller, jetzt rannte es mit gesenktem Kopf den Weg hinunter; wir hinterher. Auf einmal machte es einen Riesensatz und stürzte sich auf etwas Großes, Schwarzes, das im Gras geschlafen hatte. Das Schwarze sprang auf, quiekte laut und ging zu einem wütenden Gegenangriff über. Das Fell und die dünnen Beine schimmerten im Licht, als es den Hund mit Wucht rammte und wie eine Stoffpuppe gegen einen Felsen schleuderte. Der Hund hatte seinen Stolz; er fletschte die Zähne und warf sich auf den Feind, worauf das schwarze Tier sich in Panik wandte und flüchtete – direkt auf uns zu.

»Ein Wildschwein! Ein Wildschwein!« schrie ich und zerrte Candace weg, die wie versteinert dastand. So schnell wir konnten, rannten wir den Weg zurück, das zu Tode erschrockene Wildschwein dicht auf den Fersen, dahinter dieser bescheuerte Köter, der wahrscheinlich immer noch dachte, er verfolge eine fliehende Trüffel. Als die Tiere nur noch drei Meter von uns entfernt waren, rief Candace: »Da hinauf!« Wie Cartoonfiguren warfen wir uns gegen einen Baum, umarmten den Stamm und kämpften uns mit letzter Anstrengung einen Meter nach oben. Das genügte; Hund und Wildschwein rauschten unter uns vorbei. Wir blieben noch auf unserem Baum, bis das Bellen und Japsen des Hundes in der Ferne verklang und eine behagliche Stille zurückkehrte. Candace hatte einen Kratzer an der Backe und grinste übermütig: »Hast du je schon einmal eine so große Trüffel gesehen?«

~

Wir hatten uns verlaufen, wußten nicht, wie weit uns die Trüffeljagd in den Wald geführt hatte. Also gingen wir ungefähr in die Richtung zurück, aus der wir gekommen waren. Wir lachten noch immer über unser Wettrennen mit Schwein und Hund, veranstalteten gleichzeitig aber absichtlich möglichst viel Lärm, um uns das Wildschwein vom Leib zu halten. Gerade erreichten wir wieder das Wäldchen mit dem hohlen Wurzelstock, an dem unser »Trüffelhund« geschnuppert hatte, als Candace anhielt und auf etwas unter den Bäumen deutete.

»Schau mal!« fing sie an, da packte ich sie schon am Kragen, zog sie zu mir und flüsterte mit glühenden Augen: »Wenn du jetzt das Wort ›Trüffel‹ aussprichst, dann stopfe ich dich in den hohlen Baum!«

»Eßkastanien«, flüsterte sie, verschmitzt lächelnd. *Eß*kastanien, welch herrliche Vorsilbe! »Liebst du mich jetzt?« fragte sie.

»Zuerst will ich die Maronen sehen.«

Sie zeigte sie mir. O mein Gott. Ich hatte noch nie eine angezogene Eßkastanie gesehen, und hier bedeckten sie den ganzen Boden. Die weichen, pelzigen Schalen fühlten sich fast flauschig an. Wir sammelten die Maronen ein, wie ein Verrückter raffte ich sie zusammen. Ich war ziemlich überrascht über meine Reaktion. Noch nie hatte ich irgend etwas Eßbares eingesammelt oder gepflückt, das in der wilden Natur gewachsen war. Natürlich hatte ich von unserem Segelboot aus gefischt, aber sich in der freien Natur zu bücken und etwas Eßbares einzusammeln, das brachte eine neue Saite in mir zum Schwingen. Ich fühlte mich wie ein Neandertaler, wie der erste Jäger und Sammler. Wir füllten die Papiertüte, dann meine Jacken- und Hosentaschen. Am Ende watschelte ich wie eine mit Sägespänen ausgestopfte Puppe durch den Wald.

Endlich erreichten wir den Waldrand und blinzelten in die tiefstehende Sonne. Dann trug der abendliche Wind ein leises »*Ti ammazzo! Ti ammazzo!*« herüber.

Wir waren wieder zu Hause.

~

Leider konnten wir nicht die Kastaniencreme meiner Kindheit zubereiten, weil wir weder Schlagsahne noch Rum hatten. Doch Candace fand in ihrem Atelier eine alte Bratpfanne, deren Boden stellenweise vollständig durchgerostet war – wir konnten unsere Maronen also direkt auf Kohlen rösten. Allerdings fehlten uns Späne, um ein Feuer in Gang zu bekommen. Neben dem Haus lagerte ein ansehnlicher Stapel Feuerholz, der von einem verrosteten Blechdach trocken gehalten wurde, aber die Späne hatten wir bereits verbraucht. Also ging ich im letzten Licht des Tages in den Wald, um trockenes Reisig zu holen, während Candace in der Küche Gemüse für die Suppe schnitt. Schnell wurde die Luft herbstlich kühl, bald zog der Bodennebel in Fetzen durch das Tal. Auf den Hügeln überall Stille. Vorsichtig ging ich durch den Wald und sammelte abgebrochene Zweige, die manchmal leicht waren wie eine Feder. Wieder fühlte ich mich großartig, eng verwandt mit den Höhlenmenschen, die seit Anbeginn der Zeiten in die Wälder gegangen sind, um Feuerholz zu holen. Ich beugte den Rücken nach vorne, ließ meine Schultern hängen und meine Arme nach unten baumeln und schlurfte im gemächlichen Trott eines Höhlenmenschen dahin. Wenn ich auf einen trockenen Zweig trat, grunzte ich vergnügt. Dann entdeckte ich Pinienzapfen als idealen Zunder. Natürlich zufällig – ich war in ein Pinienwäldchen geraten und im Halbdunkel auf einen Zapfen getreten, der unter meinen Füßen trocken splitterte. Ich überprüfte, worauf ich da gestiegen war, und stellte erfreut fest, daß der Pinienzapfen strohtrocken war. Schnell breitete ich meine Jacke aus und füllte sie mit bestem Zunder. Zufrieden grunzend trottete ich nach Hause.

Dort zeigte ich meinem Höhlenweib, was für einen tollen Sammler sie an mir hatte. Candace war begeistert – sie war schon immer leicht zu begeistern. Aber als ich die Zapfen in die Feuerstelle schlichten wollte, quietschte sie laut hinter mir. Ich drehte mich um. Candace stand da, hielt ein kleines, weißes Etwas in der Hand und sagte: »Das ist ja unglaublich!«

»Trüffel?« riet ich.

»Pinienkerne, mein Freund. *Pignoli*. 40 Dollar das Kilo.«

»Wußte ich doch. Für was für einen Sammler hältst du mich denn?«

Wir entfachten unser Feuer also mit Zweigen, setzten uns gegenüber an den Küchentisch und knackten mit Hilfe von zwei runden Steinen Pinienzapfen. Die glitschigen kleinen Kerne waren gerade einmal so groß wie Sonnenblumenkerne. Als die Suppe fertig war und wir genügend Pinienkerne für unseren Spinatsalat herausoperiert hatten, warf ich zwei Dutzend Maronen in die durchlöcherte Pfanne, verteilte sie gleichmäßig, wie ich es bei den Maronenverkäufern auf der Fifth Avenue gesehen hatte, und setzte mich zu Tisch.

Wir hatten gerade die Suppe aufgegessen, da gerieten wir ohne Vorwarnung unter Artilleriebeschuß. Mit Riesengetöse explodierte eine Granate direkt neben mir, Splitter schossen durch den Raum. Erschrocken schützten wir unsere Köpfe und flohen aus der Küche. Und dann standen wir völlig verdattert im Gang, während die Explosionen in der Küche weitergingen. Ich starrte Candace an, die etwas belämmert aussah. »Kastanien«, flüsterte sie, »*Eß*kastanien.«

Anscheinend waren die Eßkastanien nicht zu einem Waffenstillstand bereit. Wahrscheinlich würden sie noch das ganze Haus in die Luft jagen. Mein Blick wurde mörderisch. Ich zischte: »Erst Trüffel, jetzt das. Was kommt als nächstes? Vergiftest du uns vielleicht mit *pignoli*?«

»O Gott, meine *pignoli*!« rief Candace verzweifelt, zog ihr Hemd vor das Gesicht und stürzte sich in die Schlacht. Weitgehend unverletzt kam sie mit der geretteten Salatschüssel zurück.

»Sammeln ist ja ganz schön gefährlich. Kein Wunder, daß die Höhlenmenschen sich später auf die Jagd verlegt haben.«

Bumm!

Es wurde Zeit für beherztes männliches Einschreiten. Ich sah mich nach einer Rüstung um, nahm einen Korb, der von der Decke hing, und zog ihn mir über den Kopf. Dann stürzte ich mich ins explodierende Inferno. Splitter flogen, doch unbeirrt kämpfte ich mich zum Feuer vor. Dort wartete ich auf das nächste »Bumm« – im unsinnigen Vertrauen darauf, daß danach eine kurze Pause eintreten würde –, schnappte mir die Pfanne und warf den gesamten brodelnden Höllenvulkan durch das Fenster in den Urwald, wo er auch verdammt noch mal hingehörte.

Auf den Schrecken hin brauchten wir erst einmal etwas zu beißen. Wir stürzten uns auf den wehrlosen Spinatsalat. Die *pignoli* schmeckten bittersüß wie in Erfüllung gegangene Träume und vertrugen sich ganz hervorragend mit dem Brunello. Dann krochen wir ein wenig auf dem Küchenboden herum, sammelten die Maronen auf, die noch in halbwegs große

Stücke explodiert waren, und pulten das warme Innere aus den Schalen. Es schmeckte wunderbar.

Damit endete gottseidank mein erster Arbeitstag als Jäger und Sammler. Trotz der erbitterten Gegenwehr von Wildschweinen und Killermaronen waren wir satt und unverletzt, und sogar das Haus stand noch.

7 〜 Horror-Häuser

Wieder war ein Tag vergangen, und wir hatten immer noch kein eigenes Heim. Doch wir ließen den Mut nicht sinken. Joyce – die uns dieses Haus vermittelt hatte – lud uns zum Mittagessen ein und versicherte uns, daß wir nicht auf Neri angewiesen seien. Denn sie habe da einen Freund, der jemanden kenne, der wiederum jemanden kenne, der ... Und so weiter und so fort.

Joyces Haus lag wunderschön am Hang und war nur über eine holprige Schotterstraße zu erreichen. Es war ein altes, schlichtes Bauernhaus in einem Olivenhain. Der Bau hatte genau die richtige Größe und bot sogar eine Aussicht auf eine Burg weiter oben am Hang.

Die ehemaligen Ställe waren in Wohnräume umgebaut worden, deren niedrige Decken ein Gefühl von Wärme und Behaglichkeit vermittelten. Die verschiedenen Räume lagen oft auf leicht unterschiedlicher Höhe und waren nicht groß, zum Beispiel paßten in den ersten Raum gerade mal ein Stutzflügel und eine Sitzecke, mehr nicht. Aber die Küche – das Zentrum des toskanischen Lebens – war lang, mit einer Feuerstelle in einer Ecke, durch die Fenster strömte das Sonnenlicht. Im ersten Stock lagen drei Räume mit Dachbalken und Dachschräge, ideale Schlafzimmer.

Auf dem Hügel hupte der Schulbus, und Francesco hüpfte

heraus, der vierjährige Sohn von Joyce. Er sauste die Zufahrtsstraße herab, Steine vor sich her kickend. Während seine Mutter das Mittagessen zubereitete, führte er uns durch die Felder,
die er kannte wie seine Westentasche. Er zeigte uns *finocchio*,
Fenchel, den er für das Mittagessen holen sollte, zwei Vogel-
nester, die tief in einem Dickicht versteckt lagen, und eine
natürliche Höhle am Hang, in die er später einmal seine Burg
bauen wollte. Voller Neid sah ich mich um. Was hätte ich
dafür gegeben, in einer solchen Umgebung aufzuwachsen!

Während des Essens sprachen wir natürlich über Häuser.
Eine Freundin von Joyce wußte noch einige Objekte, die sie
uns am Nachmittag zeigen wollte. Die Freundin war jung,
stämmig und fröhlich und brach exakt einmal pro Minute in
Gelächter aus, als ob sie die Zeit stoppte. Um die Zwischen-
zeiten zu überbrücken, redete sie – zum Glück auf englisch.

Das erste Haus lag ganz in der Nähe und war zwar nichts
Besonderes, bot aber einen sehr schönen freien Blick in mehrere Richtungen. Es war alt, doch durchaus bewohnbar, wenn
man einmal von der fehlenden Zentralheizung und der recht
schlichten Wasserversorgung absah. Zum Ausgleich stand ein
riesiger Sendemast vor der Haustür, an dem Monsieur Eiffel
seine Freude gehabt hätte. Der Besitzer, ein gesprächiger
contadino, versicherte uns, daß wir uns bald an den Mast
gewöhnen würden. »Klar«, sagte ich, »sobald wir erblindet
sind.« Das Lachmädchen lachte.

Wir erreichten das zweite Haus, das weiter nördlich in
Richtung Florenz lag, über einige ruhige Straßen, die sich
friedlich durch die Landschaft schlängelten. Stolz zeigte uns
die Besitzerin, eine sehr würdige ältere Dame, die Villa aus
dem 18. Jahrhundert und den schattigen Park. Besonders
beeindruckend fanden wir die Privatbibliothek und den Win-

tergarten, der alte Sehnsüchte weckte. Die Besitzerin erklärte sich sogar bereit, uns einige Möbel und Teppiche zu überlassen – da mußte doch etwas faul sein! Voller Argwohn streifte ich im Garten umher, auf der Suche nach Düngemittelfabriken, Raffinerien und Staatsgefängnissen, doch in alle Richtungen schien die Landschaft unberührt. Wir schluckten. Danach setzten wir uns mit der älteren Dame in den Garten und tranken Tee. Und dann drehte sich der Wind, und plötzlich hörte man statt des Vogelgesangs nur noch das gleichmäßige Motorengeräusch einer Schnellstraße, die versteckt unterhalb des Hügels verlief. So gut es ging, verbargen wir unsere Enttäuschung und verabschiedeten uns. Das Lachmädchen lachte.

Weiter führte uns unsere Suche, jetzt in die Nähe der mittelalterlichen Hügelstadt Lucignano. Das Haus lag in einer Senke, aus der Ferne konnten wir nur seinen Turm sehen, der einsam aus den Zypressen herausragte. Es hatte genau die richtige Größe und war von einem römischen Architekten liebevoll und ausschließlich mit Originalmaterialien restauriert worden. Außerdem stand es mit der gesamten Inneneinrichtung zum Verkauf, einschließlich des Bestecks und der Teller.

Das Tal war völlig unverbaut, voller Rebstöcke und Weizenfelder. In einem von Wiesen gesäumten Kanal floß ein Bächlein, in einer Senke wuchs ein kleiner Wald. Nirgends waren Hügel, hinter denen sich eine böse Überraschung verstecken konnte. Daher hatte man vom Turm eine großartige Sicht: Der Apennin blinkte im Osten, im Süden sah man eine befestigte Stadt am Trasimenischen See, und im Westen konnte man die Sonnenuntergänge in ihrer ganzen Pracht verfolgen.

Nicht einmal wir fanden an diesem Haus etwas zu mäkeln, also setzten uns mit dem aktuellen Besitzer am Küchentisch zusammen, um die Details des Verkaufs zu besprechen. Und dann bebte die Erde. Die Fenster klirrten, die Lampen wackelten, donnernder Krach erfüllte die Luft, als ob unter unseren Füßen ein Schnellzug mit 300 Stundenkilometern durchraste.

Und genau das war der Fall.

Das Lachmädchen lachte, und Candace sah aus, als ob sie sie am liebsten mit einer Gabel durchbohrt hätte.

~

Nach diesem Erlebnis beschlossen wir, unsere Suche aufzugeben. Es war klar geworden, daß wir als Häuslekäufer nichts taugten. Statt dessen konzentrierten wir uns jetzt auf das, was wir am besten konnten: Nichtstun. Wir beschlossen, morgen einfach den ganzen Tag lang Touristen zu spielen – welch Labsal für unsere erschöpften Seelen! Da wir mittags bei Joyce so üppig gegessen hatten, entschieden wir uns für ein ganz leichtes Abendessen: geröstete Kastanien und Wein. Und weil wir nicht ganz blöd sind, machten wir diesmal jeweils einen Schnitt in die Schale, damit der beim Erhitzen entstehende Druck entweichen konnte. Es funktionierte, wir konnten in der Küche sitzen bleiben, während die Kastanien wunderbar vor sich hin rösteten.

Während des Essens brüteten wir über Landkarten – eine der größten Vergnügungen, die das Leben zu bieten hat. Wir breiteten unsere *Istituto-Geografico*-Karte der Toskana über den Küchentisch, zogen die alte Glaslampe an ihrer Schnur herunter, bis sie direkt über uns schwebte, und träumten von vergessenen Pfaden durch die Toskana. Wie kommt es eigentlich, daß ein paar kurvige Linien auf einem grüngemaserten Untergrund die Phantasie so anregen? Ich werde das nie verstehen, aber jedes Mal bin ich neu fasziniert. Gebannt starrte ich auf die Karte, folgte den sich windenden Linien der ungeteerten Nebenstraßen. Wo sie endeten, endete auch die Zivilisation. Dahinter gab es nur noch Wildheit und Hexenkunst. In winziger, kaum mehr lesbarer Schrift standen die Namen der Orte am Ende der Zivilisation auf der Karte: Nusenna, Fietri, Duddova. Winzige Weiler, an windumtoste Kuppen geklebt und an schattigen Abhängen kauernd. In meiner Phantasie sah ich mich durch Städte wandern, deren Namen ich nie zuvor gehört hatte, Ruinen entdecken, an deren Existenz sich nicht einmal mehr die Einheimischen erinnern konnten, einen mäandernden Fluß überqueren, nach oben steigen und die Höhlen einer Nekropole entdecken, die seit Etruskerzeiten nicht mehr betreten worden waren. Besonders faszinierte mich der leerste Teil der Landkarte. Zancona, Poggioferro, L'Abbandonato: dunkle, unbekannte Toskana.

»Und wo sollen wir mittags einkehren?« unterbrach Candace meine Träumereien.

Ich blickte auf; Candace stand vor mir wie die griechische Göttin der Tourenplanung, den grünen Michelin in der Linken haltend, den roten in der Rechten. Natürlich hatte sie recht; die Erfahrung hatte uns mehrfach gelehrt, wie wertvoll diese Bücher sind. Als wir in Paris lebten, suchten wir jeden Sonntag aus dem grünen Michelin eine kulturelle Sehenswürdigkeit heraus, die nicht weiter entfernt lag als ungefähr eine Fahrtstunde: eine Kathedrale, ein Kloster oder ein Schloß. Dann suchten wir im roten Michelin ein Restaurant mit einem roten R, das exzellentes Essen zu günstigen Preisen bedeutete. Na ja, eigentlich planten wir meistens andersherum – zuerst schauten wir in den roten Führer, suchten ein rotes R, und dann konsultierten wir den grünen Führer, ob es in der Nähe etwas Sehenswertes gab.

Dieses System funktionierte prima; schnell fanden wir ein Ziel, fuhren zu einer vernünftigen Zeit los, kamen ungefähr um halb elf vor Ort an, besichtigten zwei Stunden lang die Kathedrale/das Museum/das architektonische Juwel, aßen dann zu Mittag, widmeten uns noch einmal der Kultur und fuhren heim.

Einmal.

Ich glaube, wir haben es genau einmal so gemacht.

An den anderen Sonntagen holte ich zuerst Croissants und Milch, dann frühstückten wir gemütlich und fuhren erst los, als wir schon fürchten mußten, zu spät zum Mittagessen beim roten R anzukommen. Dort speisten wir in aller Seelenruhe und schlurften danach vollgestopft und leicht beschwipst durch irgendeine kulturell bedeutsame Anlage, die wir mit müden Augen anblinzelten, bis sie endlich zumachte.

Jetzt blätterte Candace in den Führern herum, verglich und stöberte, bis sie schließlich etwas fand, die Abtei von Mont Oliveto Maggiore. Sie las vor: »Gegründet 1313. Isolierte Lage, schöne Kirche, faszinierender Kreuzgang, Werke von Della Robbia, Signorelli und Sodoma« und ergänzte: »Und – welch ein Zufall – im Wachturm der Abtei ist ein kleines, feines Restaurant mit Terrasse.«

Plötzlich erhellte ein Blitz den Nachthimmel, und wir konnten die Hügel sehen wie am hellichten Tag. Kurz darauf erschütterte ein kolossaler Donner den Himmel und unseren

Frieden. Dann fiel das Licht aus. Im Dunklen tasteten wir uns hinaus zur Loggia, um einen besseren Blick auf das Spektakel zu bekommen. Der Wind, der während unseres Nachmittagstees auf Süd gedreht hatte, fegte jetzt ungezähmt über den Boden und durch die Pinien. Bald lagen überall Pinienzapfen. Schüchtern lugte der von einem seltsamen roten Schleier verhängte Mond durch die mürrischen, windgepeitschten Wolken. Die Luft war warm wie im August.

Wieder durchschnitt ein Blitz den Himmel, diesmal weiter entfernt; auch er wurde von dem roten Schleier gedämpft und gerötet. Wild schmetterte der Wind einen Fensterladen gegen die Hausmauer, wir sprangen auf und hasteten durch die Finsternis, um den Fensterladen wieder zu fixieren.

Kaum hatten wir uns wieder ins Haus geflüchtet, als am Himmel die Hölle losbrach. Der Mond verschwand, waagrecht wurde der Regen an die Fenster geschleudert. Im Licht der Blitze sahen wir, wie das Wasser die Straße herunterströmte.

Von unseren Betten hörten wir, wie der Regen auf die Dachziegel prasselte; die Dunkelheit erzitterte unter den Windböen und dem rasenden Donner.

Candace flüsterte: »Eigentlich merkwürdig, daß wir Regen und Sturm immer als Abwesenheit von gutem Wetter betrachten. Abwesenheit, von wegen. Fühlst du, wie das Gewitter uns umgibt?«

~

Es hatte die ganze Nacht geregnet. Am Morgen hing roter Dunst über den Feldern und am Himmel. Langsam schwächte sich der Regen zu einem Tröpfeln ab, der Himmel riß auf, doch der Dunst blieb. Ich stocherte ein wenig in der Asche des

Kamins und fachte das Feuer mit ein paar Pinienzapfen wieder an. Dann setzte ich mich ans Feuer und las. Zögerlich wurde es heller, doch auch röter. Ich schaute durch das Fenster auf den Matra – und erstarrte. Ich hatte eigentlich erwartet, daß er vom Regen blankgeputzt dastehen würde, statt dessen war er über und über mit einem Dreckfilm überzogen. Ich ging hinaus. Roter Staub bedeckte das Auto von oben bis unten, an manchen Stellen hatte sich der feine, talkumartige Puder millimeterdick gesammelt. Ich blickte umher, suchte nach dem möglichen Ursprung des Staubes. Kam er aus dem Feld? Von der Straße? Aus dem alten Mörtel? Nein, nichts von alledem war rot. Es gab nichts Rotes – außer dem Himmel.

Ich hörte ein Grunzen von der Straße, dann erschienen zwei Schweine, und wenige Schritte dahinter die alte Schweinehüterin. Sie sagte leise *buongiorno*, ich grüßte sie zurück. Dann fuhr ich mit dem Finger über mein Auto, zeigte ihr den roten Staub, der sich darauf angesammelt hatte, und zuckte mit den Schultern, um ihr zu bedeuten, daß ich vor einem Rätsel stand. Sie lächelte. Sie lächelte breit, doch ihre Augen verrieten, daß auch sie eigentümlich berührt war von diesem roten Himmel, auf den sie jetzt deutete. Ganz leise hauchte sie: »Africa«.

8 ~ Touristen für einen Tag

Nach dem Frühstück packten wir eine Notration Käse und Wein ins Auto, dazu eine Decke – man weiß ja nie, wann einen die Lust zu einer Siesta überfällt –, dann wuschen wir Afrika vom Matra und machten uns auf in die Hügel der Toskana.

Wir bogen bei Il Cacciatore nach Süden ab, und bald wand sich die Straße in ein Tal hinab, in dessen halbüberschwemmten Feldern sich die Pferde plagten. Der Asphalt endete, die ungeteerte Straße führte durch enge Kurven am Hang entlang. Ein stämmiger Bauer und sein schmächtigerer Vater versuchten gerade, einen zweirädrigen Karren aus dem Schlamm zu schieben. Als der Vater unser Auto näherkommen hörte, wandte er sich um, schirmte die Augen mit dem erhobenen Arm gegen die Sonne und sah uns mit diesem Lächeln voller Vorfreude an. Noch vor wenigen Jahrzehnten kamen nur Nachbarn, Freunde und, ganz selten, Reisende diese Straße entlang. Und jeder, auch der Reisende, hätte angehalten, mit den Bauern geplaudert, über den *maledetta* Regen geschimpft, diese *porca puttana tempesta* und den roten *fango*. Ungefragt hätte auch ein Fremder geholfen, den Karren aus dem Schlamm zu ziehen, damit die Räder nicht festbuken oder verfaulten. Wir aber fuhren mit geschlossenen Fenstern vorbei. Und spürten, daß etwas verlorengegangen war.

~

Wir durchquerten das Tal und folgten der Straße in die Hügel. Auf einer kleinen Erhebung sahen wir eine Burg stehen, und bald wies uns ein verrostetes Schild die Richtung nach San Gimignanello. Wir hielten an und konsultierten unseren Führer – ergebnislos. Wir dachten zuerst, die Redakteure hätten versehentlich diese Burg mit ihrem prächtigen Turm nicht berücksichtigt, aber in den nächsten Tagen stießen wir alle Nase lang auf Burgen, *palazzi* oder kleine Abteien, die nirgendwo erwähnt wurden. Juwelen am Straßenrand, unbekannt, ungerühmt, geheimnisvoll.

Danach durchquerten wir Asciano und fuhren weiter durch unberührte Landschaft. Von der Spitze einer Hügelkette aus war die Aussicht so grandios, daß wir den Matra abstellten und auf Erkundungstour gingen. Vor uns lag eine unbeschreiblich romantische Landschaft, endlose Wellen von Hügelkämmen zogen sich westwärts bis zu den Bergen. Und in diesen Hügeln mäanderte alles: Flüsse, Wälder, Haine, Teiche, Weinberge, wogende Felder – alles schmiegte sich an die Konturen der Hügel. Auf der Spitze eines Hügels stand ein *palazzo* mit Kapelle, umgeben von riesigen Zypressen und imposanten Wirtschaftsgebäuden. Dieser *palazzo* stand noch, schien intakt, aber auf zahllosen anderen Kuppen verfielen alte, verlassene Bauernhäuser vor sich hin. Sie schienen mich anzuflehen: »Kauf mich!«

»Dort unten muß sich doch etwas finden lassen«, sagte ich.

Doch Candace meinte gedankenverloren: »Weißt du, irgend jemand hat einmal gesagt: ›Der Mensch ist dazu geboren zu leben – nicht, sich aufs Leben vorzubereiten.‹«

»Wer war das?«

»Irgendein Russe. Wer außer einem Russen würde es wagen, so etwas zu sagen? Und jetzt konzentriere dich auf die Abtei aus dem 13. Jahrhundert, in der eine *nonna* weitgerühmtes Essen serviert. James, fahren Sie weiter!«

Ich gehorchte und steuerte direkt Monte Oliveto an – mit einer Ausnahme, zugegeben: Einmal sah ich ein Anwesen, das mich geradezu zwang, von der Straße abzubiegen. *La Canonica* stand auf einem Holzschild, und *La Canonica* war ein Juwel. Im Zentrum stand eine uralte Kapelle aus verblaßtem rosa Travertinstein, um die sich kleinere Ziegelbauten scharen, die alle nur ein Zimmer haben konnten. Um die Kapelle herum war eine *piazzetta* aus Terracotta-Fliesen angelegt, mit einer alten Steinbank und ein paar schattenspendenden Bäumen. Einfach traumhaft! Aber jemand war uns zuvorgekommen, Fenster und Türen waren frisch renoviert, und im Garten beschnitt ein stolzer Deutscher mit kurzgeschnittenem weißem Haar gerade seine Bäume und sah unverschämt zufrieden aus.

»James, fahren Sie weiter!« sagte die Stimme der Vernunft an meiner Seite.

Mein Zorn über diesen Egoisten war noch nicht ganz verraucht, als wir Poggio delle Monache erreichten, zwei Kilometer von Monte Oliveto entfernt. »Von hier aus können wir zu Fuß gehen«, meinte Candace; eine Diskussion war zwecklos, das sah ich an ihrem begeisterten Gesichtsausdruck. Candace verfügt über eine Intuition, der ich zu vertrauen gelernt habe. Also parkten wir das Auto und machten uns auf in die dunkle, unerforschte Toskana.

Wir hatten es bereits zu einer Art Tradition erhoben, uns großen Kunstschätzen zu Fuß zu nähern. Diese Wanderungen vermittelten uns ein schönes Gespür für die Landschaft, die diese Schätze hervorgebracht hat. Geräusche und Gerüche umwehten uns, während wir uns Monte Oliveto in dem Tempo näherten, das eigentlich vorgesehen war: in Schrittgeschwindigkeit. Fast konnte man die Vorfreude spüren, die ein Wanderer gefühlt haben muß, der hier vor Jahrhunderten ging und wußte, daß sein Ziel fast erreicht war.

Stetig stiegen wir hinab Richtung Monte Oliveto. Die Hügel hier waren steil, trocken, mit abrupten Abbrüchen, Schluchten, fast baumlos. Wir gelangten an eine Kuppe und erblickten plötzlich eine Landschaft, die Gott am dritten Schöpfungstag gestaltet und später vergessen haben muß: Es gab Himmel und ein bißchen Erde, und selbst sie bestand nur aus einer wüsten Eruption von gigantischen Tontürmen, die von den Stürmen zu senkrechten Klippen mit rasiermesserscharfen Kanten abgetragen worden waren.

Kurvenreich fiel die Straße in einen dunklen Zypressenwald, aus dem einen Kilometer weiter völlig unerwartet ein Wachturm und eine Festungsmauer auftauchten. Wir betraten die Anlage über eine verdächtig knarzende hölzerne Zugbrücke, die einen ausgetrockneten Wassergraben überspannte. Am Tor stießen wir auf das erste Zeichen, daß wir eine Abtei betraten: ein beeindruckendes Bild aus glasierten Kacheln in Blau- und Gelbtönen. In der Mitte saß eine lebensgroße Madonna, die aussah wie ein Mädchen vom Lande. In ihrem Schoß lag ein pausbäckiges Jesuskind, das mit den Beinen strampelte. Durch einen finsteren Torweg gelangten wir in einen üppigen herbstlichen Garten, der uns mit blühenden Rosensträuchern, üppig herabhängenden Bougainvilleen und kräftig wucherndem Jasmin begrüßte. Kein Mensch war zu sehen, doch ein Geruch von Gebratenem lag süß in der Luft.

Hinter dem Garten führte ein schmaler Pfad durch den steilen Wald, doch von einer Abtei fanden wir keine Spur. Die ganze Örtlichkeit war so still und verlassen, daß wir nur zu flüstern wagten.

Über einen ausgetretenen Plattenweg gingen wir bergab. Rechts lag auf einer Anhöhe eine Kapelle, links ein Hühnerstall. Gewaltig, sonor drang plötzlich der Klang großer Glocken durch die Luft. Hinter uns fingen die Hähne zu krähen an, als ob das Läuten sie aus langem Schlaf geweckt hätte. Wir hielten an und lauschten. Später sagte unser Freund Sandro einmal, es gebe nur zwei Geräusche, die zu einer urtümlichen Landschaft passen: Glockenläuten und das Krähen der Hähne. Ein Falke kreiste über uns, nur selten mit den Flügeln schlagend. Noch immer waren wir völlig allein.

Etwas später öffnete sich zu unserer Rechten eine Lichtung mit einer verlassenen *piazza,* die mit Terrakotta-Ziegeln gepflastert war. Weiter unten lag eine riesige *vasca,* ein Bassin, ebenfalls aus Ziegeln, fünfzig Schritt lang, fünfundzwanzig Schritt breit und so tief wie drei ausgewachsene Männer. Es war etwa bis zur Hälfte mit grünlichem Wasser gefüllt.

Das pharaonische Ausmaß des Beckens und der donnernde Klang der Glocken bereiteten uns darauf vor, daß wir etwas sehr Außergewöhnliches erblicken würden. Während wir uns auf der *piazza* von der herbstlichen Sonne wärmen ließen, huschte ein ganz in Weiß gekleideter Mönch den Pfad entlang, das Gesicht von einer Kapuze verdeckt. Ansonsten herrschte wieder absolute Stille.

Dann schlugen die Glocken eins – Zeit zum Mittagessen.

Nur wenige Dinge beleben mich so wie die Aussicht auf ein toskanisches Mittagessen. Rasch folgten wir dem Pfad weiter in Richtung der Essensdüfte und kamen bald an eine

Terrasse unterhalb des im Michelin erwähnten Turms. Jasmin rankte sich über eine Pergola und warf einen angenehmen Halbschatten auf mit weißem Leinen gedeckte Tische. Wir waren die einzigen Gäste, die im Freien aßen; die wenigen Einheimischen setzten sich alle in den Speisesaal.

Gelobt sei das dicke Michelin-Männchen! Das Essen schmeckte wirklich bemerkenswert gut, es wurde von zwei Schwestern gekocht und serviert, die sich glichen wie ein Ei dem anderen. Zuerst gab es hausgemachte Ravioli mit Ricotta- und Pilzfüllung, danach wilden Hasen in einer scharfen Soße und gebratenes Gemüse. Dazu tranken wir einen Rotwein, der so wuchtig war wie das Gemäuer des Turms. Als Nachspeise aßen wir Ricotta mit Waldbeeren.

Zufrieden lehnten wir uns nach diesem Essen in den Stühlen zurück, ließen uns von der Sonne bescheinen und tranken langsam und genüßlich einen Espresso und einen Grappa. Solcherart gestärkt, konnten wir unserem Kulturprogramm ins Auge blicken.

Die spektakuläre Klosteranlage riß uns schnell aus unserer mittäglichen Trägheit. Das Beeindruckendste war vielleicht die Ziegelbrücke, die in luftiger Höhe das Hauptgebäude des Klosters mit einem massiven Wehrturm verband. Der Brückengang mit seinen vielen Fenstern und zierlichen Bogenelementen war größtenteils von außen einsehbar, und gerade, als wir bewundernd nach oben blickten, überquerte ein weißgekleideter alter Mönch die Brücke, langsam, tief in Gedanken versunken. Wir fühlten uns um Jahrhunderte zurückversetzt.

Auch der Kreuzgang strahlte eine fast unirdische Gelassenheit und Ruhe aus. Generationen von Mönchen waren hier entlanggegangen und hatten still nachgedacht, während sie vielleicht auf den bunt blühenden oder den winterlich kahlen Innenhof blickten, vielleicht auch die Fresken betrachteten, die sich an den Außenwänden des Kreuzgangs entlangziehen. Diese in kräftigen Farben gemalten Werke von Signorelli und Sodoma zeigen Szenen aus dem Leben des Heiligen Benedikt, des Ordensgründers. Im Hintergrund der Bilder sieht man verträumte Hügellandschaften, im Vordergrund räkeln sich erstaunlicherweise einige leichtgeschürzte Frauen in sehr sinnlichen Posen. Vor allem das Bild »Gefallene Frauen werden ins Kloster gesandt« von Sodoma dürfte über die Jahrhunderte schon viele Ordensbrüder (und Touristen!) zu unkeuschen Gedanken verführt haben.

Ein Glockenschlag riß mich abrupt aus meinen Überlegungen; es war halb sechs, das Kloster schloß. Die *piazza* war erfüllt von einem goldenen Licht, das die Mauern erglühen ließ. Ein weicher, beinahe voller Mond hing knapp über dem Glockenturm.

Als wir die Straße vor der Klosteranlage erreichten, tuckerte gerade ein dreirädriger Ape vorbei. Wir streckten den Daumen aus, der Fahrer hielt, wir sprangen auf die Ladefläche und ließen uns in gemächlichem Tempo zurück zu unserem Auto chauffieren.

9 ∾ My castle is my home

Halbverschlafen hockte ich am Morgen des fünften Tages vor
der Feuerstätte und versuchte, die Glut des letzten Abends
wieder zum Leben zu erwecken. Als mir das geglückt war,
röstete ich Brotscheiben auf dem Eisengestell über dem Feuer,
weilte aber in Gedanken immer noch beim vorigen Tag, bei
den sinnlich wogenden Kurven der Frauen auf den Fresken,
bei den Blumen, dem milden Abendlicht, den stillen Hügeln.
So viel Platz, solch eine Stille, so viel Zeit! Zeit, sich treiben zu
lassen, nachzudenken, die Seele baumeln zu lassen, zu träumen. Der wahre Reichtum unserer Epoche zeigt sich nicht in
den Gütern, die wir wahllos anhäufen, sondern in der großen
Menge Freizeit, die vielen von uns zur Verfügung steht. Freiheit, das bedeutet, in Ruhe gelassen zu werden. Sich so lange
die Hügel anzusehen, wie man will. Überall dort spazierenzu-
gehen, wo man will. Und hinter jeder Biegung stößt man auf
Jahrhunderte menschlicher Kultur.

Draußen in der Sonne standen wieder die Kühe, diesmal
weiter unten angepflockt, und fraßen neue Kreise in das
taufeuchte Gras. Sie schienen vollkommen zufrieden. Und
warum auch nicht? Sie hatten schließlich ihr eigenes Haus in
der Toskana. Während des Frühstücks heckten Candace und
ich neue Strategien aus und beschlossen, unsere Suche nord-
wärts auszudehnen, in die Hügel des Chianti hinein.

Wir fuhren nach Rada di Chianti, wo eine englische Maklerin angeblich massenweise Angebote hatte. Und tatsächlich gab es in jener Gegend einige spektakuläre Objekte, nur waren wir leider ein paar Jahrzehnte zu spät dran. Die prächtigsten alten Häuser mit den schönsten Grundstücken waren längst von Fremden aufgekauft und renoviert worden – und das meistens schlampig oder gedankenlos. Manche der neuen Besitzer hatten ihre Häuser mit protzigen, modernen Baumaterialien aufgemotzt, andere hatten ihre Erwerbungen mit allerlei Kitsch und Krempel in überdimensionierte Puppenhäuser verwandelt.

Außerdem hatte man von den steilen Hügeln des Chianti fast nirgends diesen herrlichen weiten Blick über eine wogende See von Hügelchen und Kuppen. Vor allem aber vermißte ich das schimmernde, weiche Licht unserer Region, das alle Gegenstände vor den Augen aufzulösen schien. Nach drei Tagen und einem Dutzend Enttäuschungen kehrten wir wieder in unser Refugium von Palazzuolo Alto zurück.

Noch dazu fing es jetzt an zu regnen. Die Wolken hüllten unseren Hügel in einen Nebel, der die ganze Welt verschlang. Candace meinte, daß der Regen eine schöne Möglichkeit biete, die Aufmerksamkeit nach innen zu wenden, aber das war mir kein Trost. Ich verfiel in Selbstmitleid und haderte mit meinem Schicksal, immer noch kein eigenes Dach über dem Kopf zu haben. Der Nebel hielt sich zwei volle Tage. Candace verzog sich in dieser Zeit in ihr Atelier, malte und war bester Stimmung, während ich mißmutig am Feuer saß und auf unsere Wanderkarte starrte, auf der jedes Bauernhaus in den Sieneser Hügeln verzeichnet war. Und keines davon gehörte mir. Wie besessen studierte ich die Namen, selbst in den schlaflosen Nachtstunden verfolgten sie mich – Villanuova, Poderina,

Montefresco, Bellavista. Ich zählte Bauernhäuser, wie andere Leute Schafe zählen, bis der Nebel durch die Ritzen im Fensterrahmen drang und selbst die Bauernhäuser meiner Phantasie verschlang.

Am dritten Regentag klingelte das Telefon. Paolo, ein Freund von Joyce, hatte ein Haus für uns gefunden und lud uns zum Mittagessen ein. Der Nebel lichtete sich.

Was für ein herrlicher Morgen! Die Straße nach Florenz war verwaist, in der Luft lag die Frische des Herbstes. Wir plauderten über Paolo, den Töpfer, und seine Burg. Vor zehn Jahren hatte er eine halbverfallene, verlassene Burg gekauft und mit Hilfe von Freunden und reisenden Musikanten restauriert. Er bot den Musikern Unterkunft und einen Veranstaltungsort für ihre Konzerte, im Gegenzug mußten sie Steine schleppen und zurechtmeißeln. Das gab mir wieder Mut: Wenn ein dahergelaufener Töpfer eine ganze verdammte Burg wiederaufbauen konnte, dann mußte es mir doch gerade noch gelingen, irgendein kleines Landhaus in Schuß zu bringen. Hatte ich mir nicht ein eigenes Hausboot gebaut, noch bevor ich zwanzig war? Und ein hochseetüchtiges Segelboot, bevor ich dreißig war? Wenn dieser Töpferscheiben drehende Schlammspritzer eine Burg renovieren konnte, dann konnte ich eine ganze mittelalterliche Stadt wieder herrichten!

Wir trafen Paolo auf der *piazza* des kleinen Städtchens Bucine. Er war ein Energiebündel, charmant und witzig – und sprach Englisch! Wir verstanden uns auf Anhieb. Das Herz schlug uns bis zum Hals, als wir ihm in die Hügel hinein folgten, wo die Rebstöcke in ihren prächtigsten Farben leuchteten. Mitten in dieser Landschaft stießen wir auf ein zweistöckiges Gebäude. Paolo erklärte, daß das obere Stockwerk als Gästehaus diene, das untere als *cantina*. Die hoch-

ragenden Torflügel der *cantina* standen weit offen und ver-
strömten den Geruch gewaltiger Holzfässer, die im Dunkel
des Weinkellers verborgen lagerten.

Wir betraten die *cantina* und trafen einen konzentriert
wirkenden Mann unseres Alters auf einer Leiter, der gerade
Wein von einem Faß in ein anderes umpumpte. Er grüßte uns,
glücklicherweise auf italienisch und auf englisch, und stieg
von der Leiter. Er war der Eigentümer der Villa, Professor von
Beruf und Winzer aus Leidenschaft.

Er erklärte uns, daß sich nach der Hauptgärung am
Boden des Fasses Weinstein abgesetzt habe. Jetzt müsse der
Wein oberhalb des Weinsteins abgezogen, gefiltert und in ein
neues Faß umgefüllt werden. Bei diesem ersten Abstich, do-
zierte der Professor, müsse man vor allem darauf achten, das
neue Faß sorgfältig beizufüllen, d. h. vollzumachen, damit kein
Sauerstoff im Faß verbleibe, sonst bekomme man nämlich
Essig statt Wein. Ich fand diese Lehrstunde in Sachen Winzerei
ja ganz faszinierend, doch die Villa interessierte mich momentan doch etwas mehr.

Endlich führte *il professore* uns eine dunkle Treppe nach
oben und erzählte, daß er vor zehn Jahren hierhergekommen
sei. Damals wie heute sei er leidenschaftlicher Weintrinker
gewesen, habe allerdings keinen Schimmer davon gehabt, wie
man ihn machte. Dennoch sei er fest entschlossen gewesen,
den besten Wein der ganzen Toskana zu keltern. Er hatte alles
in Frage gestellt, was seine Nachbarn zu glauben wußten. Seine
Rebstöcke hatte er in engen Reihen gepflanzt statt in weiten
und hatte auf jeden Dünger verzichtet. Die Blätter seiner
Stöcke waren blaß, die Trauben winzig, und zum Entsetzen
seiner Nachbarn schnitt er große Mengen Trauben, bevor sie
reif waren, und warf sie weg. In den solcherart »ausgedünn-

ten« Rebstöcken flossen der Zucker und die Mineralien in die wenigen verbliebenen Trauben, der Geschmack konzentrierte sich. Als seine Nachbarn die Weinbeeren während der Ernte probierten, waren sie sprachlos: Sie hatten nicht nur viel Zucker, was einen starken Wein ergeben würde, sondern auch einen sehr komplexen Geschmack, die Grundlage für einen außerordentlichen Wein.

Der Professor fragte uns, ob wir seinen 1985er probieren wollten. Zwar zweifelte ich allmählich daran, daß wir das Haus jemals zu Gesicht bekommen würden, doch der 1985er interessierte mich brennend. Ich wußte, daß 1985 in Frankreich ein großes Weinjahr gewesen war. Die Hausbesichtigung würde wohl noch ein bißchen warten müssen. Über eine schmale Treppe stiegen wir in ein gemauertes Gewölbe hinunter, in dem vom Boden bis zur Decke staubige Flaschen lagerten. *Il professore* suchte kurz, entkorkte dann eine Flasche, probierte und füllte vier Gläser. Der Wein leuchtete in dunklem Rotbraun und roch nach exotischen Gewürzen. Wir stießen an und tranken. Der Wein war weich und aromatisch, ein Fest für die Nase. Wir ergingen uns in Komplimenten und nahmen noch einen Schluck. Wir kamen ins Plaudern, und plötzlich war mein Glas leer. *Il professore* schenkte nach, ich nahm noch ein winziges Schlückchen, doch allmählich vernebelte sich mein Gehirn. Meine Zunge machte, was sie wollte. »Sechzehn Prozent Alkohol«, hörte ich durch den Nebel. »Wenn man nicht düngt, schafft man das.« Ich schwor mir, daß ich niemals Dünger verwenden würde, nicht einmal, wenn man mich deswegen mit der Folter bedrohte. »Ich habe fünfzehntausend Flaschen«, sagte der Besitzer. »Die verkaufe ich zusammen mit dem Haus.« »Vergeßt das Haus!« sagte meine Zunge. »Wer braucht schon ein Haus? Wir ziehen hier herunter, mit einem Stuhl und einem Bett. Und bleiben, bis wir tot umfallen. Vorher machen wir aber noch so vielen Flaschen den Garaus, wie wir nur können.« Ich hörte höfliches Gelächter und spürte einen Knuff in meine Rippen. Irgend jemand in dem Nebel sagte, jetzt sollten wir das Haus besichtigen.

Das taten wir dann.

Was für ein grauenhafter Schuppen!

Mein Hirn war vielleicht ein bißchen vernebelt, aber meine Augen sahen klar: einen grauenhaften Schuppen, einen gigantischen, öden Klotz aus Mussolini-Zeiten, dessen Zimmer genau die richtige Größe für eine Eislaufbahn hatten. Jeder Schritt hallte von den Wänden, die Räume strahlten so viel Charme aus wie ein Squash-Court. Vom undichten Dach war bereits Feuchtigkeit in die Wände gedrungen, was dem Gebäude wenigstens ein bißchen Charakter verlieh. Wir stellten ein paar höfliche Fragen, machten ein paar nette Komplimente. Aussicht gab es auch keine. Endlich erwähnte ein rettender Engel das Mittagessen. Zum Abschied schenkte der Besitzer uns eine Flasche seines besten Weins. Ich schämte mich so, daß ich ihm beinahe sein Multiplex abgekauft hätte.

~

Wir fuhren eine steile Gebirgsstraße hinauf, und als wir uns einem kleinen Städtchen näherten, riet uns Paolo, genau auf die Bewohner zu achten. Es war kurz vor eins, die Straßen waren gestopft voll, überall Männer, Frauen, Kinder. Sie kamen mir völlig normal vor. Dann sagte Candace: »Es gibt keine alten Leute.«

»Überhaupt keine«, bestätigte Paolo.

Ich war verblüfft. Die große Zahl von *nonni* und *nonne* ist vielleicht das auffälligste Charakteristikum italienischer Kleinstädte.

»SS-Vergeltungsmaßnahmen«, erklärte Paolo. »Als Widerständler einen gepanzerten Wagen mit Offizieren in die Luft sprengten, brachte die SS die gesamte Bevölkerung der Stadt um. Alle heutigen Einwohner sind nach Kriegsende geboren.«

Den Rest der Strecke schwiegen wir. Natürlich war es naiv gewesen, die Toskana für ein Paradies auf Erden zu halten, dennoch fiel mir der Abschied von dieser Illusion schwer.

»My castle is my home«, sagte Paolo, als wir vor seiner Burg ankamen.

Sie war ein Traum! Relativ klein, gerade richtig für eine Familie. Um den Innenhof stand nur ein größeres Gebäude, die Konzerthalle. Alle übrigen Bauten waren kleiner und wirkten heimelig. Im Inneren wanden sich enge Treppen und verloren sich in der Dunkelheit, die Räume waren wohnlich, die manchmal eineinhalb Meter dicken Wände schienen lebendig. Es standen nur wenige Möbel herum, alt und komfortabel. Wieder und wieder beglückwünschten wir Paolo zu seinem wundervollen Heim, gleichzeitig spürte ich aber giftgrünen Neid in mir hochsteigen. Und als ob das mit der Burg nicht schon schlimm genug gewesen wäre, machte Paolo auch noch wunderschöne, riesige, abstrakte Keramik-Kunstwerke und eine teuflisch gute Spaghetti-Sauce.

Wir aßen in einem kleinen Turmzimmer; durch das offene Fenster strömte der Geruch des Waldes herein. Irgendwo auf der Burg spielte jemand auf einer Oboe, deren Klang sich im Innenhof fing und den Nachmittag angenehm färbte.

Wie eine sanfte Decke legte sich der Wein auf mein rastloses Gemüt, und ich begann das Essen zu genießen, die angenehme Gesellschaft, die idyllische Umgebung. Nur manchmal warf ich einen sehnsuchtsvollen Blick aus dem Fenster. Wo würde ich meine Ruine finden?

10   ⌒ Das Meer der Toskana

In der nächsten Nacht klingelte das Telefon. Giovanna war dran, die beste Freundin von Candace, die in New York zeitweise bei uns gewohnt hatte. Giovanna hatte gerade ihre Eltern in Mailand besucht und wollte ab morgen ein paar Tage mit uns verbringen. Die ruhigen Zeiten unserer Bergeinsamkeit waren vorbei. Giovanna ist klein, blond und schön wie ein Cherub, manchmal unwiderstehlich und zum Kaputtlachen, dann wieder egozentrisch und phänomenal langweilig. Sie gestaltet teure Schuhmode in New York und malt wunderbare Bilder, doch ihre wahre Leidenschaft gilt dem Heiraten: Mit ihren siebenundzwanzig Jahren war sie schon zum dritten Mal verheiratet. Zwischen ihren Ehen Nummer zwei und drei wohnte sie gemeinsam mit uns in einem riesigen Loft, in dem man im Winter erfror und sich im Sommer zu Tode schwitzte. Um sich während der stickigen Sommernächte ein wenig Kühlung zu verschaffen, zogen sich die beiden schlanken, wunderschönen Frauen Rollerskates an und zogen im Loft ihre Bahnen, wobei sie außer den Skates praktisch nichts am Leib trugen.

Der Auftritt am nächsten Abend war typisch Giovanna: Sie betrat das Haus, stellte ihre Tasche ab und verkündete mit theatralischer Schlichtheit: »Ich ziehe wieder nach Italien zurück. Ich lasse mich scheiden.«

»Wisch dir die Schuhe ab!« sagte Candace. »Jetzt laß dich erst einmal umarmen, dann ißt du ein bißchen Wildschweinwurst als Appetizer.«

»Du bist mir vielleicht eine Freundin! Ich lasse mich scheiden, und du bietest mir Appetizer an.«

»Das letzte Mal, daß du dich *nicht* scheiden lassen wolltest, war Weihnachten vor vier Jahren. Und das kam auch nur daher, daß du den ganzen Tag in der Küche gestanden bist und es einfach vergessen hast. Also, Schwein oder nicht Schwein?«

»Schwein.«

»Du nimmst mir das Wort aus dem Mund«, sagte ich.

»Verbündet euch nur gegen mich!« maulte Giovanna und setzte sich an den Kamin.

»Heißt das, daß du bei uns einziehst?« fragte ich, ganz der perfekte Gastgeber.

»Erzählt mir erst, was für ein Haus ihr gekauft habt.«

»Wir haben noch nicht das Richtige gefunden.«

Candace sagte: »Ich habe dir das bereits am Telefon erzählt, aber du hast nicht hingehört, weil in dem Satz dein Name nicht vorkam.«

Da drehte sich Giovanna mir zu und fragte: »Und wie geht's mit *deiner* Scheidung voran?«

Wir tranken ein Glas Wein, die Mädchen kochten. Wenn sie kochen, verstehen sie sich immer am besten. Giovanna besitzt die seltene Gabe, mit allen Zutaten etwas anfangen zu können, die ihr in die Hände fallen. Sie improvisiert einfach, doch das Ergebnis schmeckt jedesmal so, als ob es nach einem uralten, klassischen Rezept entstanden wäre.

Sie inspizierte den Küchenschrank. »Du hast ja gar keine Kräuter. Ich gehe mal welche holen.«

Draußen war es dunkel, und eine Taschenlampe hatten

wir nicht. Also stöberte Giovanna in den Küchenschubladen, bis sie ein halbes Dutzend Kerzenstummel aufgetrieben hatte, die sie mit heißem Wachs an einem Topfdeckel festklebte und anzündete. Sie sah wie eine mittelalterliche Zauberin aus, wie sie so durch die Dunkelheit streifte, den leuchtenden Topfdeckel auf Armeslänge von sich gestreckt. Immer wieder bückte sie sich und pflückte etwas. Schließlich kam sie mit einer ganzen Handvoll Zweige, Sprossen und getrockneten Ästchen zurück. Stolz verkündete sie: »Fenchel für den Haseneintopf, *malva, borragine* und Rosmarin für die Pasta.«

Wir klemmten den Topfdeckel in einen tiefen Spalt am Kamin und aßen bei Kerzenschein. Als musikalische Begleitung hatten wir leider kein Kammerorchester, sondern nur Giovannas Jammer-Arien: über ihren dritten Mann, der nach fünf Jahren immer noch nicht wußte, ob sie Zucker zum Kaffee nahm, und über Amerika, das frecherweise im Begriff war, einen Präsidenten zu wählen, der ihr nicht paßte. Als das Telefon klingelte, nahm sie ab, überzeugt, daß der Anruf ihr gelte. Sie redete wie ein Wasserfall, und erst nach ein paar Minuten merkten wir, daß sie mit Joyce plauderte – von der sie noch nie etwas gehört hatte, die sie aber wahrscheinlich vom Fleck weg geheiratet hätte, wenn es nicht so spät gewesen wäre.

Endlich legte sie auf und verkündete ruhig: »Euer Traumhaus liegt irgendwo zwischen Montepulciano und Montalcino. Dort ist die Toskana am schönsten, dort werden wir suchen – übermorgen. Denn morgen zeige ich euch meinen Lieblingsstrand.« Sie seufzte: »Zum Glück bin ich da, um mich um euch zu kümmern!« Und dann fing sie ohne ersichtlichen Grund an, einen Dialog zwischen Yogi-Bär und Bubu zu imitieren, *auf italienisch.* Wir verstanden kein Wort, aber das machte die Sache noch witziger. Wir lachten und lachten, bis uns die

Tränen kamen. Dann gingen wir ins Freie und beobachteten den Mond, wie er riesengroß hinter den Bäumen aufging.

~

Ich stand schon vor Morgengrauen auf, ging hinunter und machte Kaffee. Das Haus, die Außenwelt, alles war vollkommen ruhig – noch.

Etwas verschlafen frühstückten wir, packten dann Proviant und Badesachen ins Auto und fuhren noch vor Sonnenaufgang los. Als wir am Friedhof vorbeikamen, glänzten die Zypressenspitzen golden im ersten Licht.

Nach Siena hielten wir uns südlich und kamen durch ein von der Sonne verbranntes Hügelland, das später steiler wurde und nur noch von wenigen Bäumen bestanden war. Dunstige Luft wallte aus dem Westen durch die Täler. Giovanna kurbelte das Fenster herunter, atmete tief durch und sagte: »Ich rieche Jod, das Meer ist schon ganz nah.« Zu diesem Zeitpunkt waren wir noch keine Stunde unterwegs gewesen. Was für herrliche Möglichkeiten: Von unserem Häuschen in der tiefsten Provinz konnten wir in kürzester Zeit die Berge erreichen oder das Meer, Venedig oder Rom. Wenn man an die Toskana denkt, vergißt man oft das Meer und stellt sich nur die wogenden Hügel des Inlands vor. Aber die Toskana hat auch eine lange Küste am Tyrrhenischen Meer, ein Großteil davon unbesiedelt. Man findet dort dunkle Pinienwälder, steile Klippen und mittelalterliche Häfen, in denen Segel- und Fischerboote ankern. Kleine Häuser reihen sich wie Perlen auf Hügeln und Felsen und blicken auf das klare Wasser hinab, dessen Farbe sich mit dem Lauf der Sonne stetig ändert.

Wir fuhren die Via Aurelia hinab, die schon seit Römerzeiten parallel zur Küste verläuft, oft nur durch einen schmalen Streifen Land oder Wald vom Meer getrennt. Jetzt schob sich eine Hügelkette zwischen uns und das Wasser, in der das langgestreckte Naturschutzgebiet Monti dell'Uccellina lag. Niemand – von ein paar Wanderern einmal abgesehen – stört hier die Ruhe der Seevögel und des Windes, der sich an den steilen Felsen bricht. An der Südspitze der Hügelkette thront die Festungsstadt Talamone hoch auf den Klippen. Wir beschlossen, uns diese malerische Stadt anzusehen, die vor über dreitausend Jahren von den Etruskern gebaut wurde, um den winzigen Hafen am Fuß der Felsen zu schützen.

Wir schlenderten im Hafen herum, wo vier Fischer gerade ein Boot auf den steinigen Strand zogen. Sie hatten es auf hölzerne Rollen gehievt und über ein Seil mit einem Jeep aus dem Ersten Weltkrieg verbunden, der jetzt unter großem Gekeuche versuchte, vorwärts zu fahren. Ein Fischer stellte sich ins Heck des Bootes, damit sich der Bug anhob, ein anderer saß fluchend und schwitzend im Jeep, ein dritter schob immer neue Rollen unter den vorwärts kriechenden Bug. Und der letzte Fischer stand mit hochgekrempelter Hose im Wasser, die Arme in die Hüften gestemmt. Was er dort tat, wußte er wohl selbst nicht, wahrscheinlich hatte er diese malerische Pose vor langer Zeit einmal in einem Film gesehen.

Dann verließen wir den Hafen und keuchten über enge Gäßchen in die befestigte Stadt hinauf. Bald standen wir hoch auf den senkrechten Klippen und genossen einen freien Blick auf das ruhig daliegende, tiefblaue Meer. Im fernen Dunst versteckten sich Inseln mit magischen Namen: Korsika, Sardinien, Elba, Monte Christo. Möwen kreischten, faul plätscherte das Meer weit unter uns an die Felsen.

»Mein Gott, ist das schön«, seufzte Candace.

Ich schlug vor: »Laßt uns segeln gehen!«

»Wir sind doch gerade erst angekommen«, sagte Candace.

Giovannas Beitrag zur Diskussion lautete: »Mein Leben ist ruiniert.«

Worauf Candace warnte: »Spring nicht! Es würde uns das Mittagessen verderben.«

Später fuhren wir auf der Aurelia weiter Richtung Süden, zum Monte Argentario, einem zerklüfteten, kegelförmigen Berg, der direkt aus dem Meer emporsteigt. Drei schmale Sandstreifen verbinden Berg und Festland, zwischen den Streifen haben sich zwei Salzwasserlagunen gebildet, durch die Silberreiher staksen und sich malerisch vor der grünen Küstenlinie abzeichnen. Zahlreiche Villen stehen an der Felsenküste des Monte Argentario, es gibt Eukalyptusbäume, Pinien, auch ein paar Palmen. Auf mühsam angelegten Terrassen wachsen sogar einzelne Olivenbäume und Rebstöcke. Am nordwestlichsten Ende der Halbinsel liegt Porto Santo Stefano, ein kleines, idyllisch am Hang gelegenes Städtchen. Die Hafenmole war mit Fischernetzen bedeckt, die zu großen Haufen zusammengelegt waren oder weit ausgebreitet dalagen und in der Sonne trockneten, während ihre Besitzer mit schwieligen Händen, die so zerklüftet waren wie die Küste, die schadhaften Stellen flickten.

Im Hang, der parallel zum Kai verläuft, befindet sich eine künstliche Höhle, einige Meter tief, drei Meter hoch und vielleicht hundert Meter breit, die den Fischmarkt beherbergt. Da steht ein Stand neben dem anderen; weit ausgefahrene Markisen schützen die Ware vor der Sonne.

Fische und Mollusken in allen Formen und Farben lagen

in großen, mit Eis gefüllten Kisten, die wie ein eingefrorenes, zu gut geordnetes Aquarium aussahen. Es gab exotische, rosafarbene *gallinelle* mit viereckigem Kopf, silberglänzende kleine Thunfische, die selbst im Tod noch pfeilschnell aussahen, getigerte, fluoreszierende *sgombri*, braune Muränen, die nachts bei Laternenlicht gefangen werden, großäugige *fritturine*, die ganz kurz in Olivenöl gebraten werden, *alici* mit roten Augen und Kiemen, *dentici* mit traurigem Gesicht. Daneben häuften sich Massen von Oktopus und Tintenfisch, von *orate* und *merluzzo*, *spigole*, *rombi* und winzig kleinen *bianchetti*, die schaufelweise verkauft werden. Es gab Seeschnecken, *lumachine* und *scugili*, und die Fischverkäuferin rief: »*Chi servo?*«

Wir gingen die Hafenpromenade entlang und bewunderten die vielfältigen Talismane, die an den Masten der Fischerboote hingen: ein großes Büffelhorn, ein Maiskolben, ein kleines Ziegenhorn – jeder Zauber war recht, wenn er einen nur wieder sicher in den Hafen zurückbrachte. Wir kamen durch laute Unterhaltungen, vorbei an Booten, die gerade saubergemacht wurden, durch eine Horde Katzen, die nach Fischresten suchten. In der kleinen Werft lag ein Zweimaster auf dem Trockenen und wurde neu gestrichen. Am Heck stand in kleinen schwarzen Buchstaben das Heimatland des Boots: Neuseeland. Und mein Herz sehnte sich nach dem Meer.

Wir vergaßen eine Zeitlang die Hügel der Toskana und träumten von einem Leben auf dem Tyrrhenischen Meer. Dieser Teil des Mittelmeers ist keine endlose Weite wie die Ozeane, die wir gesehen hatten, sondern ein kleiner Flecken Wasser zwischen dem Festland und Capri, Sizilien, Malta oder Tunesien. Selbst die mythischen Gestade des Ostens, Mykonos, Soros oder Ikaria liegen in den Augen eines Seemanns heute nur noch einen Katzensprung entfernt.

»Jemand nannte das einmal ›die Tragödie der Auswahl‹«, sagte Candace.

»Wir bräuchten mehrere Leben«, meinte ich.

»Und weniger Ehemänner«, ergänzte Giovanna.

»Und ein Mittagessen. Ich bin am Verhungern«, sagte Candace.

Giovanna wandte sich an einen Fischer, der auf einem niedrigen Hocker in unserer Nähe saß: »Wo ißt man hier am besten, wenn man nicht zuviel Geld ausgeben will?« Eine derart wichtige Frage wollte natürlich angemessen erörtert sein, und so fanden sich Giovanna und der Fischer bald in ein längeres Gespräch vertieft. Candace wurde allmählich ungeduldig; wenn sie hungrig war, dann war sie hungrig, mit fremden Leuten konnte man immer noch nach einem Mittagessen reden. »Was dauert das denn so lang?« zischte sie.

»Wahrscheinlich hält sie gerade um seine Hand an«, vermutete ich.

Dann kam Giovanna über das ganze Gesicht strahlend zurück: »Ich habe das Paradies gefunden! Da gibt es ein Restaurant, das seine eigenen *fettucine* und *pici* macht, heute gibt es *fettucine alla seppia nera* und … « Giovanna packte uns an den Ellbogen, steuerte uns durch die aufgehäuften Fischernetze hindurch und rasselte weiter die Tageskarte herunter. Ich liebe die toskanische Küche ganz allgemein, aber die Zubereitung der Meeresfrüchte übertrifft alles: Man nimmt einfach Olivenöl, Salz und schwarzen Pfeffer, manchmal auch Petersilie, Knoblauch oder einen Schuß Wein. Nur wenige Fische mit starkem Eigengeschmack, zum Beispiel Thunfisch oder Sardinen, bekommen eine Soße aus Tomaten, Kapern oder Oliven. Mein Gott, schon beim Gedanken daran läuft mir das Wasser im Munde zusammen!

Schnell gingen wir zum Matra zurück, durchquerten die Stadt und fuhren in das Hügelland. Um uns schloß sich die *macchia mediterranea*, niedriges immergrünes Gebüsch. Giovanna benannte jede einzelne Pflanze. Dort stand eine *corbezzola* mit ihren glänzenden, ledrigen Blättern und ihren glänzendroten, kirschgroßen Früchten, deren rauhe Schale die Zunge kitzelt. Giovanna zeigte uns *lentaggine*, die sehr langsam wachsen, daher auch der Name, und den stattlichen *leccio*, die Steineiche, deren Blätter an die des Olivenbaums erinnern. Die steilen Felsen lagen ungezähmt und unbebaut, nur wenige Terrassen klammerten sich an die Abhänge. Zu unserer Rechten fiel das Land fast senkrecht in das kobaltblaue Meer ab. Die Sonne stand jetzt so hoch, daß sie nicht mehr an der Wasseroberfläche abprallte, sondern tief in das dunkle Blau eindrang und es zum Leuchten brachte.

Und ich hatte einen Mordshunger.

Die *trattoria* war unterhalb der Straße in den Fels gesprengt worden und thronte direkt über dicht bewachsenen Schluchten, die ins Meer abfielen. Ein Fußpfad führte uns zu einer Gruppe von Häusern, die sich in die Landschaft schmiegten. Ihre Mauern waren aus dem Gestein der Umgebung gebaut, die Dächer mit einer dicken grünen Grasnarbe gedeckt. Tief unten, wo das Meer an die Felsen brandete, lag eine kleine, felsige Insel, auf deren Leeseite ein Fischer Netze ausbrachte.

Es war Ende Oktober; alle Gäste außer uns waren längst abgereist. Der *padrone* und seine Familie aßen an einem Tisch neben der Küche. Wir wünschten ihnen *buon appetito*. Giovanna ergänzte: »Andrea hat uns geschickt«, und nannte den Namen seines Boots. Diese Referenz schien Gewicht zu haben, denn der *padrone* streckte seine Hand aus, sagte »*Benvenuti*« und führte uns um die Ecke zu einem Tisch, der unter einer Palme in der Luft zu schweben schien. Man schenkte uns drei Gläser *Banfi spumante* ein und brachte unaufgefordert – wahrscheinlich lasen sie in unseren Augen, wie hungrig wir waren – eine Platte mit erstaunlich vielfältigen warmen Meeresfrüchte-Häppchen. Vielleicht kochten sie immer so gut, vielleicht wollten sie Andreas Freunde besonders verwöhnen – auf jeden Fall waren alle Gerichte, die noch folgten, von großartiger Einfachheit, alle Zutaten ganz frisch. Die ursprünglichen Aromen des Meeres blieben vollkommen erhalten.

Nach der Vorspeisenplatte nahmen wir die *insalata di mare Toscana*, einen kalten Meeresfrüchtesalat, eine köstliche Mischung aus Miesmuscheln, Venusmuscheln, Tintenfisch, Oktopusstückchen und Garnelen. Die Meeresfrüchte waren erst gedämpft worden, wurden dann in Öl und Zitronensaft gebadet und dann mit schwarzen Oliven, in Scheiben geschnittenem Knoblauch, kleingehacktem gelbem und rotem Paprika und frisch gehackter Petersilie serviert. Ehrlich, ich kann mich nicht daran erinnern, jemals so viele verschiedene subtile Aromen in jedem Bissen geschmeckt zu haben. Dazu servierte der *padrone* einen trockenen Weißwein aus Elba.

Nach dem zweiten Gang legten wir erst einmal eine kleine Pause ein, blickten auf das Meer hinaus, tranken Wein und bestellten dann Pasta. Candace und ich nahmen unsere geliebten *spaghetti alle vongole*, Giovanna *fettuccine alla seppia nera*, Nudeln mit pechschwarzer Tintenfisch-Soße, die ihre Zunge, Zähne und Lippen schwarz färbte.

»Schwarz wie mein Herz«, sagte Giovanna.

»Sei ein braves Kind, und löffle deinen Teer auf, wie es sich gehört«, mahnte Candace.

Als nächsten Gang brachte der Wirt uns einen großen,

gegrillten *dentice*, dessen Stirn nachdenklich gerunzelt war, dazu *verdura alla griglia* und einen kleinen, kurz gegrillten und in Olivenöl gebadeten *porcino*. Danach gingen wir auf die von der Sonne erwärmte Terrasse hinaus, um dort Espresso und Grappa zu trinken. Mein Gott, das Leben ist großartig! Eine nachmittägliche Brise war aufgekommen, die Sonne spiegelte sich strahlend auf dem Meer. Der Fischer fast senkrecht unter uns holte seine Netze ein und ließ sich vom leichten Wind in den Hafen zurück treiben.

Der Wirt plauderte noch ein wenig mit Giovanna, begleitete uns dann nach draußen und winkte zum Abschied. Giovanna berichtete: »Er hat mir von einer geheimen Höhle erzählt, in die vor ein paar hundert Jahren die Frau eines spanischen Generals mit ihrem Geliebten geflüchtet ist.« Wir stiegen einen steilen Pfad hinab, der schier nicht enden wollte. Schließlich stießen wir auf eine kleine Höhle, eher eine Nische zwischen zwei gewaltig hochragenden Wänden. Der Strand bestand aus vom Meer glattgeschliffenem Felsen. Wir setzten uns hin, den Rücken an den warmen Stein gelehnt. Herrliche Stille – bis Giovanna anfing: »Wißt ihr, eigentlich sollte ich ja meinen Exmann hassen, aber … « Candace unterbrach sie: »Ach bitte, hör auf damit!«

11 ∾ Reicht mir einen Ziegel!

Wir hatten geschlafen wie Steine, doch jetzt trieb uns das Jagdfieber aus dem Bett. Heute wollten wir endlich ein Haus finden! Noch bevor die Sonne die Hügel erreichte, fuhren wir schon in das nebelverhangene Tal hinab. Wir hatten beschlossen, in Montepulciano zu beginnen und uns langsam nach Westen bis Montalcino durchzuschlagen. Im Michelin war die gesamte Wegstrecke grün markiert, also »von bemerkenswerter Schönheit«. Wenn wir hier nichts finden würden, wäre es wahrscheinlich besser, nach Sarasota zu ziehen und Rasenbowling zu spielen. Wir hatten nur noch zwei Wochen Zeit.

Der Nebel wurde dichter; Traktoren, Apes und Cinquecentos tauchten auf und verschwanden gleich wieder. Hinter Torrita stieg die Straße an, der Nebel lichtete sich, eine blaßrosa Sonne zeigte sich. Und dann brachen wir durch den Nebel, besonnte Hügelspitzen ragten aus dem watteweißen Meer wie Inseln. Und in der Ferne leuchteten die Festungsmauern, Kirchtürme und Kuppeln von Montepulciano, alles überstrahlend.

Eine bezauberndere Landschaft als diese hatten wir noch nie erblickt, sanft wellten sich die saftig grünen Hügel. Wir stellten das Auto in der Nähe eines Parks ab, in dem drei alte Männer Boccia spielten. Auf einer Steinbank ohne Lehne saß ein Mädchen auf dem Schoß ihres Freundes und küßte ihn leidenschaftlich, ohne auf uns, die Alten, die Welt zu achten. Man lebt, um zu küssen.

Wir stiegen den Hügel hinan, den abweisenden Stadtmauern entgegen. Durch schmale Gäßchen, *vicoli*, stiegen wir steil nach oben, mein Herz hämmerte. Auch der Nebel stieg wieder, Leute tauchten aus ihm auf oder verschwanden darin. Dann erreichten wir den Laden eines Schuhmachers, in dem das Leben nur so brummte. Der Inhaber saß vor seinem schuhförmigen Amboß, neben ihm türmte sich ein Berg Arbeit, und an der Wand saßen vier Männer, eifrig diskutierend. Der Sozialklub des Schuhmachers. Giovanna fragte die Männer, ob sie einen *immobiliare* wüßten, einen Makler, doch sie konnten uns leider nicht weiterhelfen. Wenig weiter stießen wir auf die offenen Türen einer *cantina*, aus denen der kühle Geruch nach Wein wehte. Innen zogen sich endlose Faßreihen bis tief in den Berg hinein. Der ganze Berg sei völlig ausgehöhlt, sagte uns ein Arbeiter der *cantina*, durch Tunnels, Geheimgänge, Vorratskeller, Fluchtstollen, Gräber und unterirdische Brunnen. Das brachte Giovanna auf eine Idee: Vielleicht wußte ja ein *geometra*, eine Art Bauingenieur, welche Häuser zum Verkauf standen. Der Arbeiter beschrieb uns den Weg zum Büro eines *geometra*, und wir eilten dorthin. Dort klingelten wir allerdings vergeblich, bis uns ein Nachbar informierte, daß *dottore* Lenni heute außer Haus arbeite, er könne uns aber dessen Nummer geben. Der Sieg schien ganz nahe.

Wir stiegen weiter die gewundene Hauptstraße, *Il Corso*, hinauf, bis wir eine riesige *piazza* an der Spitze des Hügels erreichten. Dort standen einige monumentale *palazzi*, doch der Dom überstrahlte alles. Besonders faszinierte mich die Fassade dieses Baus aus dem 16. Jahrhundert: Es gab noch keine Fassade. Nur eine rohe Ziegelwand, lieblos hochgezogen, voller Kerben und Löcher. Offensichtlich sollte sie erst noch mit Marmor oder einem Mosaik verkleidet werden, aber die Arbeiten hatten sich wohl ein bißchen verzögert. Vierhundert Jahre? Nur keine Eile!

Ich liebe die Toskana!

Unter einer Arkade warf ein kleiner Junge seinen Gummiball immer wieder klatschend gegen die Mauer. Der Schall fing sich unter dem Bogengang so gut, daß jeder Wurf knallte wie ein Gewehrschuß. Wir suchten einen freien Blick über die Umgebung Montepulcianos, fanden aber keinen Ausweg aus den engen Gassen. Schließlich kamen wir wieder zurück zu dem ballspielenden Jungen. Von unserer Erfolglosigkeit genervt, fauchte Giovanna ihn an: »*Ora basta, per la Madonna. Tu mi fai sorda!*« Bei der Madonna, jetzt reicht's! Du machst mich ja ganz taub! Der Junge hielt inne, wandte sich Giovanna zu, und ich machte mich auf eine patzige Antwort gefaßt. Doch er sah sie mit großen, freundlichen Augen an und sagte höflich: »*Mi scusi, signora. Uno si dimentica.*« Entschuldigung, meine Dame. Wie rücksichtslos von mir. Giovanna fragte ihn, von wo aus man das unter uns liegende Tal am besten sehen könne. Er lächelte und deutete auf den Turm, der direkt neben uns senkrecht in den Himmel ragte. »*Venite!*« rief er und sauste los.

Der Turm gehörte zum Rathaus, in dem die Stadtverwaltung von Montepulciano untergebracht war. Das Gebäude machte größtenteils einen verlassenen Eindruck, die meisten Räume standen leer; in einem Zimmer fanden wir einen Stapel verstaubter Dokumente, in einem anderen nur alte Stühle. Schließlich stießen wir auf den *vigile urbano*, den Stadtpolizisten. Er saß in seinem Büro, hinter der rosafarbenen Sportzeitung *Tuttosport* versteckt. Wir grüßten, gingen an ihm vorbei und stiegen eine breite, ausgetretene Steintreppe nach oben, dann noch eine, dann noch eine. Der Junge bedeutete uns, still zu sein, und öffnete eine schmale Tür, an der ein handgeschriebenes Schild hing: *Pericolo di crollo*. Wir gingen durch die Tür, und als sie zugefallen war, standen wir in totaler Finsternis. Weit, weit über uns fiel Licht durch eine Öffnung und warf einen matten Schimmer auf eine sagenhaft steile, enge Holztreppe direkt vor uns. Die Stufen knirschten verdächtig, Staub fiel auf uns herab. Von oben hörten wir das Flüstern des Jungen: »*Venite!*« Langsam tasteten wir uns über die knarzenden Stufen nach oben.

»Was stand eigentlich auf dem Schild?« fragte ich leise.

»Vorsicht, Einsturzgefahr«, sagte Giovanna.

»Jesusmaria! Wir werden alle sterben!« zischte ich.

Jetzt krochen wir nur noch, trotzdem knirschten die Stufen weiter bedrohlich. Ich machte mich so leicht wie möglich. Dann hörten wir Tauben, und es wurde allmählich heller. Taubendreck bedeckte die Treppe. »Das Paradies«, sagte Candace.

»Könnte schon sein«, meinte Giovanna. »Hoch genug wären wir ja!«

Von unserem Geflüster erschreckt, flatterten die Tauben auf und wirbelten Staub und Federn auf, die dann sanft auf uns niedersanken wie Schnee.

»*Che bello!*« rief Giovanna.

Wir standen im Freien, auf dem Gipfel der Welt, der höchsten Erhebung im Umkreis von dreißig Kilometern. Im Osten ragte der Apennin, im Westen der alte Vulkan, und direkt unter uns lag ein zauberhaftes Tal, dessen sanfte Hügel von einem Flickenteppich aus Weinbergen, Olivenhainen, Feldern und Teichen überzogen waren. Eine staubige Landstraße wand sich wie in einer Kinderzeichnung an der Hangkante entlang, an ein paar alten Häusern und Zypressen vorbei, fiel dann steil in das Tal ab, führte an Ruinen, einer Mühle, einem Turm vorbei über einen in der Sonne glitzernden Bach, stieg dann wieder kurvenreich an, um eine auf einem Hügel gelegene Stadt einige Kilometer weiter zu erreichen. Besonders gut gefiel mir das letzte bewohnte Haus, bevor die Straße ins Tal abfiel: Es war klein und einfach und stand ganz alleine an der Hangkante, von Zypressen und einem ovalen Ring von Büschen umgeben. Ganz in der Nähe leuchtete ein herbstlich gefärbter Weinberg, direkt oberhalb des Hauses lag ein kleiner Teich. Aber irgend jemand war mir auch hier zuvorgekommen: Haus und Anwesen schienen in tadellosem Zustand. Ich seufzte.

»Hier ziehe ich her!« sagte Giovanna.

»Nur über meine Leiche!« protestierte Candace. »Das Tal gehört mir!«

»Warum glaubst du, daß du hier ein Vorrecht hast?« protestierte Giovanna.

»Weil du an einer niedrigen Brüstung stehst und ich direkt hinter dir.«

Damit war die Sache erledigt.

»*Signora, posso?*« fragte der kleine Junge, meine Dame, darf ich?

Er beugte sich über den Abgrund Richtung *piazza*, den Ball zum Wurf erhoben, und lächelte fragend. Wir blickten nach unten: Die *piazza* schien Welten entfernt, gemächlich schlurfte der *vigile urbano* mit seiner weißen Mütze über den Platz. Bittend sah der Bub Giovanna an, die wie eine Kaiserin dastand, auf deren kleinstes Signal Armeen in den Kampf ziehen. Sie nickte und sagte: »*Buttalo.*« Wirf ihn.

Der Bub strahlte, zielte und schleuderte den Ball mit aller Kraft. Der Ball flog in den strahlenden Himmel hinaus, in einem Bogen über die flatternden Tauben hinweg, und fiel dann immer schneller, wie ein Falke im Sturzflug. »Wir wandern alle in den Knast!« prophezeite ich, dann schlug der Ball auf – mit einem donnernden Knall und direkt neben dem schläfrigen *vigile*, der einen bemerkenswerten Satz machte und dabei mit den Armen fuchtelte, als versuche er zu fliegen. Laut schimpfend sah er sich um, von woher der Angriff gekommen sein mochte. Dann sah er uns und brüllte: »*Angelo, maledetto strullo, vagabondo imbecile, s'io ti chiappo*«, doch Angelo versteckte sich hinter einem Mauervorsprung. Der *vigile* erging sich in einer endlosen Tirade, ohne ein einziges Mal Luft zu holen. Als wir schon dachten, er würde mit einem Herzinfarkt zu Boden sinken, legte er eine kurze Pause ein. Giovanna nutzte sie, indem sie sich über die Brüstung beugte, winkte und ihr breitestes Lächeln aufsetzte. Sie rief: »*Mi scusi, brigadiere, mi è scivolata dalle mani*«, entschuldigen Sie, *brigadiere*, er ist mir aus der Hand gerutscht.

Der Polizist starrte uns an, Mord im Blick, und bedachte seine Optionen. Schließlich lüpfte er seine Mütze und rief: »*Un po' d'attenzione, signora. Mi raccomando!*« Dann machte er auf dem Absatz kehrt und steuerte auf die Bar zu.

Candace lobte: »Gut gemacht, Gio! Du darfst in meinem Tal wohnen!«

Plötzlich hielt der Polizist an, endlich war ihm eine passende Antwort eingefallen. Er rief zu uns hinauf: »*Le scale crollano sotto di voi!*«

»Was hat er gesagt?«

»Daß die Treppe unter uns zusammenbrechen wird. Reicht mir einen Ziegel!«

115

Endlich hatte sich der Nebel aufgelöst, die Sonne strahlte aus einem tiefblauen Himmel. Von unserem Turm aus zählten wir sieben Kirchen – nicht schlecht für ein Städtchen von gerade zweitausend Seelen. Doch die beeindruckendste der Kirchen, San Biagio, lag gar nicht innerhalb der Stadtmauern, sondern außerhalb. Sangallo, der Baumeister von San Biagio, hatte ursprünglich vier Türme für diese Kirche geplant, einen an jeder Ecke. Schließlich ließ er das aber bleiben, vielleicht weil seine Mutter ihn ermahnt hatte: »*Piano, con calma.* Du machst hier eine Kirche, keine Geburtstagstorte.« Schade eigentlich.

Nachdem wir Montepulciano besichtigt hatten, hielten wir uns weiter Richtung Westen, auf einer Straße, bei deren Bau es nur ein Gebot gegeben hatte: Nur keine Gerade! Zurecht hatte Michelin dieser Straße eine grüne Linie verliehen, denn sie wand sich durch die verträumtesten Teile der Toskana. Pienza stellte sich als kleines Juwel heraus, es war putziger, gemütlicher als Montepulciano, dafür hatte der Ort allerdings nicht die geheimnisvolle Aura Montepulcianos. Was sprach eigentlich dagegen, sich in einem Städtchen wie Pienza niederzulassen statt auf dem Land? Sollten wir uns vielleicht einen schönen alten *palazzo* kaufen, mit einem ummauerten Gärtchen, einem Brunnen und einem Baum, unter dem man seinen Tisch aufstellen konnte? Man könnte in den Läden der unmittelbaren Nachbarschaft einkaufen, auf der heimeligen *piazza* spazieren gehen, seinen Espresso trinken, Freunde treffen. Eigentlich eine nette Alternative zum Leben auf dem Land, dachten wir – bis wir wieder aufs Land hinaus fuhren.

Wir trieben den örtlichen *geometra* auf und fragten, ob in der Gegend von Pienza schöne Häuser zum Verkauf stünden, doch er mußte uns leider enttäuschen. Dann schlugen die Glocken elf, und wir verabschiedeten uns, um das Mittagessen vorzubereiten. Wir besorgten alles Notwendige für ein Picknick und fuhren aufs Land hinaus, wo wir uns ein beschauliches Plätzchen suchten.

»Bieg hier ab!« sagte Candace plötzlich. Ein kleines, verbogenes, rostiges Schild wies uns den Weg nach »Sant' Anna in Camprena, 5 km«. Der Michelin versprach uns dort ein »Kloster aus dem vierzehnten Jahrhundert, heute verlassen«.

Wie befohlen, bog ich auf die schlaglochübersäte, steil nach oben führende Straße ein. Riesige Zypressen säumten den Weg. Am Scheitelpunkt der Straße stießen wir auf die hohen Mauern der Klosterkirche. Ihr gegenüber stand ein niedriges Mäuerchen, weiter den Hang hinab lag ein kleiner Olivenhain, dahinter erstreckte sich die ganze weite Welt friedlich und verlassen. Nirgendwo ein Mensch, nirgendwo ein Geräusch. Weiter unten schmiegte sich ein Flügel des Klosters eng an den Hügel, daneben ein ummauerter Garten mit einem runden Seerosenteich. Hoch standen Gras und wilde Blumen, alles schien seit langem verlassen und verwaist. (Einige Jahre später entdeckte Hollywood die Schönheit dieses Ortes; hier entstanden viele Außenaufnahmen für den Film »Der englische Patient«.)

In der Ferne läuteten Kirchenglocken. Mittag. Doch auf unserem Hügel blieb alles still, die großen Glocken des Klosters hingen stumm in ihrem Turm.

Wir nahmen den Picknick-Korb und die Decke und kletterten über die niedrige Mauer in den Olivenhain, von dem aus wir die ganze Welt überblicken konnten. Uralte, knorrige Olivenbäume standen dort, teilweise ohne Rinde, teilweise

117

hohl. Darunter wuchs fettes wildes Gras, auf dem wir jetzt unsere Decke ausbreiteten.

Wir entkorkten den Wein, packten den Käse und das Fleisch aus, die Tomaten und die Oliven. Das Brot, einen breiten, *ciambella* genannten Ring, brachen wir mit der Hand. Kastanienrot leuchtete der Wein in den Gläsern. Wir aßen und stießen auf die Heilige Katholische Kirche an, die dankenswerterweise die schönsten Plätze der Toskana erworben und dann uns überlassen hatte. Als Dessert aßen wir *mille foglie*, Blätterteigteilchen voller Puderzucker. Giovanna brachte einen italienischen Toast auf Yogibär und Bubu aus, wir lachten prustend und hatten plötzlich überall Puderzucker im Gesicht. Dann stießen wir auf den Puderzucker an.

Es war schon später Nachmittag, als wir uns auf den Weg nach Montalcino machten. Eine Festung aus dem zwölften Jahrhundert bewacht den Eingang zur Stadt, doch direkt daneben erhebt sich ein Hügel, von dem man mühelos den ganzen Tag Kanonenkugeln auf Montalcino hinunterwerfen könnte. Montalcino ist ein ruhiges Städtchen mit steilen Treppen, engen *vicoli* und erstaunlich vielen Gärten und Grünflächen. Dennoch kann es Montepulciano und seiner Umgebung nicht das Wasser reichen. Da unser liebster »Tafelwein«, der Brunello, hier gekeltert wird, stockten wir unseren Vorrat ein wenig auf – und erfuhren, daß sich der Besitzer der *enoteca*, der Weinhandlung, nebenher auch im Immobiliengeschäft betätigte. Er zeigte uns Fotos von zwei Objekten, doch wir lehnten höflich ab: Das eine lag direkt an einer Hauptstraße, das andere in einer Schlucht.

Danach setzten wir uns in ein ganz zauberhaftes Café auf der *piazza* und tranken *spremuta*, frisch gepreßten Orangensaft. Allmählich füllten sich *piazza* und Café mit Flaneuren, von einem Hügel kamen Schulkinder herunter, einen zerknüllten Pappbecher als Fußball vor sich herkickend. »*A me, a me!*« riefen sie.

Durch den Sonenuntergang fuhren wir nach Hause. *Ti ammazzo* saß auf der Eingangstreppe des elterlichen Hauses und fütterte still ihre Puppe.

Während des Abendessens sprachen wir nicht viel, traurig, daß Giovanna uns am nächsten Tag verlassen würde.

»Laßt uns ein paar Kastanien sprengen!« schlug Candace vor, um wieder ein bißchen Leben in die Bude zu bringen.

~

Im Morgennebel brachten wir Giovanna zum Zug. Auf dem Bahnhof standen einige Eisenbahner und Reisende, die sich mit Wollmänteln und Seidenschals gegen die Kühle schützten. Während wir auf den Zug warteten, rief Giovanna den *geometra* in Montepulciano an, doch es war noch zu früh, niemand nahm ab.

Endlich fuhr der Zug ein, eine altersschwache Lok, an der drei Waggons aus der Gründerzeit des Eisenbahnwesens hingen. Große Abschiedsszene, bis Giovanna endlich einstieg, ein Abteil suchte und das Fenster herunterzog. Der Zug fuhr schon an, da fiel ihr ein: »Hey, Mann, nächste Woche hast du doch Geburtstag. Wo feierst du denn?«

»Im Armenhaus«, schrie Candace dem Zug nach.

Giovanna lachte, der Fahrtwind wehte ihr blondes Haar über das Gesicht. Dann verschwanden Gesicht und Giovanna und Zug im Nebel.

12 ∿ La Marinaia

Während der Rückfahrt vom Bahnhof stählte ich mich seel-
isch für mein erstes Telefonat auf italienisch. Es ist schlimm
genug, in einer fremden Sprache zu radebrechen, doch am
Telefon ist alles noch viel schlimmer. Erst recht, wenn die
Telefonverbindung ungefähr so gut ist wie mit dem Dosen-
telefon unserer Kinderzeit. Aber was sage ich – zwei Konser-
vendosen, die über eine gespannte Schnur miteinander verbunden sind, können gar kein solches Pandämonium von
Knack-, Zisch- und Fieplauten produzieren, wie unser Telefon
es tat. »*Pronto*«, sagte eine Stimme von irgendwoher, worauf
ich meinen auswendig gelernten »Ist … zu Hause?«-Satz her-
unterrasselte. Die Geisterstimme antwortete, doch ich verstand kein Wort. Ich nahm an, daß ich den *geometra* Lenni an
der Strippe hätte und fragte ihn, ob er durch die unendliche
Güte der Madonna vielleicht englisch spreche. »*Niente.*«
Französisch? »*Nulla.*« Ungarisch? Gelächter am anderen Ende
der Leitung. Dann meinte Lenni, daß er Französisch verstünde, wenn ich langsam spräche. Auf französisch antwortete ich ihm, daß ich möglicherweise sein Italienisch verstünde,
wenn er langsam spräche und endlich mit dem Knacken,
Zischen und Fiepen aufhören würde. Er lachte.

Es funktionierte!

Der *geometra* wirkte jung und umgänglich, und er lachte

gern, ein gutes Zeichen. Wir plauderten ein bißchen, ich auf französisch, er auf italienisch, und schließlich erzählte ich ihm, wonach ich suchte. Bedächtig sagte er: »*C'è qualcosa*«, es gibt da etwas. Er fragte, wann ich kommen könne, und er hatte den Satz kaum fertig gesprochen, da lief der Motor des Matra schon, Kies spritzte, ich war weg. Candace blieb daheim, weil sie drei Tage nicht mehr zum Malen gekommen war.

Der Nebel hatte sich verzogen, der Matra flog. Wenn ich eine Kurve halbwegs durchfahren hatte, stieg ich schon wieder aufs Gas. Ich scherte mich nicht um die Gesetze der Physik, schließlich mußte ich ein Haus finden. Schon nach einer halben Stunde sah ich Montepulciano vor mir auftauchen. Es fing an zu regnen; als ich ankam, lag der Park verwaist. Keine Liebespaare, kein Boccia. Meinen Regenschirm hatte ich vergessen, also zog ich meine gewachste Jacke an, die ich letztes Jahr im County Cork gekauft hatte. Damals hatten wir mit dem Gedanken gespielt, uns dort niederzulassen. Candace und ich entschieden uns allerdings dagegen, als wir im Nieselregen einen Bauern trafen, der seinen Schubkarren durch den Schlamm schob und uns mit »Prachtwetter heute, was?« grüßte. Ich bewunderte zwar die Haltung dieses Manns, aber wenn er diesen Siffeltag schon als Prachtwetter ansah, dann wollte ich keinen wirklich miesen Tag miterleben.

Doch zurück nach Montepulciano, wo ich durch die leergefegten Straßen eilte, bis ich zur richtigen Adresse kam. Ich stieg hinauf in den ersten Stock und begrüßte Marco Lenni, einen großen jungen Mann mit festem Händedruck und breitem Lächeln. Wir setzten uns und gewöhnten uns schnell an unsere zweisprachige Unterhaltung.

Ich erzählte von unseren bisherigen Hausbesichtigungen, damit er sich eine Vorstellung davon machen konnte, was wir suchten: echte, unverfälschte Toskana. Auf keinen Fall wollten wir etwas schlampig oder geschmacklos Renoviertes, das man erst mühevoll wieder in den ursprünglichen Zustand zurückversetzen und dann neu renovieren müßte. Marco stimmte mir zu und versicherte mir, daß sein Objekt originalgetreu restauriert worden sei, mit perfektem Geschmack und großer Akribie. Er schwärmte von göttlicher Ruhe und einer sensationellen Sicht. Ich bat ihn um ein Foto, eine Zeichnung, irgend etwas, doch er hatte nichts. Offensichtlich war Marco nicht offiziell mit dem Verkauf beauftragt worden, er wußte lediglich vom Hörensagen, daß das Objekt auf dem Markt war. »Warum besichtigen wir es nicht einfach?« fragte er. Ja, warum nicht?

Wir wanderten durch das Stadttor, fuhren unterhalb der Mauern entlang und dann den Hügel hinan, doch wegen des Nebels verlor ich bald die Orientierung. Wenn der Nebel nicht wäre, meinte Marco, könnte man das Haus von hier aus bereits sehen, denn es liege mitten im Tal. Mein Herz schlug bis zum Hals. Sollte ich endlich am Ziel meiner Träume ankommen?

Dann hielten wir an und stiegen aus. Der Nebel lag so dicht, daß man kaum die Spitzen der Dächer sah. Irgend etwas kam mir vertraut vor. Mein Herz schlug schneller.

»*Una vista splendida*«, spottete Marco und lachte herzlich.

Wir stiegen durch die Wolken hinab, die langsam dünner wurden, kamen an einigen gemauerten Gärten vorbei, einer Friedhofsmauer, dann stießen wir auf eine schmale Straße. »*Mon Dieu!*« rief ich aus, denn vor mir erstreckte sich eine lange Zypressenallee – jeder Baum war im Angedenken an einen Einwohner gepflanzt worden, der im Ersten Weltkrieg gefallen war – an dessen Ende die Kirche San Biagio stand, mit ihrer Kuppel, ihrem *campanile* und ihren Mauern aus Travertin, der die Farbe sinnlichen Fleisches hatte.

Dann fuhren wir weiter auf das Land hinaus, hinter uns die Stadtmauern im Nebel gerade noch sichtbar. Einen guten Kilometer später bogen wir auf eine ungeteerte Straße, die ins Tal hinabführte. Die Gegend kam mir vertraut vor, ich erkannte Häuser wieder, die ich gestern vom Turm aus gesehen hatte. Ich wagte gar nicht, zu hoffen … Als wir den Teich erreichten, brach mir der Schweiß aus. Beim Weinberg mußte ich das Fenster herunterkurbeln. Marco bremste.

»*Ce n'est pas vrai!*« stieß ich aus.

Marco bog auf die Einfahrt des Hauses, *meines* Hauses. Alles war, wie ich es gestern gesehen hatte: die Zypressen, der gepflegte Garten, der ovale Ring von Büschen. Und das Haus erst! Es war wunderschön renoviert, hatte eine *piazzetta* aus handgeformten Ziegeln, wilder Wein rankte sich über eine Pergola, die Blätter leuchteten auch im Nebel noch golden, in der Laube stand ein Tisch. Über eine schmale, in den Hügel gehauene Treppe steigen wir nach unten, über uns ragte *corbezzola* mit fleischigen grünen Blättern und leuchtend roten Beeren, daneben wuchsen Granatapfel-Büsche, deren merkwürdige Früchte aussahen wie Christbaumschmuck. Wilde Rosenbüsche, Rosmarin, Lavendel, hochgewachsener Lorbeer und niedriger Thymian. In großen Terrakotta-Vasen blühten einige Geranien und irgendwelche gelben Blumen, die ich nicht kannte. Am Ende des Gartens stand eine gigantische Weide mit gelben, zitternden Blättern; ihr gegenüber wuchs eine steinalte Eiche mit mächtiger Krone.

Um uns herum gab es nur Felder, Weinberge, eine Schafherde und – Stille. Mein Gott, welch herrliche Stille! Und obwohl die Wolken so niedrig hingen, sah man, wie die Hügel sich endlos hinzogen, bis zum Horizont.

Ich plapperte auf Marco ein – in welcher Sprache, weiß ich nicht mehr –, was für ein Traum dieses Haus sei, als die Wolkendecke über uns aufriß, ganz langsam, *piano, piano*. Und in diesem Wolkenloch schwebten die von der Sonne golden erleuchteten Mauern, Kirchen, Türme der schönsten toskanischen Stadt. Ich mußte mich setzen.

»Endlich angekommen!« murmelte ich, »von hier müssen sie mich mit den Füßen voran wegtragen.« Vielleicht habe ich das auf ungarisch gesagt.

Marco ging zurück zum letzten bewohnten Bauernhof, um dort die Schlüssel für das Anwesen zu holen. In der Zwischenzeit wanderte ich weiter staunend durch den Garten. Unterhalb des Hauses fiel das Gelände über Wiesen zu einem Fluß hin ab, dessen geschwungene Ufer von Weiden und mächtigen Eichen gesäumt wurden. Um mich befanden sich nur Felder, Hügel und Ruinen. Ich kam mir vor wie in einem Gemälde.

Und das Haus! So einfach, so bodenständig. Die massiven Mauern bestanden aus den verschiedensten Steinen, Travertin, alten Ziegeln, ich fand sogar Stücke eines zerbrochenen Kaminsimses. Das Haupthaus war zweistöckig, ein später hinzugefügtes Nebengebäude nur einstöckig. Die Fenster des oberen Stockwerks hatten hölzerne Läden, im Erdgeschoß waren die Fenster mit schmiedeeisernen Gittern geschützt. Die Mauern schienen mir stabil, das Dach fest, und die kupfernen Regenrinnen würden uns alle überleben.

Vom Haus führte ein gepflasterter Weg zu einem Schuppen. Ich blickte hinein und sah, daß er genügend Platz für den Matra bot, ich würde auf der Seite sogar noch Feuerholz lagern können. Dann bemerkte ich den schweren Geruch von Wein und ging neugierig tiefer in die Garage hinein, bis ich an ihrem hinteren Ende an eine Tür stieß. Durch ein kleines Guckloch sah ich dahinter Weinregale und ein kleines Holzfaß mit einem gläsernen Kolben.

Mittlerweile hatte Marco den Schlüssel besorgt und das Haus aufgesperrt. Als ich es betrat, überspülte mich ein Schwall von überwältigenden Gerüchen, es roch nach Wachs, kaltem Rauch und altem Holz. Die schweren Deckenbalken aus Kastanienholz hatten eine schöne Patina, die schmaleren Querbalken stützten die rosa-braunen, handgemachten Ziegel an der Decke. Die Wände waren geweißelt, der Boden mit nur schwach rötlichen, handgemachten Terrakottafliesen belegt, die schon recht abgetreten aussahen, obwohl sie relativ neu waren. Ursprünglich hatte das Erdgeschoß als Stall gedient, bei der Renovierung waren daher dort neue Böden eingezogen worden. Über einige Stufen stiegen wir hinunter in die Küche, deren Wände bis auf Augenhöhe von handbemalten Fliesen verkleidet wurden. Eine große Feuerstelle hatte die Längswand rußschwarz verfärbt, am anderen Ende der Küche führte eine große bogenförmige Doppeltür aus Glas auf eine weitere Terrasse und in den Garten. Alles schien fast zu perfekt. Neben der Küche lag ein quadratisches Eßzimmer, das sich über die gesamte Breite des Hauses zog. Vor den bogenförmigen Fenstern wuchsen Kletterrosen. Durch einen Mauerbogen betraten wir ein *soggiorno*, das mit einem alten Perserteppich und riesigen, tiefen Sesseln eingerichtet war. Durch vier Fenster und eine Fenstertür sah man auf die Landschaft, den Garten, die Stadt. In einer Ecke thronte eine mächtige Feuerstelle mit einigen merkwürdigen Eisenstangen. Marco erklärte mir, daß man an diesen Gestellen früher Töpfe aufgehängt hatte. Damals war die Feuerstelle das Zentrum des Hauses; hier kochte, aß und lebte man.

Im oberen Stockwerk gab es drei gemütliche Schlafzimmer mit Dachschräge. Das größte davon hatte Fenster in drei Himmelsrichtungen und wirkte wie die Brücke eines Schiffs, das die wogenden Hügel der Toskana durchpflügte. Wir würden einige Teile des Mobiliars behalten können, schöne, einfache, robuste Bauernmöbel, teilweise selbst geschreinert, mit Ecken und Kanten wie das Leben selbst. Ihre Patina erzählte von tausend Händen, die diese Möbel über die Zeit berührt und benutzt hatten. Das Leben all dieser Leute steckte noch in diesem Haus.

Wir setzten uns draußen auf die *piazzetta*, unter die goldenen Weinblätter. Wortlos blickten wir auf die spielzeugkleinen Häuser von Montepulciano, dieser traumhaften Stadt. »*Bello davvero*«, sagte Marco. »*Quelle lumière*«, staunte ich. Was für ein Licht! Eine Bö teilte einen Busch direkt vor mir und enthüllte für einen kurzen Augenblick die fleischfarbenen Mauern von San Biagio.

Ich war stumm vor Begeisterung. Nur um Konversation zu machen, fragte ich, ob das Haus einen Namen hätte.

»La Marinaia« sagte Marco. Die Frau des Seemanns.

~

Ich weiß nicht mehr, wie ich nach Palazzuolo Alto zurückgekommen bin, ich erinnere mich nur noch, daß es irgendwann während der Fahrt durch die Berge ein Gewitter gab. Candace war spazieren, dann einkaufen gegangen. Erst als ich ihren Zettel auf dem Küchentisch fand, wurde mir bewußt, daß es schon nach Mittag und ich halb verhungert war. Ich setzte mich ins Freie, verging mich am Wildschwein-*prosciutto* und versuchte, mein Glück zu fassen. In der warmen Sonne schlummerte ich ein und träumte – vom Segeln! Mein Unterbewußtsein hatte anscheinend genug von all den Gedanken an Traumhäuser.

Ich erwachte, als der Ape herantuckerte. Candace sprang heraus, ihr weißhaariger Verehrer lächelte mich breit an, winkte und fuhr weiter. Strahlend kam sie die Einfahrt herauf, mit zwei zum Platzen gefüllten Einkaufstaschen in den Händen. »Ich habe frische Ravioli mit Trüffelfüllung aufgetrieben!«

»Und ich habe ein Haus aufgetrieben«, sagte ich.

Beinahe hätte sie vor Begeisterung die Tüten fallen lassen.

Für heute war es allerdings zu spät, das Haus noch einmal zu besichtigen. Zum Trost beschrieb ich es Candace in allen Details, jeden Ziegel, jedes Weinblatt, bis sie mir befahl, den Mund zu halten, sonst würden die Ravioli kalt. An diesem Abend fanden wir nur schwer Schlaf, endlos wälzten wir Wenns und Abers. Endlich schliefen wir ein, doch mitten in der Nacht schreckten wir aus dem Schlaf. Candace sagte: »Ich hatte einen Alptraum, ich träumte, wir bekämen das Haus nicht.«

Ich antwortete: »Ich hatte auch einen Alptraum: daß wir es bekamen.«

Danach schliefen wir wieder ein. Und tauschten unsere Träume. Es ist wunderbar, neben jemandem zu schlafen, den man liebt – man kann seine Alpträume austauschen.

Am nächsten Morgen brachen wir mit dem Hahnenschrei auf, sogar ohne Frühstück. Über verlassene Straßen kamen wir schnell voran, bald leuchtete Montepulciano apricotfarben vor uns im Morgenrot. Der Travertin von San Biagio schien zu leben. Dann bogen wir auf die schmale, ungeteerte

Straße, die Via delle Colombelle hieß, Täubchenstraße, und tatsächlich saßen einige Tauben auf den Telefondrähten. Noch schien die Welt zu schlafen, erst bei dem letzten Bauernhaus vor dem Teich sahen wir einen stämmigen *contadino* von etwa 50 Jahren mit einem wettergegerbten Gesicht, lebendigen Augen und einem schmalkrempigen Strohhut, den er sich in den Nacken geschoben hatte. Er kam gerade vom Heuschober und trug auf seine Mistgabel gespießt einen Heuballen zum Stall hinüber. Er wandte sich um und sah uns nach, offensichtlich verblüfft.

Zwei kleine Wildenten zogen im Teich ihre Kreise, das Haus lag ebenso verlassen wie am Tag zuvor. Montepulciano thronte auf der Spitze des Hügels, weich zeichnete sich jeder Kirchturm, jeder *palazzo*, jedes kleine Haus der Stadt im morgendlichen Licht ab. Dann ging die Sonne wie ein Glutball hinter einer Reihe Zypressen an einer Hangkante auf. Die Luft vibrierte, als nacheinander alle Glocken der Umgegend zu läuten begannen wie in einem Konzert. Satte, stürmische, spielerische Klänge erfüllten die Luft; jede Glocke hatte ihre eigene Persönlichkeit und Klangfarbe.

»Ich glaube, ich träume«, sagte Candace. »Ich kaufe das Haus unbesehen.«

Wir gingen um das Gebäude herum. Der Tau durchnäßte uns die Schuhe. Candace meinte: »Das Haus hat ungefähr so viel *movimento* wie ein Schuhkarton, aber es ist nett und verdammt gut renoviert. Der Garten ist hinreißend. Allerdings werde ich den blöden Rasen rauswerfen und statt dessen Kartoffeln, Mais und Gemüse anbauen.«

»Ich helfe dir dabei«, versprach ich

»Bist du sicher, daß du nicht lieber eine alte, verfallene Burg hättest?«

»Die Burg war reine Spinnerei. Im Grunde meines Herzens weiß ich, daß das hier genau das Richtige ist.«

»Gut, dann kaufen wir es!« beschloß Candace.

»Willst du nicht vorher das Innere sehen?«

»Soll ich etwa an einer Überdosis Traumhaus sterben? Außerdem haben wir ja keinen Schlüssel. Fahren wir also in die Stadt, essen ein paar Brioches und trinken viel Kaffee, um sicherzugehen, daß wir wach sind.«

Als wir zum Auto zurückgingen, sagte Candace: »Und jetzt raus damit: Wieviel hast du bezahlt, damit sie die Glocken genau bei Sonnenaufgang läuten?«

Wir gingen *Il Corso* hinauf, die gewundene, steile Hauptstraße Montepulcianos, und kehrten im Café Poliziano ein, das nach dem berühmten Dichter des 15. Jahrhunderts benannt war. Während des Frühstücks blickten wir auf einen See hinunter, und ich erkannte, daß wir nicht nur im Begriff standen, ein wundervolles Haus in einer märchenhaft schönen Landschaft zu kaufen, sondern auch einen Anteil an dieser sechshundert Jahre alten Stadt zu erwerben, komplett mit *piazza*, Kirchen, *vicoli* und kleinen Geschäften. Als ich Candace von diesen Überlegungen erzählte, sagte sie: »Du redest ja schon wie ein Immobilienmakler.«

»Glaubst du, ich könnte so tief sinken?«

»O ja! Um dieses Haus zu bekommen, würdest du Toten Aerobic-Kurse andrehen.«

In diesem Moment betrat Marco Lenni das Café, um zu frühstücken. Sofort begannen wir wieder unsere Unterhaltung in zwei Sprachen. Am Nebentisch saß ein Engländer, der uns anstarrte, als hielte er uns für entsprungene Irre. Marco ging telefonieren, um die Schlüsselübergabe zu arrangieren und einen anderen *geometra* namens Piccardi zu informieren – den *offiziellen* Makler des Hauses. Marco vereinbarte, daß wir uns alle am Grundstück treffen sollten, um ein paar Dinge zu klären: die Grundstücksgrenzen, welche Möbel im Haus blieben und natürlich den Kaufpreis.

Als wir zu La Marinaia zurückkamen, stand der Hausverwalter, ein kompakter Nachbar namens Bazzotti, schon vor der Eingangstüre. Er sperrte auf, wir besichtigten das Innere ausführlich und verliebten uns beide in das Haus. Dann hatte Piccardi seinen Auftritt, ein gut aussehender, großer Mann mit einer lauten Stimme, der nur so vor Lebenslust sprühte. Nichts schien ihm unmöglich, er lachte über alles.

Wir breiteten den Grundstücksplan auf der staubigen Motorhaube eines alten Traktors aus, und Bazzotti deutete auf die verschiedenen Geländepunkte. Allerdings sprach er einen so derben Dialekt, daß Piccardi alles ins Italienische übersetzen mußte. Um sicherzugehen, stellte Candace ihre Fragen auf englisch, ich übersetzte sie ins Französische, Lenni übersetzte ins Italienische, und Piccardi übersetzte dann die Antworten des Bauern. Der Turm von Babel.

Als wir alle schon ganz ermattet und verwirrt waren, zeigte uns Piccardi, welche Möbel im Haus bleiben würden. Dann bestätigte er den Angebotspreis, schrieb ihn mit dem Finger auf die staubige Motorhaube des Traktors. All diese verdammten Nullen! Wir schrieben unser deutlich niedrigeres Gegenangebot darunter. Piccardi meinte, der Verkäufer würde das niemals annehmen, aber einen Versuch wäre es immerhin wert.

~

Emotional erschöpft kamen wir nach Hause. Wir aßen kaum etwas, schlossen die Nachmittagssonne hinter den Fensterläden weg und legten uns hin. Gerade war ich eingeschlafen, als das Telefon klingelte. Piccardi. Er redete und redete, aber ich verstand nur »Eigentümer« und »Millionen«. Ich sagte Piccardi, daß ich kein Wort mitbekomme. Langsam und deutlich fragte er, ob wir uns um vier Uhr am Haus treffen könnten. Wir konnten.

Auf der Fahrt machten wir uns alle möglichen Gedanken, diskutierten jede Eventualität.

Endlich bogen wir auf die Via delle Colombelle. Voller Sorge parkten wir unser Auto. Was, wenn sie unser Angebot ablehnten?

Marco kam als erster an, er machte den Eindruck eines Mannes, der keine Sorgen auf dieser Welt hat. Und dann folgte Piccardis Auftritt: Er fuhr so flott vor, daß der Staub aufwirbelte, und entstieg dieser Staubwolke mit einem so zufriedenen Gesichtsausdruck, als ob er gerade die Welt gerettet hätte. Er schüttelte uns die Hände, schritt zum Traktor hinüber, als ob es sich um einen Schreibtisch handelte, malte mit dem Finger einen Kreis um etwas herum und sagte dann mit einem undefinierbaren Grinsen »O.K.«, wobei er in diese zwei Buchstaben einen so starken Akzent legte wie nur irgend möglich. Wir rannten zum Traktor: Er hatte unser Angebot eingekreist.

Es schnürte mir die Kehle zu. Alle schüttelten sich die Hände, alle redeten. Der Handel war perfekt.

Als wir fragten, ob wir eine Anzahlung leisten oder einen Vertrag unterschreiben sollten, machte Piccardi nur eine wegwerfende Handbewegung. Marco schlug vor, wir könnten ja auf der Motorhaube unterzeichnen.

Nachdem sich die beiden Italiener verabschiedet hatten,

rannten Candace und ich auf die *piazzetta* hinunter und führten ein Freudentänzchen auf. Ungläubig bewunderten wir *unser* Haus in der Toskana.

13 ❧ Der Vertrag

Die nächsten Tage verbrachten wir abwechselnd himmelhoch jauchzend und zu Tode betrübt. Wir liefen mit stolzgeschwellter Brust umher, wenn unsere traurigen Italienischkenntnisse genügten, um triviale Dinge wie Fußabstreifer oder Rechen zu erwerben. Doch alle größeren Unternehmungen, zum Beispiel die Sicherung eines Telefon-, Wasser- und Stromanschlusses stellten sich als Herausforderungen herkulischen Ausmaßes dar, die uns dem Wahnsinn nahe brachten.

Mit Todesverachtung stürzten wir uns in die Tentakeln der berüchtigten italienischen Bürokratie: In einem kleinen, finsteren Büro, in dem sich vergilbende Akten an den Wänden und Fenstern stapelten, versuchten wir einen *codice fiscale* zu erhalten, eine Art Steuernummer, ohne die es *assolutamente impossibile* ist – wie jeder halbtote Bürohengst Ihnen mit wichtiger Miene mitteilen wird –, einen Strom- oder Telefonanschluß zu bekommen oder irgendein Objekt zu erwerben, das mehr kostet als ein Paar Schuhe. Na ja, beinahe *impossibile* zumindest, denn in Italien ist fast nichts *wirklich* unmöglich. Beinahe jedes Problem kann durch geschickten Einsatz von Verstand, Humor und Androhunger ernsthafter körperlicher Gewalt gelöst werden. In unserem Fall öffneten sich urplötzlich alle Türen, als ich meinen Beruf erwähnte, *giornalista*, Journalist. Denn selbst der verschlafenste Beamte auf Lebenszeit erwacht schlagartig aus seinem Koma, wenn die Zustände in seiner Abteilung öffentlich zu werden drohen. Wie durch Zauberhand verschwanden rosafarbene Sportzeitungen vom Tisch, und der Beamte sprach das magische Wort: »*Vediamo*«, schauen wir einmal. Zu diesem Zeitpunkt war das Spiel bereits gewonnen, natürlich mußten wir noch mindestens drei Mal zu irgendwelchen weit entfernt liegenden Büros, vor denen sich schier unendliche Schlangen gebildet hatten, aber früher oder später würden wir Erfolg haben, das war klar.

Einige Jahre später erklärte mir eine witzige und kreative Dame aus dem Finanzministerium das Konzept der »flexiblen Unmöglichkeit«: »*Caro* Máté, gutorganisierte Länder wie Deutschland oder Amerika erlassen eine mäßige Anzahl von – in der Regel sinnvollen – Bestimmungen, deren Einhaltung dann auch überwacht wird. Im Gegensatz dazu gibt es in Italien eine unendliche Zahl von Vorschriften, die teilweise noch aus der Römerzeit stammen, sich teilweise gegenseitig widersprechen, teilweise völlig unverständlich sind. Doch mit ein wenig Grips und gutem Willen finden wir normalerweise einen Weg durch dieses Dickicht. *Caro* Máté, im Rest der Welt ergibt zwei und zwei vier, hier in Italien ergibt es manchmal drei sieben Achtel, manchmal vier ein Viertel. Man weiß von vorneherein nie, was herauskommt – das hält den Geist frisch.«

Amen.

In Wirklichkeit rettete uns Piccardi. Zufällig trafen wir ihn während unseres Kreuzwegs, und er lud uns auf einen Kaffee ein. Als er von unseren Schwierigkeiten mit der Bürokratie hörte, bot er seine Hilfe an. Und plötzlich teilte sich das Meer der Bürokratie, und wir zogen sozusagen trockenen Fußes durch die Amtsstuben. Piccardi kannte jeden, alles, jeden Vorgang und alle Abkürzungen. Alle *impossibile*-Hürden, die vor uns aufgestellt wurden, übersprang er locker. In seinem Kielwasser durchquerten wir ungezählte finstere Büros, unterschrieben ganze Stapel von Formblättern und bezahlten jedesmal 20 000 Lire für einen *bollo da ventimila*, eine ekelhaft schmeckende staatliche Gebührenmarke, die man auf jedes Dokument kleben mußte. Schließlich war alles erledigt, Piccardi versicherte uns, daß das Haus bezugsfertig sein würde, wenn wir im Frühling wieder kämen.

Später trafen wir uns alle in Florenz im Büro eines *notaio* – wobei ein *notaio* kein öffentlicher Notar ist, nicht einmal ein Jurist, sondern ein Staatsangestellter, der alles beglaubigt, was irgend jemand sich ausdenkt, niederschreibt und ihm auf den Schreibtisch legt. Alle waren gekommen: die Eigentümer, die beiden *geometri*, sogar Joyce war auf unsere Bitte hin erschienen, weil wir das Gefühl hatten, es wäre der Sache zuträglich, wenn wir zur Abwechslung einmal genau verstünden, was gesprochen wurde. Die ganze Angelegenheit dauerte über drei Stunden, und zwar nicht wegen irgendwelcher Unklarheiten – der Vertrag war gerade einmal zwei Seiten lang –, sondern weil in bester italienischer Tradition alle gleichzeitig sprachen und niemand zuhörte. Um sich Gehör zu verschaffen, mußte der arme Notar fast brüllen, und er war schon ziemlich heiser, als er zu den Worten gelangte, die uns Joyce mit »im folgenden Verkäufer genannt« übersetzte.

～

Dann wurde es Zeit, nach Amerika zurückzufliegen. Kaum war unser Flugzeug gestartet, sehnte ich mich schon nach der Toskana. Erst in vier Monaten würden wir zurückkehren.

Teil II

Frühling 1989

1   Daheim in der Toskana

Prächtig blühten die Mandelbäume, als wir in die Hügel von Montepulciano zurückkehrten. Auf den kahlen, umgepflügten Feldern des letzten Herbsts wuchs grün das Getreide heran, am Wegesrand standen Krokusse, wilde Osterglocken und Schwertlilien. Wilde Pflaumen blühten in ihrer weißen Pracht und sahen aus wie von dickem Schnee bedeckt.

Beide sagten wir kein Wort, gefangen in einer merkwürdigen Mischung aus Vorfreude und Angst. Vorfreude auf La Marinaia, auf unser neues Leben. Angst davor, den schlimmsten Fehler des Lebens gemacht zu haben. Aber wir sprachen unsere Gedanken nicht aus, statt dessen beredeten wir unwichtige Details: Wo sollten wir schlafen, bis wir ein Bett besorgt hätten? Wie sollten wir uns ohne Handtücher abtrocknen, ohne Töpfe kochen, ohne Teller essen? Wie würde unser Leben in einem fremden Land, in einem leeren Haus aussehen? Einige alte Möbel hatten wir mit dem Haus erworben: zwei *cassapanche*, niedrige Holztruhen, eine *madia*, in der früher das Mehl gelagert worden war, einen hohen dreieckigen Eckschrank und ein kleines Pult. Im ganzen Haus gab es weder Eß- noch Schlafplatz. Wir versuchten, uns schon auf der Fahrt die leeren Räume auszumalen, damit der Schock bei der Ankunft nicht zu groß sein würde.

Doch all unsere Angst verflog, als wir über den letzten

Hügel kamen und die im mittäglichen Licht badenden Türme von Montepulciano erblickten und San Biagio in seiner ganzen Pracht.

Kleine Frühlingswolken drifteten über das Tal, in der Via delle Colombelle flatterten Tauben über unseren Köpfen. Eine alte Frau führte eine Ziege auf die Weide, das dazugehörende Kitz sprang ausgelassen herum. Weiter unten schmiegte sich La Marinaia in ihre Oase. Wir hielten bei den Bazzottis, wo uns Renata, die bisher auf das Haus aufgepaßt hatte, die Schlüssel überreichte. Renata hatte unser Auto bereits aus der Ferne erkannt, war ins Haus gelaufen und kam mit einem großen stählernen Schlüsselring zurück. Mit einem schüchternen Lächeln löste sie unseren Hausschlüssel vom Bund und drückte ihn mir in die Hand.

Wir passierten den Teich, in dem sich das im Winter erfrorene Schilf häufte, in dem man aber auch schon die jungen Triebe hervorspitzen sah. An der Hügelkuppe schlossen wir die rostige Eisenkette auf, die zwischen zwei Steinpollern gespannt war, und fuhren hinunter. Zwischen den Reifenspuren war über den Winter grobes Gras gewachsen, das jetzt wispernd am Wagenboden entlangstreifte. Der Garten sah vernachlässigt aus, totes Laub lag in hohen, vom Wind an den merkwürdigsten Orten zusammengeschobenen Haufen herum, die Pergola war ein nacktes Skelett. Der Schnee hatte einige Zweige gebrochen, überall sproß Unkraut mit frühlingshafter Kraft. Auch das Haus machte einen verlassenen Eindruck, an den zugezogenen Fenster- und Türläden blätterte die Farbe. Es schien nur darauf zu warten, mit neuem Leben erfüllt zu werden.

Als wir die großen hölzernen Türläden aufgesperrt und die Glastüren aufgedrückt hatten, überspülte uns eine Welle kalter Luft, die nach Stein und Holz roch. Wir betraten das Haus, betätigten die Lichtschalter, aber der Strom war noch abgestellt. Also tastete ich mich durch das Zimmer und öffnete die Fensterläden. Ich blinzelte verwirrt. Wie angekündigt, war das große Eßzimmer völlig leergeräumt, doch im *soggiorno* erblickte ich einige Gegenstände, die ich nicht zu sehen erwartet hätte: vier Stühle mit Daunenkissen, den alten Perserteppich und einen Couchtisch aus Travertin. Auch die Küche hielt einige Überraschungen bereit: einen eisernen Gartentisch und zwei hölzerne Gartenstühle, und auf den Regalbrettern standen einige Töpfe und Pfannen, Suppenterrinen und Tassen.

Candace rief mich von oben. Neugierig stürmte ich hinauf und sah ein Doppelbett, komplett mit Kissen und einer Baumwolldecke. Candace stand an einem offenen Wandschrank und staunte über frisch gebügelte Bettücher, Kissenbezüge und Handtücher. Leute, die wir kaum kannten, hatten unsere Sorgen erraten und sich um unser Wohl gekümmert. Weit rissen wir die Fensterläden und die Fenster auf. Die sonnenwarme Frühlingsluft strömte herein und vertrieb die Kälte des Winters.

Nach dem Haus inspizierten wir den Garten, begutachteten die frischen jungen Blätter an den Rosenbüschen, rochen an den stark riechenden Blüten der *lentaggine*-Hecke, die sich vom Haus zur Garage zog, traten in die Laubhaufen und wanderten auf die Weide hinaus bis zu einem nach Osten blickenden Abhang, über dem die sonnengewärmte Luft emporstieg. Nur wenige Jahre später – damals wagten wir noch gar nicht, davon zu träumen – spielte unser Sohn ganze Nachmittage an genau diesem Fleck, die Drachenleine fest in seinen kleinen

Händen haltend. In kurzen Hosen stand er da und stemmte sich gegen den warmen Sommerwind, der den Hügel hinaufstrich und den Drachen ein kurzes Stück auf diese Reise mitnahm.

Noch standen wir aber allein hier und blickten über das Tal auf eine von Pinien fast verdeckte Ruine. Plötzlich hörten wir ein Auto herankommen. Es bog in unsere Einfahrt und hielt vor dem Haus. Piccardi. Er stieg aus und überreichte uns eine Obststeige mit Einmachgläsern. Er sagte, er habe von seinem Haus in der Stadt aus gesehen, daß die Fenster in La Marinaia offenstanden. Da habe seine Frau ihn gedrängt, doch ein paar selbstgemachte Konserven vorbei zu bringen, da wir ja sicher keine Vorräte im Haus hätten. Seine Frau, die leidenschaftlich gern einkochte, hatte uns Vorratsgläser mit eingelegten Kirschen, Pflaumen, Aprikosen und Artischockenherzen eingepackt, dazu ein Glas selbstgemachte Pflaumenmarmelade und eine Flasche Olivenöl von Piccardis eigenen Bäumen. Piccardi erkundigte sich, ob alles in Ordnung sei, und wir zogen ihn ins Haus, um ihm zu zeigen, wie viele Möbel die ehemaligen Eigentümer dagelassen hatten. Er sagte einfach: »*normale*«, was es natürlich überhaupt nicht war. Dann kündigte er an, am nächsten Tag noch einmal vorbeizuschauen, und ließ uns allein.

Glücklich räumten wir die Einmachgläser in den Vorratsschrank und begannen, uns häuslich einzurichten. Ich hatte gerade die Koffer nach oben gebracht und ein paar Dinge in die Schränke sortiert, als wir wieder Besuch bekamen. Bazzotti war einfach durch die offene Eingangstüre gegangen, ohne zu klopfen. Erst als er im Haus stand, rief er laut »*Permesso?*« Darf ich? Toskanische Umgangsformen. In der einen Hand hielt er eine mit Bast umflochtene Weinflasche, in der anderen eine Papiertüte, durch die unten schon das Fett tropfte. Mit blinzelnden kleinen Augen stand Bazzotti da und redete, in einfachen Worten und ohne groß Gefühle zu zeigen. Er entschuldigte sich, daß seine Frau Renata sich eigentlich besser um das Grundstück hätte kümmern wollen, doch habe sie sich in letzter Zeit nicht so wohl gefühlt. Da sie nicht gewußt habe, ob wir etwas zu essen mitgebracht hätten, habe sie uns eine kleine Brotzeit eingepackt; selbstgemachte Würste und einen Laib Brot. Bazzotti überreichte uns die Gaben, stieg in seinen Cinquecento und fuhr davon.

Candace sagte: »Allmählich fühle ich mich wie an Weihnachten.«

Wir breiteten unsere Schätze auf dem Küchentisch aus und machten uns dann auf die Suche nach dem Hauptgasventil, nach dem Sicherungskasten und dem Hauptschalter für die Heizung – den wir allerdings nicht fanden. Wir zündeten ein Feuer in der Küche an, über dem wir dann Bazzottis Würste grillten. Dazu aßen wir Renatas Brot und die Artischockenherzen von Signora Piccardi.

Die Zeit verging wie im Flug, allmählich wurde es dunkel. Da wir den Hauptschalter für die Heizung noch nicht gefunden hatten, duschten wir mit kaltem Wasser, entzündeten im *soggiorno* ein schönes Feuer, brachten die Matratze herunter und legten sie vor den Kamin. Wir überzogen die Matratze, schüttelten die Daunendecke auf, die wir aus Paris mitgebracht hatten, schalteten das Licht aus, lauschten der Stille und blickten auf die tröstlichen fernen Lichter von Montepulciano.

Erst sehr spät schliefen wir ein und träumten die süßen Träume glücklicher Hauseigentümer.

~

Wir erwachten vom hellen Licht der Sonne, dem Zwitschern der Vögel und dem Hämmern eines Schnabels auf Blech. Irgend jemand baute da ein Nest in der Regenrinne. Wir gingen zum Fenster hinüber, im Osten zeichnete sich die Stadt scherenschnittartig im Morgenlicht ab, die Türme ragten scharf umrissen, die Dächer waren nachtschwarz. Richtung Süden sahen wir – hinter den hohen wilden Rosen – San Biagio, verläßlich und vertraut. Nach Westen lag der Hang, in den das Haus gebaut war; Lavendel, Rosmarin und Granatapfel-Büsche glänzten taubedeckt. In der wild gewachsenen Hecke tummelten sich die Vögel. Wir zogen uns blitzschnell an und stürmten ins Freie, als ob wir etwas Wichtiges zu erledigen hätten. Dort schlenderten wir ziellos umher, bis Candace verkündete, sie sei am Verhungern. Das gestrige Brot war leider steinhart geworden, statt dessen gab es eingelegte Pflaumen. Da uns dieses Frühstück dann doch nicht hundertprozentig überzeugte, fuhren wir zum Einkaufen in die Stadt. Wir hielten vor Bazzottis Haus, sahen dort aber nur die *nonna*, bei der wir uns herzlich für die Gaben vom Vortag bedankten. Sie stand nur da und lächelte; bis heute wissen wir nicht, ob sie ein Wort von dem verstand, was wir sagten.

Es war ein ganz normaler Mittwoch, doch der Tag erschien uns wie der höchste Feiertag des Kirchenjahres. Vor dem Stadttor stand ein Ape unter den Eichen geparkt, auf dessen Ladefläche ein Schleifstein montiert war. Ein glatzköpfiger Mann saß auf dem Bänkchen vor dem Schleifstein und schärfte Messer, die ihm die Leute brachten. Er hatte gerade seine Arbeit beendet, die Leute standen herum und plauderten. Candace zog ihr Schweizer Offiziersmesser aus der Tasche und reichte es dem Scherenschleifer. »*Per favore.*« Der Wetzstein surrte, Funken flogen. Stolz kam Candace zurück und verkündete: »Erster Kontakt.«

Auf unserem Weg zum Stadttor beugten wir uns über ein niedriges Steingeländer und blickten in das Tal hinunter, nur um sicherzugehen, daß alles real war, nur um zu kontrollieren, ob La Marinaia noch dort unten lag. Es lag. Dann fielen wir in Montepulciano ein.

Montepulciano ist für Menschen, nicht für Autos gebaut, deswegen ist die Hauptstraße gerade breit genug für die Abwicklung der täglichen Geschäfte, für abendliche Spaziergänge und für festliche Umzüge. Nur Anlieger dürfen die Straße befahren, weswegen wir auch völlig ungestört mitten auf dem Corso flanieren konnten. Vom Anfang der Straße bis zu ihrem Ende, der Piazza Grande, geht man gerade einmal zehn Minuten. Vor einer *cantina* voller Touristenschund saß ein Gnom und lächelte uns erwartungsvoll an. Wir wollten ihm unbedingt klarmachen, daß wir keine Touristen waren, sondern Einheimische, aber wir waren zu schüchtern und gingen einfach an ihm vorbei. Er starrte uns nach.

Gegenüber lag der Laden des Schuhmachers, in dem wieder eine Handvoll alter Männer herumlungerte, auf alten Stühlen sitzend, an die Wand gelehnt. Hundert Schritte nach dem Stadttor kam das erste Geschäft, das wir brauchten: eine Gemischtwarenhandlung, in der es Töpfe und Pfannen gab, Teller und Grappagläser, Ventilatoren gegen die Sommerhitze und Heizlüfter gegen die Winterkälte, Hochzeitsgeschenke und Babyartikel, Fußabstreifer und – das Wichtigste! – eine Espressokanne. Für unseren Herd benötigten wir große, häßliche Propangasbehälter, die noch dazu ziemlich schwer waren. Die Ladenbesitzerin beruhigte uns, kein Problem, ihr

Sohn werde die Flaschen frei Haus liefern, natürlich kenne er La Marinaia.

Im Fotogeschäft nebenan wollten wir einen Film kaufen, doch es schien niemand da zu sein. Kameras und Ferngläser standen offen in den Regalen, aber vom Besitzer keine Spur. Wir riefen *buongiorno!*, erhielten aber keine Antwort. In dem unbeaufsichtigten Laden kamen wir uns wie Diebe vor, also traten wir wieder auf die Straße hinaus und warteten. Niemand kam. Plötzlich hörten wir Schritte, drehten uns um und sahen einen stämmigen Metzger auf uns zukommen, dessen Schürze von Blut verschmiert war. Er sagte: »*Sta per arrivare dal parrucchiere*«, er kommt gleich vom Friseur zurück. Also warteten wir ein bißchen. Und noch ein bißchen. Endlich kam er, mit frisch geschnittenen roten Haaren. Und während des gesamten Friseurtermins hatte er einfach sein Geschäft offen stehen lassen.

Später merkten wir, daß unbeaufsichtigte Läden durchaus nichts Ungewöhnliches sind. Manchmal besorgen die Besitzer wichtige Erledigungen, manchmal trinken sie einen schnellen Kaffee in der Bar, manchmal besuchen sie ihre Kollegen in anderen Läden, um sich ein wenig zu unterhalten, manchmal setzen sie sich kurz auf die Kirchenstufen, um die Sonne zu genießen.

Wir gingen einige Schritte weiter, an einem Antiquitätengeschäft, einem Juwelier, einem Schuhladen und einer Bar vorbei – das war schon die dritte seit dem Stadttor –, bis wir ein kleines Obst- und Gemüsegeschäft erreichten, dessen Waren in hölzernen Steigen auf der Straße standen. Zöpfe mit roten Zwiebeln und Knoblauch hingen von der Markise herab, kleine Fässer mit Bohnen, Linsen und Kichererbsen standen herum, daneben große Einmachgläser mit Sonnenblumenkernen und Nüssen, Schachteln mit Feigen, Datteln und knorrigen Ingwerwurzeln.

Wir hatten drei große Einkaufsnetze aus Paris mitgebracht und baten jetzt um ein Kilo von diesem und ein Kilo von jenem, Blutorangen und Mandarinen, Tomaten, Kartoffeln und Karotten, Zwiebeln und jede Menge Knoblauch. Die Besitzerin, eine gesetzte *signora*, fragte uns, wo wir wohnten; wahrscheinlich dachte sie, wir verbrächten einen Nebensaison-Urlaub auf dem Bauernhof. Strahlend verkündeten wir, daß wir La Marinaia gekauft hätten und seit gestern Einheimische seien. Sie lachte und erzählte, daß sie in ihrer Kindheit jeden Samstag dorthin gewandert sei, weil ihr Katechismuslehrer dort gewohnt habe. Der Priester habe immer fürchterlich gehetzt, weil er erst nach dem Unterricht auf die Jagd gehen konnte. Fröhlich erzählend packte die alte Dame unser Obst ein, wobei sie darauf achtete, leicht matschige Früchte auf die Seite zu legen und uns nur die schönsten einzupacken.

Schließlich waren unsere Einkaufstaschen voll, und wir setzten uns zufrieden in das Café Poliziano, wo wir uns mit Brioches vollstopften und dazu *spremuta* aus Blutorangen und *caffè*s tranken. Candace verkündete: »Das schlägt Einkaufen bei A&P um Längen!«

~

Nachdem wir unseren Hunger und Durst gestillt hatten, kauften wir weiter ein. Wir mußten noch zum Metzger, zum Bäcker und in einen Käseladen. Als wir eine ältere Dame sahen, die einen großen runden Brotlaib in ihrer Tüte trug, fragte Candace sie, wo sie ihn gekauft habe. Auf ihre Beschreibung gingen wir eine gewundene Straße hinunter, an der kleinen *piazzetta* vorbei, wo eine alte Figur im Karnevalskostüm jede halbe Stunde die dumpfste Glocke der Welt schlug. Süß lag der Geruch nach frischem Brot in der Straße, doch wir fanden den Bäcker nicht. Schließlich stießen wir wieder auf den Corso, noch immer brotlos. Dieser Geruch! Wir suchten und suchten, inzwischen hätte ich mich sogar mit einer Packung Billigtoast zufriedengegeben, denn allmählich wurde es Mittag und wir waren noch längst nicht mit unserem Einkauf fertig. Auf unserem Weg hatten wir drei Lebensmittelgeschäfte gesehen, winzig kleine Klitschen, in denen es auch Brot gegeben hatte, aber Candace war wild entschlossen, *den Bäcker* zu finden oder hungrig zu bleiben.

Diese mauselochgroßen Lebensmittelgeschäfte hatten etwas wundervoll Individuelles – obwohl sie alle dieselben wenigen Artikel anboten: Pasta, Milch, die unvermeidliche Tomatensoße, *prosciutto* und Salami, frischen Mozzarella, Käse, Eier und einige Haushaltswaren. Mehr Artikel fanden angesichts der beengten Verhältnisse keinen Platz. Aber in allen Geschäften standen immer mehrere Kunden. Sie waren nicht nur gekommen, um einzukaufen, sondern auch, um Gesellschaft zu haben. Außerhalb der Stadt gab es einen unpersönlichen Supermarkt, den die Leute aber mieden wie die Pest. Lieber investierten sie doppelt soviel Zeit, um vom Bäcker über den Metzger zum Lebensmittelhändler zu wandern, sich überall anzustellen und sich in der Wartezeit über das Wetter, die Kinder oder ihre und anderer Leute Gebrechen zu unterhalten – oft nur unbedeutende Dinge, aber diese Dinge machen das Leben aus, den Charakter einer Stadt, einer lebenswerten Gesellschaft.

Da standen wir also mitten auf dem Corso, sämtliche

Glocken läuteten, und wir hatten kein Brot. Langsam wurden wir nervös. Wir betraten das nächstbeste kleine Geschäft, kauften zwei Sorten Käse und fragten nach Zündhölzern – nun wirklich kein ungewöhnlicher Artikel. Leider führe sie keine, meinte die Inhaberin, wir müßten zum *tabaccaio* gehen, wenn wir welche wollten. Und während wir noch verblüfft dastanden und uns wunderten, daß man in einem Lebensmittelgeschäft keine Zündhölzer bekommen konnte, betrat ausgerechnet der Bäcker den Laden, redete ohne Unterlaß, schüttete seine mitgebrachten Brotlaibe in eine hölzerne Schublade und ging wieder.

»Geh ihm nach«, sagte Candace. »Ich hol' dich dann schon ein.«

»Und wie willst du mich finden?« fragte ich.

»Die Stadt ist klein.«

Also verfolgte ich den Bäcker, an der Dumpfglocke vorbei und die Seitenstraße hinunter, die wir zuvor schon abgesucht hatten. Und da lag sein Geschäft, die Eingangstür hinter einem Vorhang versteckt. Ich glaubte, das Paradies zu betreten; überall standen Körbe mit großen runden Brotlaiben, bohnenförmigen Wecken, Vollkornbroten, *ciaccia*, knusprigen, hartgebackenen Teilen, die von Olivenöl glänzten, und Broten, die aussahen wie plattgelaufene Hausschuhe und genauso hießen: *ciabatta*. Dieser herrliche Geruch! Ich kaufte immer noch mehr Brot, damit ich länger bleiben und diesen Duft einatmen konnte.

Draußen vor dem Geschäft traf ich Candace, gemeinsam rasten wir zum Metzger. Und warteten. Denn Italiener kaufen Fleisch nicht einfach, sie erwerben es wie eine Villa am Comer See, in einem langwierigen und umständlichen Prozeß. Jahre später habe ich einmal einen Dialog mitgeschrieben, der absolut typisch für das Gespräch zwischen einer Kundin und dem Metzger ist:

Metzger: Carlotta, sag, was darf's denn sein?

Carlotta: Ich sage überhaupt nichts. Wenn ich den Mund aufmache, kommt nur Unsinn raus, sagt mein Mann.

Metzger: Wie geht es ihm?

Carlotta: Er ist in Bestform, und vor allem seine Lunge. Auf dem Weg hierher konnte ich sogar noch hinter der Kirche hören, was er mir nachbrüllte.

Metzger: Koch ihm etwas Gutes!

Eine ältere Frau in der Schlange: Koch ihm Rattengift in Lebertran. Wenn er dann wieder auf die Beine kommt, ist er dankbar dafür, am Leben zu sein.

Carlotta: Wahrscheinlich koche ich ihm das Rattengift zu weich, und er wirft es mir dann ins Gesicht. Gib mir irgend etwas, Augusto.

Metzger: Ein schönes Perlhuhn?

Carlotta: Habe ich gestern schon gemacht.

Metzger: Schweinebraten?

Carlotta: Er haßt Schwein, er sagt, es erinnere ihn an meine Mutter.

Metzger: Also Kalb.

Carlotta: Wieviel brauche ich?

Metzger: Ein paar nette Scheiben, so ungefähr.

Carlotta: Zuviel! Mach sie dünner!

Metzger: So?

Carlotta: Da kommt er mit seinem Gebiß nicht durch, und ich bin dann wieder schuld. Dünner.

Metzger: Wie dünn?

Carlotta: Gerade so dünn, daß ich sie mit Rattengift füllen kann.

Als wir endlich dran waren, kauften wir einfach alles, was im Laden noch übrig war – gerade noch rechtzeitig, denn es schlug eins, und die Toskana band sich die Serviette um.

Der Matra ächzte unter seiner Last. Candace verlor ihre Beherrschung und fing noch während der Fahrt an, sich eine Wurst und warmes Brot einzuverleiben. Daheim angekommen, deckten wir in Windeseile den Tisch unter der Pergola und setzten uns. Wir machten einen Salat aus Tomaten, Mozzarella und Basilikum, der in Olivenöl schwamm, dazu aßen wir die Würste und Oliven und tranken Bazzottis Wein. Danach trugen wir unsere Matratze ins Schlafzimmer zurück, öffneten die Läden, so daß die Sonne hereinströmte, und hielten unser erstes, festliches *pisolino*. Ein Nickerchen.

~

Ich erwachte, zumindest halbwegs. Ich dämmerte vor mich hin und hätte das auch die nächsten hundert Jahre leicht ausgehalten, wenn Candace mich nicht angestupst hätte. Sie war hellwach und starrte auf den mächtigen Deckenbalken und die tönernen Dachziegel über uns. Die Sonne stand tief, die Mauern der Stadt leuchteten bereits rötlich. Candace sagte: »Irgend jemand muß jetzt den Heizkessel suchen gehen.«

Wie wahr! Wir wußten, daß es einen Kessel geben mußte: In den Zimmern befanden sich Heizkörper, wir hatten sogar an den Reglern gedreht, um zu prüfen, ob nicht alles nur Attrappe war. Die Anlage war komplett – bis auf den unsichtbaren Kessel. Wir hatten bereits jeden Winkel des Hauses durchsucht, nichts war uns entgangen, was größer gewesen wäre als eine Ameise. Also standen wir auf, um auf Kesseljagd zu gehen. Wir verschoben Möbel und rollten Teppiche auf, fanden aber keine geheimen Falltüren und Bodenklappen. Auch einen Speicher suchten wir vergebens – die Dachschräge, auf die wir vom Bett aus blickten, war das Dach selbst. Als Candace den lächerlichen Vorschlag machte, im zwanzig Meter entfernt liegenden Nebengebäude nachzusehen, gerieten wir uns in die Haare. Ich fragte, wer so beknackt wäre, den Heizkessel dort zu installieren.

Anscheinend der Vorbesitzer, denn genau dort fanden wir den Kessel hinter einer Stahltür. Er stand in einem kleinen Raum, der aus dem Hügel herausgegraben worden war und auf den ersten Blick nur verfallende Gartenmöbel zu verwahren schien. Doch im Hintergrund lauerte der Kessel, ein riesiges Monster *Made in Germany*. Ich legte einen schweren Schalter um, und donnernd erwachte das Ungetüm. »Alle Mann in Deckung!« schrie Candace. In dieser Nacht war es im Haus behaglich warm – und still. Wir mußten zugeben, daß es eine ziemlich gute Idee des Vorbesitzers gewesen war, den Höllenhund *Made in Germany* in das Nebengebäude zu verbannen.

Nachdem wir den Kessel gefunden hatten, machten wir einen Spaziergang durch den Garten und genossen den Sonnenuntergang. Plötzlich sahen wir eine Besucherin auf der *piazzetta*, ein blondes Mädchen von vielleicht elf Jahren. Es trug einen Teller, der mit einem Küchentuch abgedeckt war. Ich erkannte das Mädchen, es kam von dem Haus direkt an der Straße; ich hatte sie dort gesehen, wie sie mit einem viel zu großen Fahrrad kämpfte. Es streckte uns den Teller entgegen und sagte mit dünner Stimme: »*Sono Eleonora Paolucci. Lo manda la nonna.*« Ich heiße Eleonora Paolucci. Großmutter schickt Ihnen das. Candace nahm das Geschenk entgegen und bedankte sich, doch Eleonora hörte gar nicht zu, flüsterte schnell »*Arrivederci*«, lief die Treppen hinauf und die Straße entlang bis nach Hause. Wir stellten den Teller auf ein Mäuerchen und nahmen die Bedeckung ab. Zwischen zwei großen Feigenblättern fanden wir eine dicke Scheibe sehr weichen, ganz frischen Ziegenkäse – so einfach und doch das schönste Geschenk, das wir bisher bekommen hatten. Von einem Kind überbracht, von einer Großmutter geschenkt, mit der wir noch kein Wort gewechselt, der wir nur aus der Ferne zugelächelt hatten.

2   ❧ Die Nonna und die Hexe

Am nächsten Morgen frühstückten wir auf der *piazzetta*, aßen den Ziegenkäse der Nonna und die Pflaumen der Piccardis, als uns allmählich dämmerte, daß wir in einem praktisch leeren Haus wohnten, wenn man einmal vom Bett, den vier Stühlen, vier Antiquitäten und dem Teppich absah. Ich erinnerte mich, in Monte San Savino ein handgekritzeltes Schild »*Trovaroba*« – wörtlich übersetzt »Find-Sachen« – in einer Auslage eines Geschäftes gesehen zu haben, das eine merkwürdige Mischung aus Antiquitäten und Müll anbot. Wir beschlossen, nach dem Frühstück einmal dort hineinzusehen.

Als wir bei den Paoluccis vorbeikamen, hielten wir kurz an. Paolucci arbeitete in seinem kleinen Weinberg neben dem Haus, daneben stand seine stämmige Mutter, die Nonna, die selten lächelte, dann aber von ganzem Herzen. Bei dieser Gelegenheit sahen wir zum ersten Mal Rosanna, Paoluccis Frau, eine robuste, ernsthafte Frau, deren schrägen Humor wir erst später schätzen lernten, als unsere Italienischkenntnisse über Guten Tag, Danke, Auf Wiedersehen hinausgewachsen waren.

Alle drei banden Weinreben mit Bastschnüren an horizontal gespannte Drähte. Als wir hielten, kam Paolucci zum Auto, wir stellten uns umständlich vor und schüttelten Hände.

Seine Pranken waren riesig und hart wie Holz. Später kam auch Rosanna herüber und begrüßte uns, nur die Nonna blieb im Weinberg stehen und beobachtete uns durch ihre große Brille aus der Ferne. Also gingen wir zu ihr hinüber, Candace dankte ihr überschwenglich für den *formaggio di capra*, doch die Nonna wehrte fast entrüstet ab, »di nulla«, nicht der Rede wert. Danach sagte sie in klaren, einfachen Worten noch ein paar Dinge, wir verstanden allerdings kaum etwas. Candace war entsetzt, schließlich hatte sie den ganzen Winter über Italienisch gepaukt. Erst später merkten wir, daß die Nonna – wir behielten diesen Namen bei, und sie schien es durchaus zu genießen, daß wir sie sozusagen adoptiert hatten – zwar sehr deutlich sprach, aber einen wilden Dialekt. Einige der Wörter, die sie benutzte, haben wir seitdem nie wieder gehört.

Ich habe fast den Verdacht, daß sie sich manche Wörter selbst ausgedacht hat. Denn schon im Alter von sieben Jahren hatte sie, als ältestes von fünf Kindern, ganz allein eine Schafherde gehütet. In aller Frühe war sie in die Felder um Montechiello gezogen und hatte die Schafe auf saftige Wiesen geführt. Sie war den ganzen Tag allein gewesen und hatte keine anderen Ansprechpartner als die Schafe, die Bäume und den weiten Himmel.

Als die Nonna so dastand in ihrem breiten Rock und ihren zerschlissenen Stiefeln, ohne Schuhbänder oder Socken, und in unverständlichen Worten auf uns einredete, konnte ich nicht im entferntesten ahnen, welch große Rolle sie einmal in unserem Leben spielen würde, wie wichtig ihre Gemütsruhe, ihre Stärke und ihr bescheidener, weiser Rat noch für uns werden würde. Und wie sehr ich bei jeder Rückkehr von einer längeren Reise fürchten würde, die Nonna könnte nicht mehr dasein.

~

Über Nebenstraßen fuhren wir nach Norden, zurück in die Hügel, die wir bereits kannten.

Wir fühlten uns heimisch, zugehörig. Darüber vergaßen wir ganz, daß sich unser Vokabular auf dem Gebiet »Möbel« etwa auf Tisch, Bett, Stuhl beschränkte. Zum Glück, denn sonst hätten wir wahrscheinlich umgedreht!

Nur wenige Dinge machen mehr Spaß als in der Toskana auf Antiquitätensuche zu gehen. Die einschlägigen Läden sind – oder waren zumindest damals – alle etwa so düster und winzig wie Neris Geschäft, oft genug fand man aber auch alte Möbelstücke im Schuppen eines Bauernhofs und verbrachte dann eine angenehme Stunde damit, sie dem *contadino* abzuhandeln.

Die *trovaroba* war offen, der Vorplatz des heruntergekommenen Gebäudes sah aus, als hätte eine Flutwelle alles angeschwemmt, was ein Hurrikan übriggelassen hatte – es stapelten sich Pyramiden alter Töpfe, Gefäße für Olivenöl, alte Betten, Rechen und Schaufeln, Stühle, Kirchenglocken, Kirchenbänke, Zaumzeug und Sättel, Tische ohne Beine und Beine ohne Tische, halb zerbrochene Kerzenständer und ganz zerbrochene Joche. Dann kam Herr *trovaroba* persönlich heraus, ein kräftiger Kerl mit riesigen Händen, einfachem Gesicht, das eine kindliche Ehrlichkeit ausstrahlte, und Augen, die offen zur Freundschaft einluden. Lack, Dreck und Möbelpolitur hatten unter seinen Fingernägeln und in seinen Handlinien ein neues, dauerhaftes Zuhause gefunden. Er trug eine Wolljacke, die ihm viel zu kurz war und deren Ärmel ihm ungefähr bis zum Ellbogen reichten. Candace fing an, auf Sachen zu deuten und »*Quanto costa?*« zu fragen. Da kam mir ein brillanter Einfall: Ich hielt die gleiche Rede, die ich Neri schon gehalten hatte, über ein altes Haus etc., nur daß ich »suche« durch »habe« ersetzte.

Dann fügte ich noch hinzu: »*Molto semplice.*« Er lächelte verstehend, sagte: »*Roba rustica da contadino*«, einfache Bauernmöbel, und führte uns in den finsteren hinteren Teil seines höhlenartigen Geschäfts. Hier hatte die Flut den Trödel bis an die Decke aufgetürmt. Hier fand man wirklich alles: Altäre, Heuwägen, Köpfe von Porzellanpuppen. Wir fingen an, den Haufen zu durchwühlen, und ich kam mir vor wie ein Bernhardiner, der in einer Lawine nach Verschütteten sucht. Plötzlich stieß ich auf ein schönes Bein. Ein Stuhlbein. Ich legte den Rest frei, einen handgeschnitzten Stuhl mit einer Sitzfläche aus Strohgeflecht. Später fand ich einen zweiten, der zumindest vom Prinzip her sehr ähnlich war und sich ideal für die Küche eignete. Während wir schürften, plauderten wir mit *trovaroba*. Geduldig erklärte er uns die Gegenstände und ihren Verwendungszweck, jede Minute lernten wir neue Wörter. Wir waren gerade bei unserem dritten Stuhl und standen schwitzend halb in den Trödelhaufen versunken, als eine schrille Stimme unser gemütliches Stöbern unterbrach. »*Roberto!*«, begann ein Wortschwall, der schier nicht mehr enden wollte. Robertos Gesicht verfinsterte sich. »*Maria, la moglie*«, sagte er mit Grabesstimme. Meine Frau.

Dann kam sie herein. Sie hatte glatte, nachtschwarz gefärbte Haare, ihre Augen zuckten nervös, ihr Mund stand niemals still. Und ihr gemeißeltes Lächeln drohte: »Ich werde euch jetzt das Fell über die Ohren ziehen, und ihr macht gefälligst eine gute Miene dazu!« Roberto stellte uns vor und erklärte, was wir suchten. Maria lächelte und roch Blut – unseres. Ihre Hände bewegten sich schneller als ihr Mund

und zauberten – zumeist aus dem Haufen, den wir bereits durchsucht hatten – die grauenerregendsten Scheußlichkeiten, die die Menschheit jemals ersonnen hat. Wir sagten immer nur »Nein, nein, nein«, aber Robertos Fluch grub immer weiter, wie ein Trüffelhund, und streckte uns Dinge unter die Nase – allerdings nicht gerade Trüffeln. Obendrein mußte Maria noch kurzsichtig sein, denn sie stellte sich so nah vor einen hin, daß man ihre falschen Wimpern zählen konnte. Sie hörte einfach nicht mehr auf. Stolz präsentierte sie nachgemachte Louis XIV-Stühle, Blechtische mit Bronzeplatten, einen ausgestopften Fuchs usw. Anfänglich bemühte Candace sich noch, höflich zu bleiben, aber sehr bald wurde sie stinksauer (dabei war sie noch nicht einmal hungrig). Nach dem hundertsten Nein platzte ihr der Kragen; sie nahm zwei der gräßlichsten Fundstücke, die Maria uns angeboten hatte, drückte sie ihr in die Hände und sagte ganz ruhig auf englisch: »Maria, dieses Zeug ist noch schreckenerregender als du selbst. Und jetzt verzieh' dich!« Maria stockte der Atem. Einen Moment lang stand sie verdutzt da, in der Linken einen bezaubernden kleinen Eiffelturm, in der Rechten einen gesprungenen Teller mit dem Bild der Queen. Dann rauschte sie aus dem Raum. Roberto sah Candace an, dankbar wie ein junger Hund. Candace hatte einen Freund fürs Leben gewonnen.

Endlich allein gelassen, setzten wir unsere Schürfarbeiten fort und hatten Erfolg: Wir förderten insgesamt vier Holzstühle mit strohgeflochtenen Sitzflächen zutage, einen massiven Kastanienholztisch für die Küche und eine *madia* aus Kirschholz. Alle Möbel mußten gesäubert und gewachst werden, doch Roberto versprach, das kostenlos zu erledigen und alles bis nächste Woche zu liefern. Und dann fanden wir noch wunderbaren Kleinkram: ein Sieb und Kupfertöpfe, unseren persönlichen Kastanien-Röster mit fest schließendem Deckel, ein altes Einzelbett aus Schmiedeeisen (für Gäste), einige wurmstichige Kerzenhalter und – was man in einem leerstehenden Haus unbedingt braucht – ein handgeschnitztes Joch für zwei Maultiere. Vor allem aber fanden wir in diesem Geschäft einen Freund, den wir über die nächsten zehn Jahre oft besuchten. Und mit der Zeit wurde sogar Maria etwas menschlicher.

~

Bei Sonnenuntergang fuhren wir in die Stadt – unsere Stadt – und gingen Arm in Arm über den Corso. Wir ließen uns im Strom der Einheimischen treiben, Einheimische unter Einheimischen, nur daß wir hier niemanden kannten und nur mit uns selbst plaudern konnten. Dann erspähten wir Piccardi. Er kam gerade aus dem *palazzo* gestürmt, in dem seine Büroräume lagen, und grüßte uns wie lang vermißte Freunde. Wir lobten die Konserven, die seine Frau uns geschickt hatte, erzählten ihm von unserer Suche nach dem Heizkessel, redeten über dies und das, bis unser Vokabular erschöpft war und wir uns verabschieden mußten. Und das war unser erster Abendspaziergang auf dem Corso.

Höchst zufrieden mit uns selbst wanderten wir weiter zu Marco Lennis Büro, um San Filippo abzuholen, den ich dort deponiert hatte. Er begrüßte uns herzlich – Marco, nicht der Heilige. Filippo war alles egal, er starrte weiter auf den Totenschädel in seiner Hand. Doch nachdem wir Filippo nach Hause gebracht und an die Längswand des Eßzimmers gehängt hatten, schien er recht zufrieden. Fast kam es mir so vor, als begutachte er aus dem Augenwinkel heraus sein neues Heim.

3 ❧ Der Mond über der Toskana

Während wir noch einen Platz suchten, wo wir das Heiligen-bild aufhängen konnten, wurde uns bewußt, wie dringend die Räume einen neuen Anstrich brauchten. An sich würde das auch keinen großen Aufwand erfordern, schließlich war das Haus klein, die Zimmerdecken bestanden aus Ziegeln und mußten nicht gestrichen werden, Küche und Bad waren zu großen Teilen gekachelt. Ein Kinderspiel; wenn wir morgens anfingen, konnten wir die Arbeit an einem Tag erledigen. Also fuhren wir in aller Frühe zur Gemischtwarenhandlung, um zwanzig Liter Latex zu kaufen. Aber in der Toskana geht das nicht so einfach. Wenn man irgend etwas verlangt, kommt un-weigerlich die Rückfrage: *»Per che cosa?«* Wozu brauchen Sie das? Und dann wird man mit Ratschlägen eingedeckt. Nicht nur vom Verkäufer, sondern auch von allen anderen Kunden, die gerade im Laden herumstehen. Zu allem Überfluß wird der Rat nicht in einfachen Worten formuliert, wie zum Beispiel »Diese Farbe deckt besser als jene«. Nein, er wird garniert mit endlosen Anekdoten à la »Mein Schwager hat einmal diese Farbe genommen, dieser Idiot – nachher mußte er das ganze Haus neu streichen« oder »Ein Nachbar hat diese Farbe ver-wendet, ist prompt von der Leiter gefallen und einen Monat lang flachgelegen«. Und so weiter, endlos. Mittags kamen wir endlich zurück – mit zwei Kübeln Kalk.

Kalk frißt allerdings Fleisch; das hat man mir mit deutlichen Worten zu verstehen gegeben, bevor ich im Alter von zehn Jahren den Schweinestall auf dem Bauernhof meines Onkels weißeln durfte. Und später hatte ich einmal einen Krimi gelesen, in dem die Leiche in Kalk geworfen wurde und nie wiederauftauchte. Spurlos verschwand. Also bedeckten wir unsere Haut wie Mumien, zogen Sonnenbrillen an und machten uns an die Arbeit. Nicht mit Farbrollern wie jeder moderne Mensch, sondern mit riesigen Tünchepinseln, die ungefähr eine Tonne wogen, wenn sie sich voll Farbe gesaugt hatten. Am Abend hing mein Arm herunter wie ein nasser Waschlappen. Aber meine Haut war unversehrt! Und als Roberto mit den Möbeln kam, strahlte das Haus blendend weiß – roch allerdings wie ein frisch geweißelter Schweinestall.

～

An unserem Dritten-Mal-Tag hatten wir etwas in der Stadt zu erledigen und fuhren danach langsam durch die Olivenhaine und Weinberge zurück, in denen die Menschen mit den gleichen ruhigen Bewegungen arbeiteten wie seit Tausenden von Jahren.

Paolucci stand weit oben auf einer selbstgezimmerten Holzleiter und beschnitt einen Olivenbaum. Unten wartete die Nonna, mit einem Kopftuch gegen den Frühlingswind geschützt, und sammelte die Olivenzweige für die Ziegen. Rosanna kam hinter dem Stall hervor und trug eine Kiste voller kleiner Zwiebeln, die sie in ihren *orto* setzen wollte. In der Toskana bedeutet »*orto*« ausschließlich »Gemüsegarten«, der Garten, in dem Blumen und Büsche stehen, heißt *giardino*.

Fast jede Familie hat einen *orto*, nur wenige aber einen *giardino* – denn welcher vernünftige Mensch würde sich schon die Mühe machen, Pflanzen herzuziehen, die man nicht essen kann? Rosanna kam zu uns herüber, stellte die Kiste auf das Autodach und erkundigte sich, wie die Dinge nach fünf Tagen Italien denn so liefen. Völlig ernsthaft meinte sie: »Ihr müßt mittlerweile schon ziemlich gut Italienisch sprechen, oder?«

Wir lachten. In fließendem Italienisch.

~

Langsam, Stück für Stück, nahmen wir La Marinaia in Besitz – vielleicht ergriff aber auch das Haus Besitz von uns. Mit jedem Möbelstück, das wir fanden, mit jedem Bild, das wir aufhängten, festigten wir unseren Besitzanspruch. Dann machten wir uns an die Eroberung des Gartens. Der Vorbesitzer des Hauses muß ein England-Fan gewesen sein, denn auf zwei Seiten des Gebäudes erstreckte sich ein Rasen bis zum Horizont. Hier lag unsere vordringlichste Aufgabe, nämlich den *giardino* zu vernichten und einen *orto* anzulegen. Als wir Paolucci gestenreich von unserem Vorhaben erzählten, strahlte er über das ganze Gesicht. Zuerst verstanden wir nicht, warum. Doch als wir am nächsten Morgen durch ein infernalisches Tuckern aufgeschreckt wurden, blickten wir hinaus und sahen Paolucci auf einer monströsen Ackerfräse um die Ecke biegen. Die Fräse buckelte und sprang, als ob sie ihren Reiter unbedingt abwerfen wollte. Ohne uns gefragt zu haben, steuerte Paolucci seine Höllenmaschine auf den Rasen hinter dem Haus und begann sein Werk der Zerstörung. Fassungslos sah ich zu, aber Candace strahlte vor Glück. Als er alles umgegraben hatte, stellte Paolucci seine Maschine ab, setzte sich auf eine Mauer, zündete sich eine seiner phänomenal stinkigen Zigaretten an und bewunderte sein Werk – zu Recht, denn er hatte eine ehemals liebliche Wiese verwüstet und in ein Schlachtfeld verwandelt. Den ganzen restlichen Tag waren Candace und ich damit beschäftigt, die zerfledderten Reste des Rasens mit einer Schubkarre abzutransportieren und in einer Grube hinter den Büschen zu entsorgen. Die Vögel dort waren hocherfreut; sie hatten noch nie zuvor Essen auf Rädern bekommen.

Als nächstes mußte die Erde aufgelockert werden. Candace freute sich schon so auf ihren Gemüsegarten, daß sie sogar ihr *pisolino* ausließ und direkt nach dem Mittagessen mit einer groben Hacke loslegte. In Shorts und T-Shirt machte sie sich an die Arbeit, ihre schlanken Arme und Beine leuchteten weiß in der Sonne, und ich machte mein Mittagsschläfchen.

Ich hatte die Läden geschlossen, um es schattig zu haben, und döste gerade weg, als ich den ersten dumpfen Schlag hörte. Dann noch einen, als ob eine Axt in einen Baum getrieben würde. Ich sprang zum Fenster, riß die Läden auf und sah Candace, wie sie die schwere Hacke über ihren Kopf hob und mit der ganzen Kraft ihrer dünnen Arme auf den Boden sausen ließ. Und jetzt sah ich auch, wieso der Aufprall der Hacke so hart war: Unter der dünnen Humusschicht lag Lehm, der nach einem Monat ohne Regen hart war wie Beton. Lehm. Der Stoff, aus dem Ziegel gemacht werden – nur daß Ziegel im Gegensatz zu einer Lehmschicht im Boden zerbrechlich sind. Unsere ehemalige Wiese hingegen würde einen Bombenangriff unbeschadet überleben. Erschöpft lehnte sich Candace gegen eine Wand, der Schweiß rann ihr in Bächen herab, doch der Boden hatte kaum einen Kratzer.

Candace wirkte völlig verzweifelt und ratlos. Es brach mir

fast das Herz. Doch dann kam der rettende Ritter: Paolucci, zwar nicht auf einem weißen Hengst, dafür auf seinem fuchsroten Traktor, im Schlepptau ein fünfklauiges Monstrum namens *il ripper*. Ohne auch nur abzubremsen, fuhr Paolucci auf den Ton hernieder und zerfetzte ihn in tausend Trümmer. Candace beobachtete ihn mit grenzenloser Bewunderung. Jetzt bestand unser Garten nicht mehr aus einem einzelnen Riesenziegel, sondern aus tausend melonengroßen Ziegelbrocken. Noch nicht gerade ein Lößboden. Aber Paolucci war noch nicht am Ende. Er machte uns unmißverständlich klar, daß die größeren Brocken verschwinden müßten, als Ersatz könne er uns mit einer riesigen Schaufel, die er an seinem Traktor montieren würde, Sandboden aus den Gräben weiter unten heranschaffen. Schon am nächsten Tag starteten wir das vorgeschlagene Boden-Karussell: Wir fuhren die Tonbrocken weg und ersetzten sie durch einen feinen Sandboden, den wir zwei Tage lang verteilten, glätteten und rechten. Dann legten wir Beete an und trampelten die Gänge dazwischen fest. Als Paolucci ein paar Tage später vorbeischaute, stutzte er und sagte bewundernd: »*Bel lavoro, ragazzi.*« Gute Arbeit, Leute. Mit diesem Lob vom obersten *contadino* fühlten wir uns als Nachwuchsbauern anerkannt.

~

Innerhalb der nächsten Wochen verwandelte Candace die ehemalige Lehmgrube in einen grünenden *orto*, der uns das ganze Jahr über mit Vitaminen versorgen würde. Dies erforderte allerdings einigen Aufwand: Zuerst mußten wir zum Wochenmarkt fahren, der von allen nur *la piazza* genannt wurde, weil er in früheren Zeiten dort abgehalten worden war.

Dort kauften wir Tomatenstauden, mehrere Sorten Salat, Büschel von jungen Zwiebeln, Sellerie, winzige Gurken-, Zucchini-, Paprika-, Melonen- und Auberginenpflanzen. Das alles schleppten wir zum Matra zurück und quetschten es zwischen Schaufeln, Hacken und eine Rolle Zaun, den wir zum Schutz gegen Stachelschweine aufstellen mußten, weil sie einen Garten in einer einzigen Nacht vollständig dem Erdboden gleichmachen konnten. Dann fuhren wir nach Hause und pflanzten. Wir säten Radieschen, Bohnen, Petersilie und so viel Rucola, daß bald ein wahrer Dschungel heranwuchs. Mit Hilfe des Wassers, das vom Teich unterirdisch bis zu unserem Haus floß, entstand in kürzester Zeit der wundervollste Gemüsegarten, den man sich nur vorstellen konnte. Auch die Paoluccis waren uns eine unschätzbare Hilfe: Rosanna stand uns stets mit Ratschlägen zur Seite und Franco – mit Jauche. Eine ganze Woche lang stank unser Garten zum Himmel, doch danach wuchsen dort Pflanzen, die ich bisher nur aus Gartenzeitschriften gekannt hatte.

Den ganzen Frühling und Sommer überraschten uns Franco und Rosanna immer wieder. Einmal kamen wir vom Möbelkauf zurück und fanden vor unserer Haustür ein langes A-förmiges Gestell aus Holz, an das wir unsere Tomaten binden konnten. Ein anderes Mal flochten sie unseren Knoblauch und die Zwiebeln zu wunderschönen Zöpfen und hängten sie unter dem Dachvorsprung auf. Bei anderen Gelegenheiten dünnten sie unseren Rucola aus oder harkten die Erde in einem Beet um. Doch wenn wir uns überschwenglich für diese Hilfe bedankten, dann winkten die beiden ab und sagten, daß sie gerade nichts zu tun gehabt hätten – was unmöglich wahr sein konnte –, und außerdem seien wir doch Nachbarn.

Erst als es Zeit wurde, Heu zu machen, konnten wir uns

revanchieren, indem wir einige Tage lang auf den Wiesen der Paoluccis mit anpackten. Und nach einem langen Kampf willigte Franco schließlich ein, zumindest für seine Arbeit mit dem Traktor Geld anzunehmen. Dann berechnete er uns aber jedesmal weniger Stunden, als er wirklich gearbeitet hatte, so daß wir entweder feilschen oder ihm einfach ein paar tausend Lire zusätzlich unterjubeln mußten. Er zählte das Geld ohnehin nie nach.

~

An einem ungewöhnlich warmen Frühlingsabend beschlossen wir, im Freien zu essen. Also zogen wir uns Pullover und Jacken an, deckten den Tisch unter der Pergola und stellten Oliven, Käse und Salat darauf. Dann entzündeten wir zwei Kerzen und blickten auf die blinkenden Lichter der Stadt.

Die Ecke der *piazzetta*, in der die Pergola und der Tisch standen, war aus dem Hang herausgeschnitten und durch eine Mauer befestigt worden. An dieser Mauer befand sich eine offene Feuerstelle aus Ziegeln, in der wir jetzt ein Feuer entfachten. Im ganzen Haus brannte kein Licht, allein die Kerzen und das Feuer erleuchteten die Nacht. Entfernt an der Hangkante sah man ein weiches Licht aus dem verdreckten Fenster in Paoluccis Stall fließen. Und am Teich stimmten die Frösche nach einem langen Winter zum ersten Mal wieder ihr Konzert an.

Wir aßen und tranken, von den glühenden Kohlen gewärmt.

Candace hatte einige Brotscheiben auf den Rost gelegt, um *bruschetta* zu machen. Sie stand auf, holte sie vom Feuer und kam zum Tisch zurück. Plötzlich blieb sie wie angewurzelt

stehen und starrte in den Nachthimmel hinter mir. Was sollte
es dort schon zu sehen geben? Eine dunkle Stadt, deren wenige
Lichter im Schwarz schimmerten. Langsam drehte ich mich
um und sah, daß der Himmel hinter der Stadt in loderndem,
orangefarbigem Licht glühte. Die Häuser und Türme zeichneten sich rabenschwarz im Gegenlicht ab, das Feuer leckte
sogar durch die Öffnung im Glockenturm. Was da so brannte,
war der Mond, der sich wie ein riesiger oranger Ball langsam
über die Hügel erhob.

Seit dieser Nacht gehen wir an jedem Vollmondabend
auf die *piazzetta*, dick eingemummelt im Herbst und Frühling, mit den Füßen stampfend und mit den Armen schlagend
im Winter. Am schönsten sind natürlich die Sommerabende,
wenn wir stundenlang im Garten sitzen, dem ohrenbetäuben-
den Froschkonzert lauschen und fühlen, wie die Hitze des
Tages sich in die wohlige Wärme der Nacht verwandelt, und
im Hintergrund steht der riesige, orangeleuchtende Mond
und belagert die Stadt.

4 ∿ Ostern in der Toskana

Wir paukten Italienisch wie die Verrückten, wir waren wild entschlossen, diese Sprache zu lernen, die alle anderen so mühelos beherrschten. Wir kauften uns Lehrbücher und lasen die Zeitung, wobei wir alle unbekannten Wörter unterstrichen, im Lexikon nachsahen und ihre Bedeutung an den Rand der Spalte schrieben. Unglücklicherweise waren die Zeitungen voller Politik – die nicht einmal die Italiener verstehen, weil es ungefähr vier Millionen Parteien gibt. Also lasen wir lieber die Artikel über Formel-1-Rennen, da wußten wir wenigstens ungefähr, was los war. Und lernten so überlebenswichtige Worte des täglichen Gebrauchs wie Tiptronic, Frontspoiler und Windleitblech. Zum Ausgleich verschlangen wir die *Teleromanzi*, die uns Eleonora Paolucci überließ, wenn sie sie ausgelesen hatte. *Teleromanzi* sind eine Mischung aus Comic und Seifenoper, Fotoromane mit merkwürdigen Gestalten und Perlen des geschliffenen Dialogs wie: »*Oooooh, oooooh, tesoro. Baciami, baciami, bacia tutto il mio corpo.*« »Ooooh, ooooh, Schatz. Küß mich, küß mich, küß mich am ganzen Körper.« Solche Sätze kann man in der bäuerlichen Toskana praktisch täglich aufs Nutzbringendste einsetzen.

Wir taten sogar das Undenkbare: Wir kauften uns einen Fernseher und sahen uns das *Telegiornale*, die Nachrichten, an – eine italienische Version der Wirklichkeit, zusammengesetzt aus aktuellen Schlagzeilen, altem Bildmaterial und Ausschnitten aus Steve-McQueen-Filmen.

Wir weigerten uns beharrlich, englische Worte in den Mund zu nehmen. Wenn wir in der Stadt hin und wieder einen Touristen sahen, wandten wir uns ab, bei Abendeinladungen im gemischtsprachlichen Kreis beschränkten wir uns auf unser barbarisches Italienisch, und selbst wenn wir zu zweit in ein Restaurant gingen, unterhielten wir uns auf italienisch – unsere Fehler und unser Akzent haben wahrscheinlich allen anderen den Appetit verdorben. Einmal belegten wir sogar einen zweiwöchigen Sprachkurs in der Stadt, in dem Candace brillierte, während ich alle Rekorde in Unbelehrbarkeit brach. Irgendwie haben wir uns immer durchgeschlagen, und stetig lernten wir dazu: wenn wir einkauften, Freunde besuchten oder Signor Vitti, den Installateur, bestellten, damit er unseren Heizkessel ruiniere.

~

Giovanna hatte ihre Doppeldrohung wahrgemacht – sie hatte ihren dritten Mann verlassen und war nach Italien zurückgekehrt. Jetzt machte sie uns zu Ostern das schönste Geschenk, das sie sich vorstellen konnte: Sie besuchte uns über das Wochenende.

Wir holten sie an der kleinen Bahnstation Chiusi ab. Giovanna sprang aus der Waggontüre auf den Bahnsteig, umarmte uns stürmisch und sagte: »Wenn ihr kein Ostergeschenk für mich habt, steige ich gleich wieder in den Zug.« Also hielten wir bei der nächsten Bar und kauften ihr ein riesiges Schokoladenosterei, wie sie in Italien so beliebt sind.

Auf dem Heimweg kämpften wir uns durch den dünnen

Nebel, der aus den Tälern aufstieg. Wir hatten Giovanna seit November nicht gesehen, und so erzählte sie ohne Punkt und Komma von ihrem neuen Job und ihrem neuen Leben in Mailand. Völlig unerwartet erkundigte sie sich dann, wie es uns ergangen war – und *hörte* auch noch *zu*! Welch bemerkenswerter Charakterwandel! Italien schien ihr gut zu bekommen.

Plötzlich durchbrachen wir den Nebel und gelangten in eine helle, sternklare Nacht; über dem Apennin ging gerade ein schmaler Mond auf. Es war fast zehn, und wir waren am Verhungern, trotzdem beschlossen wir, vor dem Abendessen noch einen Spaziergang durch Montepulciano zu machen, um die Atmosphäre der Stadt zu schnuppern.

Man kann die Stadt durch fünf gewaltige Tore betreten, diesmal wählten wir das Tor bei La Fortezza, der inneren Stadtfestung. Sie steht am höchsten und ruhigsten Ort der Stadt und ist umgeben von schattigen Gärten und uralten Bäumen. Still lagen die verlassenen, schmalen Straßen, nur spärlich vom bernsteinfarbenen Licht der wenigen Straßenlaternen erhellt. Wir wanderten durch enge Gäßchen, bis wir an einen Aussichtspunkt gelangten, von dem aus wir in unser Tal hinunterblicken konnten. In La Marinaia brannte ein schwaches Licht, das Haus wirkte wie ein winziges Boot auf einem nachtschwarzen Meer. Dann zog sich der Nebel wieder zu, die Stadt durchpflügte den nächtlichen Ozean wieder allein.

Auf unserem Weg hinüber zur Piazza Grande hörten wir die Kirchenglocken halb elf schlagen. Plötzlich vernahmen wir Schritte, viele schlurfende Schritte, die immer lauter wurden. Gemurmel. Wir hielten an, schließlich hatten wir lange genug in New York gelebt, um zu wissen, daß man Zeichen von Gefahr nicht ignorieren durfte.

In einer totenstillen Stadt ist es fast unmöglich, die Richtung zu bestimmen, aus der ein Geräusch kommt; der Schall bricht sich an den Mauern, das Echo ist oftmals deutlich lauter als der ursprüngliche Laut. Ratlos standen wir da, wußten nicht, was tun.

Und auf einmal bog eine völlig in Schwarz gehüllte Gestalt um die Ecke. Giovanna packte mich am Arm. Immer mehr Männer in schwarzen Kapuzen und schwarzen Umhängen kamen um die Ecke und auf uns zu. Zwei von ihnen hielten Fackeln, drohend, als ob sie etwas in Brand stecken wollten. Dahinter folgten sechs weitere Schatten mit schwarzen Kapuzen, die einen Leichnam auf ihren Schultern trugen. Leblos schimmerten die nackten gelben Arme und Beine des Toten, sein Gesicht schimmerte wächsern weiß. Die Leichenträger stöhnten unter seinem Gewicht. Hinter ihnen folgte ein Priester, ganz in Weiß. Er hatte die Hände zum Gebet gefaltet, seine Augen blickten zu Boden. Hinter ihm gingen ernst dreinblickende Leute mit Kerzen in der Hand; sie schritten an uns vorbei, als ob wir nicht existierten. Dahinter kamen einige Frauen mit weißen Lilien, dann vier weitere Männer, diese allerdings ohne Kapuze, und auch sie trugen einen leblosen Körper. Doch die Frau, die sie trugen, stand aufrecht: eine feierlich blickende Madonna in blauem Umhang, in deren Brust zahlreiche Schwerter steckten. Hinter ihr folgte die ganze Stadt, teils mit Kerzen, teils ohne. Die Prozession wand sich den Hügel hinauf, bis zu den Stufen der Kathedrale. Dort setzte sich der Priester an die Spitze des Zugs und betrat die Kirche.

»Und das, liebe Freunde«, sagte Giovanna, »war unsere fröhliche Osterparade.«

~

»*Accidenti alla brutta mamma della Madonna!*« brüllte Paolucci mit rauher Stimme, zum Teufel mit der häßlichen Mutter der Jungfrau Maria! Es war am Morgen nach der Osterprozession, wir machten einen Spaziergang, um Giovanna das Tal zu zeigen, und kamen gerade an Paoluccis Scheune vorbei, als wir diesen Fluch hörten. Franco versuchte verzweifelt, eine vor Angst halb wahnsinnige Henne der Nonna in die Arme zu treiben. Die Nonna stand direkt an der Straße, in ihren ausgelatschten Schuhen und dem ärmellosen Kittel mit Blumenmuster, den in der Toskana alle Bauersfrauen während der Arbeit tragen. Sie wartete, eine Schaufel weit über die Schulter erhoben, wie ein Krieger, der in die Schlacht zieht. In der Woche zuvor hatten wir die Paoluccis gefragt, ob wir ihnen Hühner, Perlhühner oder Tauben abkaufen könnten. Kein Problem, hatten sie uns versichert, wir müßten nur warten, bis sie das nächste Mal schlachteten, denn es machte einige Mühe, den riesigen Kessel voller Wasser zu erhitzen, in den die toten Hühner kurz geworfen wurden, damit man sie rupfen konnte. Heute aber brannte ein Feuer unter dem Kessel, morgen war Ostersonntag. Es sah gar nicht gut aus für das Huhn.

Hühner galten nicht umsonst als dumm; Paoluccis Huhn ließ sich von ihm direkt in die Arme der Nonna treiben. Die Nonna murmelte ein paar Worte, vielleicht ein Gebet, schwang ihre Schaufel und – *klonk*. Das Huhn taumelte. Die Nonna stupste es leicht mit dem Fuß an, und das Huhn fiel auf die Seite. Die Nonna legte den Schaufelstiel über den Hals des Huhns, warf uns einen Blick zu, der »Was für eine Welt!« zu besagen schien, trat mit ihren schweren Schuhen auf den Stiel und – Gute Nacht!

»*Buon appetito*«, murmelte Giovanna leise, während Paolucci das nächste Opfer auswählte und die Prozedur wiederholte, die so alt war wie die gemeinsame Geschichte von Mensch und Huhn. *Klonk.*

Franco kam zu uns herüber, wir stellten ihn Giovanna vor, dann sagte er uns, wir könnten gerne Geflügel bekommen, er schlachte die Tiere heute, lasse sie dann einen Tag aushängen, so daß wir sie morgen haben könnten.

»*Perfetto*«, sagte Giovanna strahlend; wahrscheinlich überlegte sie schon, wie sie das Huhn zubereiten würde, das sie vor einer Minute noch bedauert hatte.

»Für das *pranzo* braucht ihr morgen aber nichts einzuplanen«, sagte Paolucci. »Da seid ihr nämlich bei uns eingeladen.«

Und das war unsere erste formelle Einladung zu einem Essen bei unseren neuen Nachbarn.

Als wir nach unserem Spaziergang wieder am Hof der Paoluccis vorbeikamen, saß die Nonna im Hof auf einem Stuhl und rupfte ein Huhn. Vor ihr stand eine glasierte Schüssel, aus der es so stark dampfte, daß ihre Brille beschlug, hinter ihr hingen ihre Opfer von der Wand: Hühner, Tauben, Perlhühner und eine Ente, alle nackt und tot und mit zusammengebundenen Füßen über einen Haken gehängt. Im Hintergrund brodelte der riesige Kessel, in den Rosanna tote Hühner warf.

»Wann können wir die Leichen bekommen?« fragte Giovanna, worauf die Nonna so lachen mußte, daß ihr das Huhn vom Schoß rutschte und in die Schüssel zurückfiel.

~

173

Festessen wäre ein viel zu schwacher Ausdruck für das, was uns die Paoluccis am Ostersonntag auftischten. Als wir ihr Haus betraten, kam Franco gerade mit zwei Zweiliterflaschen Wein aus der *cantina*. Er war so sorgfältig rasiert wie der Papst, hatte sein widerborstiges Haar gezähmt und sogar seinen Hut abgelegt. Fröhlich winkte er uns herein und wünschte »*Buona pasqua*«.

Als wir der Nonna einen Strauß Osterglocken überreichten, war sie so gerührt, daß sie eine Träne wegzwinkern mußte. Sie hatte ihr ganzes Leben lang gegeben und hätte anscheinend nie erwartet, daß beinahe Fremde an sie dachten. Insgesamt saßen wir zu acht um die zusammengerückten Küchentische, im Kamin brannte ein fröhliches Feuer, der mit Holz gefeuerte Herd und der Gasherd brannten mit voller Kraft und standen bis zum Rand mit Töpfen und Pfannen vollgestellt, aus beiden Bratröhren duftete es nach frisch gebackenem Brot.

Dann aßen wir.

Wir fingen mit zwei Blechen *crostini* an, getoasteten Scheiben eines baguetteähnlichen Brots mit verschiedenerlei Aufstrichen: *porcini*, Hühnerleber, Tomaten mit Basilikum und Thunfisch mit Kapern. Schon nach den *crostini* waren wir eigentlich satt, doch danach kam erst einmal eine Pasta, dann noch eine, dann noch eine. Es schien gar nicht mehr aufzuhören.

Derweil sorgte Franco dafür, daß uns der Wein nicht ausging. Carla, die 25jährige ältere Tochter, gab Franco ständig Anweisungen, was er zu tun habe, bis er nahe daran war zu platzen. Carla selbst rettete die Situation, indem sie anfing, uns Mineralwasser einzuschenken. Eine nette Geste, nur hatte sie vergessen, daß sie die Wassergläser kopfüber auf den Tisch gestellt hatte. Während sie also ihren Vater rastlos herumkommandierte, goß sie mit großer Präzision Mineralwasser über den ganzen Tisch. Und dann fing Franco, der eben noch recht mürrisch dreingeschaut hatte, brüllend zu lachen an. Erst da kapierten wir, was passierte. Wir lachten und lachten, bis uns die Tränen kamen.

Als erste Pasta servierte Carla kleine Pfannkuchen, die sie mit Ricotta und Spinat gefüllt und dann wie Lasagne im Ofen gebacken hatte. Himmlisch! Sogar Giovanna, die sich zu Recht für eine ausgezeichnete Köchin hält, rollte bewundernd mit den Augen.

Dann kam die zweite Pasta, Tagliatelle mit einer Soße aus Kaninchenfleisch. Auch diese Pasta war selbstgemacht – was für ein überflüssiger Satz, natürlich war sie selbstgemacht! *Alles* stammte hier aus eigener Produktion, sogar die dämlichen Hühner. Und auch sie schmeckte einfach köstlich; ich glaubte, vor Glück in Ohnmacht zu fallen.

Danach brachten sie die dritte Pasta, kaum konnte ich meinen Augen trauen: handgemachte *pici*, in Semmelbröseln gewendet und in Olivenöl herausgebacken. In meiner Kindheit war das eine meiner Leibspeisen gewesen. Als Candace aufgegessen hatte, verkündete sie, daß sie platzen würde, wenn sie jemals wieder etwas äße.

Statt dessen tranken wir und erholten uns ein bißchen. Und auf irgendeine magische Weise muß der Wein die Pasta aufgelöst haben, denn als die Paoluccis drei riesige Fleischplatten auftischten, japsten wir gar nicht einmal.

Inzwischen hatten wir uns einigermaßen an die lautstarken Unterhaltungen der Italiener gewöhnt. Doch jetzt schienen sich Franco und Carla tatsächlich ernsthaft in die Haare zu geraten. Franco brüllte wütend, Carla gab ihm genauso laut zurück. Candace und ich verstanden zwar kein

Wort, doch offenkundig spielte sich hier ein größeres Familiendrama ab. Candace beugte sich zu mir und sagte: »Ich glaube, sie bekommt ein uneheliches Kind.« Als das Gebrüll seinen Höhepunkt erreichte, fragten wir Giovanna, was denn eigentlich los sei. Und Giovanna, die seelenruhig weitergegessen und mit der Nonna geplaudert hatte, sagte nur: »Salz«.

»Wie bitte?«

»Salz. Er hat um das Salz gebeten, und sie hat ihm gesagt, daß es vor seiner Nase stehe, und er hat gefragt, wo. Hinter dem Brotkorb, hat sie geantwortet, wo er es nicht sehen könne. Das war's.«

»Und warum brüllen sie so?«

»Weil wir in Italien sind, meine Lieben«, brüllte sie.

Niemand zuckte auch nur mit der Wimper.

Nach der Pasta gab es Taubenstückchen, die zwei Stunden im Holzofen gebraten worden waren, so daß sich über dem wildähnlich schmeckenden Fleisch eine hauchdünne knusprige Kruste gebildet hatte. Dazu gab es einen nach toskanischer Art kleingeschnittenen und gut gesalzenen Salat und Bratkartoffeln, die Candace pfundweise verdrückte – wie sie das machte, ist mir bis heute schleierhaft. Die Frauen der Familie Paolucci hielten sich beim Wein stark zurück, doch wir schafften es auch zu viert, die zwei großen Flaschen zu leeren, die Franco aus der *cantina* geholt hatte. Ein Liter Wein pro Nase, nicht schlecht.

Schließlich kam *il dolce*. Wir hatten eine große Obsttorte mitgebracht, die Candace und Giovanna gebacken hatten. Doch damit hatten wir wirklich Eulen nach Athen getragen: Rosanna zauberte ein selbstgemachtes Tiramisù hervor, Carla hatte eine *crostata di albicocca* gebacken, einen lockeren Aprikosenkuchen aus Mürbteig. Und natürlich durfte die unvermeidliche *colomba* nicht fehlen, der traditionelle italienische Osterkuchen in Form einer Taube. Danach tranken wir Espressos und Grappas und fühlten die Lebensgeister in uns zurückkehren. In unserem Übermaß an Energie baten wir Paolucci, für uns eine Führung durch das Haus und die anliegenden Felder zu veranstalten. Freudig stimmte er zu, und so sahen wir zum ersten Mal einen vollständigen toskanischen Bauernhof.

~

Das Anwesen der Paoluccis heißt Palazzo dei Diavoli, Haus der Teufel. Warum, weiß niemand so recht, aber der Hof ist auch schon mehrere hundert Jahre alt. Eine lokale Überlieferung behauptet, in der Dachkammer habe einst ein Altar für den Satanskult gestanden. Man munkelte hinter vorgehaltener Hand von schwarzen Messen, Teufelsanbetung und merkwürdigen Opfergaben, die man in einer Mauer verborgen gefunden habe. Wie auch immer, jedes Frühjahr kommt der Priester und segnet das Haus – wie alle anderen Häuser der Kirchengemeinde auch. (Wenn man will, segnen sie einem sogar das Auto.) Und die Geschichte mit den Teufeln mag zwar erfunden sein, den Altar aber gibt es wirklich; ich habe seine Überreste mit eigenen Augen gesehen.

Das Haus ist als herrschaftliche *casa padronale* angelegt, man kann aus seinem großzügigen Grundriß ablesen, daß es seinen Bewohnern selbst gehörte, die überdies Eigentümer des Grundes und auch anderer Häuser waren. Ein Bauer, der sein Land nur gepachtet hatte, lebte in einem einfacheren *podere*, in dessen Erdgeschoß die Ställe lagen; die Wohnräume befanden sich im ersten Stock.

Der Palazzo dei Diavoli wird von einem langen, breiten Gang zweigeteilt, auf dessen linker Seite drei riesige Schlafzimmer liegen, die über keine eigene Heizung verfügen und deshalb im Winter oft im wahrsten Sinne des Wortes eiskalt sind. Die Paoluccis scheinen einen festen Schlaf zu haben.

Rechts vom Eingang führt die erste Tür in die riesige Küche, die gleichzeitig als Eßzimmer, Wohnzimmer, Nähzimmer, Bügelzimmer und so weiter und so fort dient. Neben der Küchentür liegt die Tür zur Dachkammer des Teufels, die nächste Tür führt drei Stufen in die *cantina* hinunter.

Hundert Düfte erfüllten den Vorratsraum, hier standen Regale voller eingemachter Lebensmittel, von den Deckenbalken hingen *prosciutti* und Wurstketten sowie Zwiebel- und Knoblauchzöpfe. Ich sah Kartoffeln, Äpfel, die auf einer Bastmatte lagerten, und Zweiliterflaschen, in die bereits Wein aus den mächtigen Fässern umgefüllt worden war.

Mühsam rissen wir uns von diesem Anblick los und gingen nach draußen, wo die Nonna in einem Stuhl sitzend die Sonne genoß, die von einem wolkenlosen Himmel strahlte. Einige Enten watschelten vorbei und quakten laut.

»*Domani piove*«, sagte die Nonna, morgen regnet es.

Erstaunt fragte Giovanna, woher sie das wisse. Nonna antwortete: »*Quando le anatre cantano, le piogge cadono.*« Wenn die Enten singen, fällt der Regen.

Franco führte uns hinter das Haus, wo der eigentliche Bauernhof erst beginnt. Gegenüber der *cantina* liegt Paoluccis Lieblingsort: die *stalla*, in der vier Kühe mit ihren Kälbern untergebracht waren. Der Stall empfing uns mit einem intensiven Geruch nach Heu, Kühen und alten Ziegeln. Es roch nach prallem Leben – ein herrlich beruhigender Duft.

Franco liebt seine Kühe und steht in aller Frühe auf, um

sie zu versorgen. Zuerst bringt er ihnen Heuballen aus dem Stadel auf der anderen Straßenseite, dann säubert er den Stallboden, mit der Mistgabel nimmt er die Mischung aus Stroh und Kuhdung vom Boden auf und lädt sie in eine Schubkarre. Diese Karre – die Pasquino, sein temperamentvoller Schwager, ihm gebaut hat – schiebt er dann zum Misthaufen, wo Hühner und Tauben ihn schon sehnsüchtig erwarten. Und am Abend wiederholt er diese Prozedur. Tagsüber arbeitet er im Olivenhain, im Weinberg oder in den Feldern, sieht aber zwischendurch immer wieder einmal im Stall nach dem Rechten. Er nennt das »*governare le bestie*«, das Vieh versorgen. Im *orto* rührt er übrigens keinen Finger – das ist Frauenarbeit.

Gegenüber der *stalla* liegt eine zweite *cantina*, voller Fässer und Bottiche. Hier gären die Trauben und reift der Wein.

Zwischen *stalla* und *cantina* steht der *forno*, ein riesiger, kuppelförmiger Ziegelofen. Früher kamen die *contadini* aus der Umgebung hierher, um ihr Brot zu backen oder an Festtagen Berge von Fleisch zu garen und Kuchen zu backen. Der Ofen wird mit dicken Reisigbündeln befeuert, die kurzfristig eine Höllenhitze entwickeln. Wenn sie heruntergebrannt sind – sie tun das fast ohne Asche zu bilden –, sind die Ziegel vor Hitze weißglühend und geben noch bis zum nächsten Morgen Wärme ab. In diesem Ofen kann man ein ganzes Lamm garen, eine Schwadron Hühner oder genug Pizza für fünfzig Hungrige.

Heute werfen die Paoluccis den Ofen nur noch an, wenn sie Freunde auf ein Pizzaessen einladen oder Rosanna an Weihnachten *dolci* und an Ostern *caroli* macht. Doch jedesmal wenn der Ofen benutzt wird, ergreift alle ein Gefühl der Feierlichkeit. Jeder beteiligt sich und schneidet Späne, bringt

Reisig, hilft beim Entzünden, verscheucht die Katzen, holt mit langen Holzgabeln Backbleche aus dem Ofen, sticht in das Fleisch, probiert den Teig, schreit »Das Fleisch ist durch!«, »Alles verbrannt!«, »Dauert noch«, »Wenn du so schlau bist, warum machst du's dann nicht selbst?«. Doch obwohl alle durcheinanderbrüllen, gelingt am Ende alles.

Neben dem Ofen hängt der Hexenkessel, in dem die toten Hühner baden gehen. Rosanna, die Nonna und Anna, Francos überaus stämmige und stimmgewaltige Schwester, benutzen den Kessel im Sommer auch, um darin tonnenweise Tomaten und Obst für den Winter einzukochen.

Um den Hof herum stehen außerdem noch ein kleiner Getreidespeicher, ein Schuppen, der eine alte Maschine beherbergt, die Heu für die Kühe häckselt, und ein niedriger Schweinestall mit zwei »Zimmern«. In einem hausen die jungen Ferkel und amüsieren sich prächtig, nicht ahnend, daß sie an einem kalten Tag im nächsten Winter in den großen Kessel wandern und sich auf wunderbare Weise in *prosciutto*, Würste, Schnitzel und Preßkopf verwandeln werden. Im zweiten Zimmer wohnt eine Sau, so groß wie ein Fiat Cinquecento und fast immer trächtig.

Paolucci öffnete ein Gartentor, und wir schlenderten in das Königreich der Vögel. Das Tor bestand übrigens aus dem ausrangierten Kopfende eines schmiedeeisernen Betts, war mit Drahtstückchen an seiner Angel befestigt und wurde mit einer Schnur verschlossen. Hinter diesem Tor konnten die Vögel frei herumlaufen und die ganze Gegend terrorisieren, die Felder und Gräben, den Misthaufen und den Stall, die Stufen zur Eingangstür und den *orto* der Nonna – dies allerdings nur, wenn sie selbstmörderisch veranlagt waren. Paolucci muß übrigens mit Noah verwandt sein, denn auf seinem Hof ist jedes gefiederte Tier vertreten, das Gott jemals geschaffen hat. Überall flattern sie herum: Hühner und Hähne, Perlhühner und Wachteln, chinesische Enten, toskanische Enten und Enten aus Mischehen, Fasane, Gänse, Truthähne, Tauben und irgendein schwarzgefiederter Streuner, der sich verletzt hatte und danach hier eingezogen war. Sie hüpften herum, pickten, kratzten, flatterten, krähten, wanderten, brüteten, sinnierten, schliefen, jagten Katzen oder flüchteten vor ihnen oder waren einfach nur dumm und sonst gar nichts.

Zum Schluß zeigte uns Franco seine drei Weinberge und seine Olivenhaine – ein vollständiges kleines Königreich. Wir bedankten uns für alles und gingen nach Hause.

Ungefähr um Mitternacht begann es zu regnen, genau wie die Enten vorhergesagt hatten.

5 ～ Frosch- und andere Konzerte

Nach Ostern verstärkten wir unsere Suche nach alten Möbeln und gingen dabei Tips von Piccardi und Paolucci nach, welcher Bauer vielleicht etwas zu verkaufen habe und wo man vielleicht einen Teilzeit-*trovaroba* finde. Wir kauften einige notwendige Stücke, aber auch unvorstellbaren Krempel, der wunderschön und völlig nutzlos in einer verstaubten Ecke auf uns wartete. Wir brachten es einfach nicht übers Herz, ihn dort liegen zu lassen. Auf unseren Einkaufstouren entdeckten wir die abgelegeneren, ebenso schönen, aber weniger bekannten Teile der Toskana. Wir fuhren durch vergessene Städte, besichtigten Einöd-Höfe und – das war das Schönste an unserer Suche – trafen einige der liebenswürdigsten Menschen, die Gott je geschaffen hat.

Einer von ihnen hieß *Nebbia*, Nebel. Natürlich war das ein *soprannome*, ein Spitzname. Spitznamen sind in der Toskana allgemein üblich, zum Beispiel nannte man Don Flori, den dichtenden Priester, der zwei Jahre später unseren Sohn taufte, *Don Chilometro* (wegen seiner Größe). Scaccinis Sohn wurde *Pagnotta* gerufen, weil er dick und rund war wie ein Brotlaib. Dem Bürgermeister hatte man den Spitznamen *Brioche* verpaßt, weil er recht aufgeblasen war. *Nebbia* schließlich hieß so, weil er ein Träumer war und in jungen Jahren eine Fülle heller Locken auf dem Kopf gehabt hatte, die aus der Ferne aussahen wie eine aufsteigende Nebelbank. Von allen Menschen, die ich je getroffen habe, war Nebbia der einzige, den ich als »fidel« bezeichnen würde. Wenn es wirklich einen Weihnachtsmann geben sollte, dann wäre er genau wie Nebbia, nur mit Rauschebart.

Nebbia, der eine *trovaroba* betreibt, lebt in einem der schönsten Städtchen der Toskana. Es liegt an der Spitze eines kleinen Dreiecks aus höchst pittoresken Ortschaften. In diesem Dreieck befinden sich drei Burgen, zwei Klöster, ungezählte alte Ruinen und so viele staubige Landstraßen, daß man mehrere Leben bräuchte, wollte man sie alle abfahren. Hier sind die Hügel niedriger und die Täler enger als in der Gegend um Montepulciano, hier wird auch kein berühmter Wein angebaut. Deswegen scheint die Zeit hier stillzustehen; das Leben auf den kleinen Bauernhöfen, *aziendas* genannt, spielt sich fast genauso ab wie vor Hunderten von Jahren.

Wir kamen von Osten auf einer gewundenen, einspurigen Straße, die mal geteert, mal geschottert war, je nach Laune der örtlichen Straßenbauämter. Der Ort hatte nur ein Tor und gerade einmal hundert Einwohner. Die Hauptstraße – es gibt überhaupt nur zwei weitere Straßen – führt kreisförmig an der Stadtmauer entlang, die Häuser sind winzig, viele Wohnungen nur über Außentreppen zu erreichen. Die Erdgeschoßräume dienten früher als Ställe. Heute hält jedoch kaum mehr jemand Tiere in der Stadt, und so werden die Räume als *cantina* genutzt, als Lagerraum für Feuerholz und als Trockenraum für *prosciutto*.

Wir erreichten die Ortschaft während ihres nachmittäglichen *pisolino*, und bis auf einen Schreiner, der vor seiner Werkstatt arbeitete, waren die Gassen völlig ausgestorben. Als wir den Schreiner fragten, wo wir Nebbia finden könnten, lachte er. Er fand es lustig, daß wir Ausländer einen *sopran-nome* verwendeten. Und dann führte er uns zu Nebbia. Es ist eine nette italienische Sitte, einem Fragenden nicht lange den Weg zu beschreiben, sondern ihn gleich persönlich an sein Ziel zu führen.

Nebbia hatte geschlafen und wirkte deswegen noch stärker *nebbioso* als sonst. Mit kleinen Augen blinzelte er in die Nachmittagssonne und sah sich verwirrt um, als wäre er nicht jeden einzelnen Tag seines Lebens in diesem Zimmer aufgewacht. Er sprach leise, mit melodiösem Tonfall, fast singend. Verschlafen zupfte er an seiner Kleidung, während er sagte, natürlich habe er verschiedenen Krimskrams, es sei allerdings kaum etwas Interessantes darunter, weil es in der Toskana immer schwieriger werde, schöne Antiquitäten aufzutreiben. Er sagte, er lagere die Dinge in einem Schuppen außerhalb der Stadt, er müsse nur noch seinen Hund füttern, dann könne man gemeinsam hingehen.

Der Spaziergang »aufs Land« stellte sich als sehr kurz heraus. Wir kamen wieder an unserem hilfreichen *falegname* vorbei und durch das Stadttor, bogen auf die Straße zum Friedhof ein und erreichten bald eine zweistöckige *casetta*, die von gewaltigen Pinien beschattet wurde. Nebbia schloß ein Tor auf, das so niedrig war, daß man sich tief bücken mußte, um in den Raum zu gelangen. Das Innere wurde von einer einzigen nackten Glühbirne nur schwach erleuchtet, doch Nebbias Möbel gehörten zu den schönsten Stücken, die ich je gesehen hatte. Besonders begeisterte mich eine *cassapanca* aus dem 15. Jahrhundert, eine herrliche Truhe mit vier Einlegearbeiten, ganz schwarz vom Staub und Rauch und Wachs der Jahrhunderte. Daneben stand eine Kirchenbank, die in der Mitte durchhing und deren Armstützen in den Jahrhunderten der Benutzung rund- und glattgeschliffen worden waren. Daneben fand ich noch ein einfaches Tischchen aus Kirsche, dessen harte Oberfläche durch die Benutzung eine Patina wie aus Glas bekommen hatte, ein *inginocchiatoio*, auf dem unzählige Gläubige gekniet und Gott angerufen hatten, und ein einfaches Eisenbett mit zwei wundervollen, auf ovale Blechtafeln gemalten Miniaturen, die alte Ruinen im Dämmerlicht zeigten – De Chirico für Arme.

Nebbia ließ sich in einen alten Sessel fallen, machte es sich gemütlich und hielt Hof. Nie versuchte er, uns etwas aufzuschwatzen, sondern er redete nur über Themen, die ihn interessierten. Momentan beschäftigte ihn Kanada, über das er lang und breit phantasierte. Nur mit Mühe konnten wir das Gespräch auf alte Möbel steuern, doch als wir Nebbia erst einmal so weit hatten, plauderte er sehr angeregt aus dem Nähkästchen. Er beschrieb, wie man das Alter, die Herkunft und die Holzart eines Stücks bestimmen konnte. Möbel aus *noce* und *ciliegio*, aus Nuß- und Kirschholz, seien doppelt so teuer wie vergleichbare Stücke aus weicheren Holzarten wie zum Beispiel Pappel, weil sich nur auf Hartholz eine dicke und interessant strukturierte Patina bilde.

Nach etwa einer Stunde drang das Licht nur noch schwach durch das Eingangstor, es wurde Zeit, in ernsthafte Verhandlungen einzutreten. Doch Nebbia verlangte erstaunlich wenig, so daß wir gar nicht erst zu handeln anfingen. Und als er erfuhr, daß wir die Kirchenbank, den Tisch, das Betpult, das Bett und die *cassapanca* nehmen wollten, gab er uns einen Sonderrabatt, weil wir ihm dadurch stundenlanges zähes Feilschen mit blasierten Römern ersparten, die an den Wochenenden hier einfielen. Zum Abschied schenkte er uns noch zwei Stühle. Warum? »Weil ich Kanada mag«, sagte er.

185

Ganz begeistert von unserem Glück schlenderten wir in die Stadt zurück, während eine riesige rote Sonne in den Hügeln versank.

~

Hin und wieder band Paolucci einige seiner Kühe vom Futtertrog los und führte sie spazieren wie andere Leute ihre Hunde. Alle diese Ausflüge folgten demselben Ritual: Franco brachte die Kühe aus der *stalla*, bog auf die staubige Straße und ging dort abwärts, in Richtung der offenen Felder, niemals hinauf Richtung Stadt. Blöde trotteten die Kühe an ihrem Seil hinter Franco her, die Straße entlang, am Heuschober, dem unteren Weinberg und dem kleinen Brunnenhaus vorbei, bis sie den Teich erreichten. Hier ließ Paolucci das Seil frei, und die Kühe fraßen das fette Gras, das am Ufer wuchs. Mit seinem Taschenmesser, dessen Schneide vom häufigen Nachschleifen schon ganz dünn geworden war, schnitt Paolucci sich dann eine Gerte von der Ulme und schlug sie einige Male durch die Luft, um zu testen, wie sie pfiff. Dann suchte er sich einen Strohhalm, steckte ihn sich zwischen die Zähne, ergriff das Seilende und führte die Kühe weiter. Jetzt bot sich die Auswahl zwischen drei Möglichkeiten: Paolucci konnte die Straße überqueren und einem schmäleren Abzweig ins Tal folgen. Dieser Weg war von Bäumen beschattet und führte zum Anwesen der Brüder Scaccini, 72 Jahre alten Zwillingen, deren Rücken so stark und gerade waren wie Telefonmasten. Paolucci konnte aber auch geradeaus der Straße weiter folgen und Richtung Ruinen gehen oder hinter dem Teich den Hang hinuntersteigen, unterhalb seines Weinberges queren und direkt auf unser Haus zugehen. Ich liebte das Geräusch, das die breiten Hufe auf dem Ziegelweg machten, und beobachtete die Kühe gerne dabei, wie sie an unseren blühenden Büschen knabberten, obwohl Paolucci am Seil riß und Fußtritte austeilte. »*Madonna gonfiata!*« fluchte er, aufgeblähte Gottesmutter.

Sobald Paolucci die Kühe in unseren Walnußhain gebracht hatte, ließ er das Seil los, und die Kühe konnten das süße, gesunde Gras rupfen, das unter den Bäumen wuchs. Dann setzte er sich zu mir in die Pergola, und wir redeten und tranken ein Gläschen Wein. Wenn ich ihm nachschenkte, durfte ich sein Glas maximal halbvoll machen – das allerdings beliebig oft. Oh, Paolucci redete gerne! Darüber, daß er ein ganz junges Kalb auftreiben müsse, weil eine seiner Kühe ein so volles Euter habe, daß es am Boden schleife. Oft jammerte er, daß seine älteste Tochter immer noch nicht heiraten wolle. Acht Jahre mache ihr Freund, ein Steinmetz aus San Quirico D'Orcia, ihr jetzt schon den Hof, *porca miseria*, wahrscheinlich werde Carla schon Rente beziehen, wenn sie sich endlich zu einer Heirat durchringe. Gerne redete er auch über *Corvo Nero*, die Schwarze Krähe, das schlimmste Weib auf Erden. Angeblich hatte sie eine Zunge so scharf wie Paoluccis Taschenmesser und so giftig wie eine Kobra, angeblich verrückte sie in der Nacht Grenzsteine oder sogar junge Bäume, um ihre Felder auf Kosten anderer Bauern zu vergrößern. Mitten in der Nacht warf sie, so Paolucci, ihren monströs häßlichen Traktor an, der so laut dröhnte, daß selbst die Toten nicht schlafen konnten. Kurz, sie tat wirklich alles *per far incazzare i vicini*, um ihre Nachbarn zur Weißglut zu treiben. Beim Streit um einen Graben soll sie einmal sogar den armen Crociani mit einem rechten Haken niedergestreckt haben, und Crociani war nun wirklich *dolce come il pane*, süß wie Brot. Gerne schwadronierte Paolucci auch über seine Jugend, als am Samstagabend alle zum Tanzen gingen, jede Woche in ein anderes *podere*. Im Sommer hätten sie auf den großen Innenhöfen der Landgüter getanzt, im Winter in den *cantine*, direkt neben dem Wein.

Ein paar Gläser und Geschichten später raffte sich Paolucci dann auf, um seine Kühe heimzubringen. Er fragte sie, ob sie auch genug saftiges Gras bekommen hätten, nahm das Seil und zog, zerrte und beschimpfte die Kühe, bis er sie endlich durch das Loch in unserer Hecke und nach Hause getrieben hatte.

∼

Zahlreiche Plakate in Montepulciano kündigten das *concerto* eines walisischen Mädchenchors in San Biagio an. Da wir schon viel über die spektakuläre Akustik der Kirche gehört hatten, freuten wir uns sehr auf den Abend.

Von innen sieht San Biagio nicht weltbewegend aus. Von außen wirken die klaren Linien des Hochrenaissance-Baus in ihrer Einfachheit sehr anziehend, doch im Inneren vermittelt dieser strenge, schlichte Stil nur ein Gefühl kalter Funktionalität. Man fühlt sich fast wie in einem Postamt. Doch die riesige Kuppel und die hochstrebenden Travertinmauern sorgen für einen herrlichen, kristallklaren Klang.

Das Konzert sollte bei Sonnenuntergang beginnen, und da San Biagio keine zwei Kilometer von unserem Haus entfernt lag, gingen wir zu Fuß hinüber. Als wir ankamen, war die Sonne schon hinter den Hügeln verschwunden, das Innere der Kirche bereits in Dunkel gehüllt. Durch die hohen Fenster drang nur noch mattes Licht, die Kirche wurde allein durch Kerzen erhellt. Zuerst dachten wir, daß der Verantwortliche schlicht vergessen hätte, für eine angemessene Beleuchtung zu sorgen – typisch italienisch eben. Doch dann wurde uns klar, daß etwa dreimal so viele Kerzen brannten wie sonst. Das *war* bereits die Festbeleuchtung, und vor vierhundert Jahren hatte sie genauso ausgesehen. Warum hätte man das heute anders machen sollen? Schließlich verbreiteten die Kerzen ein warmes, heimeliges Licht und eine feierliche Atmosphäre.

Etwa eine Viertelstunde nach der offiziellen Anfangszeit füllten sich die Kirchenbänke allmählich. Eine weitere Viertelstunde später begann das Konzert – nach italienischen Standards pünktlich auf die Minute. Die etwa dreißig Chormädchen waren zwischen 13 und 18 Jahre alt und sangen klassische Stücke, Volkslieder, traurige Klagen und fröhliche italienische Folklore. Ihre Gesichter strahlten, alle Möglichkeiten dieser Welt schienen diesen jungen Menschen offenzustehen. Ihre hellen, klaren Stimmen füllten die Kirche, und für einige Minuten durften wir, ihr Publikum, mit ihnen träumen.

Nach dem Konzert schlenderten wir durch eine mond- und wolkenlose Nacht heimwärts, über uns spannte sich eine Kuppel voller Sterne. Am dunklen Teich gaben die Frösche ihr Konzert.

6   ❧ Picknick in der Ruine

Schon nach wenigen Wochen hatte sich der ruhige Rhythmus des Landlebens auch auf unsere Seelen gelegt. Tage vergingen, ohne daß wir den Matra aus der Garage holten, inzwischen gingen wir lieber zu Fuß in die Stadt. Selbst wenn wir auf dem Weg öfters anhielten, um die Aussicht zu genießen, benötigten wir doch keine halbe Stunde für die Strecke. Länger dauerte es allerdings, wenn wir unterwegs bei unseren Nachbarn vorbeischauten. Bei den Bazzottis sahen wir immer die Großmutter im Freien arbeiten, sie machte die Wäsche, kehrte den Hof oder kümmerte sich um die paar Blumen. Oft saß Bazzotti nach seiner Arbeit auf einer schmalen Bank im Schatten und flocht Weidenkörbe oder Bastmäntel um bauchige Weinflaschen, manchmal band er auch einen Besen aus Erikazweigen, den er dann bei seiner morgendlichen Arbeit als Straßenfeger einsetzte.

Auch bei den Paoluccis arbeitete die Nonna fast immer im Freien, versorgte den *orto*, fahndete im Heustadel oder in den Büschen nach Eiern oder schwang ihren Besen, um den Hof zu kehren oder Hühner zu verscheuchen. Rosanna bewegte sich mit gemessenen Schritten, die Chefin des Hauses. Und Franco kam zwischen seinen verschiedenen Tätigkeiten immer wieder einmal an den Stufen zur Eingangstür vorbei, wo er eine Weinflasche und ein Glas abgestellt hatte. Dort ge-

190

nehmigte er sich eine kurze Pause und *una goccia*, einen Tropfen, bevor er wieder an die Arbeit ging, *piano, con calma.*

Weiter die Straße hinauf wohnten die Anselmis, ein älteres Ehepaar, das froh war, wenn es ein bißchen Gesellschaft bekam. Noch ein Stückchen weiter lebte Crociani mit seiner Frau, seiner Mutter, seinem Vater – dem Mann mit dem herzlichsten Lächeln der Welt – und seinem Sohn Marco. Marco war zwar etwas schüchtern, doch mit unseren dummen Fragen konnten wir ihn stets in ein Gespräch ziehen: Warum nahm er Weidenzweige, um die Reben an die Stützdrähte zu binden? Warum harkte er den Boden unter den Olivenbäumen? Um das Unkraut zu entfernen oder damit der Regen besser ins Erdreich dringt?

Diese zwanglosen Begegnungen mit unseren Nachbarn gaben uns das Gefühl, Teil der Gemeinschaft zu sein. Und sie halfen, unser Italienisch zu verbessern – was auch dringend nötig war. An einem schönen Juniabend zum Beispiel gingen wir ins *cinema sotto le stelle*, das Kino unter den Sternen, um den Film *Der heilige Franz von Assisi* anzusehen. Auf dem Weg dorthin kamen wir bei den Paoluccis vorbei, doch als ich in makellosem Italienisch erzählt hatte, wohin wir gingen, sahen mich alle entgeistert an. Nur Candace lachte prustend und sagte mir, daß ich gerade verkündet hatte, den heiligen Franz *sotto le stalle* anzusehen, unter den Ställen.

Richtig blamiert habe ich mich vor Bazzotti: Er hatte Candace joggen gesehen und sagte mir gegenüber bewundernd, sie sei ja ein echter *campione*, ein Champion. Ich antwortete darauf mit einer geistreichen Bemerkung (dachte ich): »O ja, sie ist ein Champion, aber nur mit ihrem Mund.«

Doch Bazzotti lachte nicht, sondern wurde rot. Peinlich berührt stand er da, stumm. Ich bemerkte, daß etwas nicht stimmte, und erklärte: »Sie redet zuviel.« Bazzotti grübelte, die Röte verschwand aus seinem Gesicht, und dann brüllte er los vor Lachen. Na ja, ich kann es ihm kaum verdenken. Ich hatte nämlich gesagt: »Sie ist schon ein Champion, aber nur mit ihrem Loch.«

Werfe derjenige den ersten Stein, der ehrlich behaupten kann, einen großen Unterschied zwischen den Wörtern *bocca* und *buco* zu erkennen.

~

So sind wir bodenständig geworden, zufrieden damit, unser Leben in Sichtweite unseres Hauses, unserer Stadt und unseres Tales zu führen. Allmählich begannen wir selbst Ausflüge zu exotischen Orten wie dem acht Kilometer entfernten Pienza so akribisch zu planen, als brächen wir in die Antarktis auf.

Eines Tages bemerkte ich überrascht, daß ich über eine Woche lang nicht einmal mehr die asphaltierte Straße überquert hatte. Und ich hatte die Stadt keine Sekunde vermißt. Doch wir wurden keine Stubenhocker, sondern unternahmen lange Spaziergänge. La Marinaia war das letzte bewohnte Haus an der Straße, die dann sehr bald zum Karrenweg und später sogar zum Fußpfad wurde. Wenn uns nach Einsamkeit zumute war, gingen wir also einfach unsere unkrautbewachsene Einfahrt hinauf und bogen dann nicht nach links ab, sondern nach rechts. Kurvig fiel der Weg ins Tal, ganz gemächlich spazierten wir ihn entlang, bis allmählich die letzten Geräusche der Welt verebbten. Wir ließen die Weinberge und Olivenhaine hinter uns, wo oftmals Stimmen die Luft erfüllten, und tauchten in die Stille der grünen Weizenfelder und Wiesen. Die Stadt verschwand in der Entfernung und aus unseren Gedanken. Lerchen schwebten über uns und sangen ihr einsames Lied, im Wind wogte der Weizen wie das Meer. Unter unseren Füßen fühlte sich der weiße Ton der Straße weich und angenehm an. Je weiter wir gingen, desto langsamer wurden wir, aber nicht aus Müdigkeit, sondern aus Freude daran, hier zu sein. Wir atmeten tief durch.

Die Straße endete bei der ersten Ruine, einem wuchtigen Zweifamilien-*podere*, das an der letzten Erhebung der Hangkante stand. Das Haus war auf einem Untergrund aus Lehm gebaut, der nach langen Regenfällen aufweichte und nachgab. Das hatte über die Jahre seinen Tribut gefordert; notdürftig reparierte Sprünge und Risse durchzogen das Mauerwerk. Das Haus stand also ein wenig schief da, die Winkel stimmten nicht mehr ganz, die Türen und Fenster lagen auf verschiedenen Höhen, doch das Haus stand fest. Und wartete darauf, daß jemand davon träumte, es wieder mit Leben zu füllen.

Am kleinen Teich, um den dicht die Binsen standen, bog die Straße ins Tal hinab, am Straßenrand wimmelte es von Wildblumen: tiefroter Klatschmohn, Kamille und Margeriten, Butterblumen und Klee warteten nur darauf, die Straße wieder zu überwuchern. Am Talgrund windet sich ein Flüßchen, das von alten Eichen und Pappeln gesäumt wird, daneben liegt ein seit langem verlassener Weinberg, dessen Stützpfähle schief stehen und dessen dicke, knorrige Rebstöcke aussehen wie Trauerweiden, weil niemand die Reben aufgebunden hat. Wenn man sich hier umdreht und zurückblickt, zeichnen sich die mit grünem Weizen bepflanzten wogenden Hügel wie mächtige Wellen gegen den Himmel ab. Und inmitten dieses Ozeans trotzt Montepulciano der See, sonnendurchflutet segelt es zwischen Himmel und Erde.

Es war nicht immer einfach, den Bach zu überqueren. Bei

normalem Wasserstand konnte man über ihn hinwegspringen, doch nach starken Regenfällen mußte man einige umgefallene Stützpfosten aus dem Weinberg holen und eine Notbrücke zusammenbinden.

Auf der anderen Seite lag das Tal der Ruinen, weiter unten am Bach standen die vom Unkraut erstickten Wände einer verfallenden Mühle, ein überwachsenes Wehr und unterirdische Wasserschächte, die so hoch waren, daß man darin herumspazieren konnte. Während es draußen erstickend heiß war, herrschte hier angenehme Kühle. Jahre später redete ich unserem Sohn ein, daß hier eine Hexe wohne, und seine Augen leuchteten voller Freude und Angst – vor allem, als ich mich hinter einer Wasserrinne versteckte und hexenmäßig kicherte.

Die Hügel der Umgegend waren mit Ruinen gesprenkelt: großen, kleinen, mit und ohne Turm. Von manchen war nur soviel übriggeblieben wie von meinem ersten Traumhaus: kniehohe Mauerreste unter Brombeerdickicht. Doch die schönste Ruine stand in unmittelbarer Nähe. Von dort aus konnte man kein einziges belebtes Haus sehen, keine Menschenseele. Hier herrschte totale Stille in völlig unverbrauchter Natur. Man konnte sich um ein Jahrhundert zurückversetzt fühlen – oder auch mehrere. Im Frühling erfüllten uns die satten Farben und die frischen Triebe mit Energie und Lebensfreude, doch im Sommer legte die Hitze uns nahe, es ruhiger angehen zu lassen. Heute war so ein Tag, und Candace und ich waren hierhergewandert, um den Jahrestag unseres Kennenlernens mit einem Picknick zu feiern.

Diese Idealruine hatte einen maroden Turm, dem das Dach und eine gesamte Seitenwand fehlten. Die steilen Treppen im Inneren des Turms waren verschwunden; Löcher in der

Wand zeigten an, wo sie einmal gewesen waren. Irgend jemand hatte auch die äußeren Steinstufen entfernt, bis auf eine einzige, die noch Zeugnis von besseren Tagen ablegte. Im Heustadel war der Dachbalken in der Mitte zerborsten und zu Boden gestürzt, es hatte Dachziegel geregnet, die jetzt im Unkraut leuchteten wie rote Blüten.

Ein Feigenbaum hatte sich selbständig gemacht, war durch die Fenster gewachsen und über Dächer gekrochen, hatte Mauern durchbrochen und sich wie eine Brücke durch die Luft auf die andere Seite des Wegs geschwungen, wo er sich auf dem Dach des ehemaligen Schweinestalls abstützte. Es gab nur den Schatten dieses einen Feigenbaums. Alle anderen Bäume hatte man gefällt, um die Weidefläche zu erweitern, so daß das gesamte Tal um die Ruine herum aus freien Wiesen bestand. Niemand kam je hierher.

Wir breiteten ein zerschlissenes Tischtuch zwischen den wilden Blumen aus und holten Oliven und Käse aus dem Korb, Tomaten, Radieschen und Erdbeeren – alle aus dem eigenen Garten – und schließlich ein kleines Perlhuhn, das wir seit dem frühen Morgen über dem Feuer gebraten hatten.

Wir brachen das Brot (ein Messer hatten wir vergessen), entkorkten den Wein und stießen inmitten dieser unendlichen Stille auf unseren Jahrestag an. Lediglich in der Nähe des Bachs sangen einige Vögel, und einige Zikaden zirpten in der mittäglichen Hitze. Wir gedachten unserer gemeinsam verbrachten Jahre, versuchten, uns an jeden einzelnen Jahrestag zu erinnern, lachten über unsere glücklichen Momente und vergossen auch einige Tränen über die traurigen Augenblicke. Schließlich hatten wir unsere Vorräte bis auf wenige Erdbeeren verputzt und die Flasche geleert, gerade trugen einige nicht eingeladene Ameisen die letzten Krumen unseres Brots davon.

Wir waren wie berauscht vom Duft des Heus, der Erdbeeren und des Weins, dessen Reste sich in den Gläsern erwärmten.

»Von hier aus sieht man keine Menschenseele«, sagte Candace.

»Keine einzige«, sagte ich.

»Und uns kann auch keiner sehen.«

»Wie wahr.«

»Was meinst Du?« fragte sie mit einem verschwörerischen Lächeln.

»Jetzt?« fragte ich.

»Willst Du warten, bis die Vögel schlafen?«

Sie sah phantastisch aus. Die große Hitze deckte uns zu.

Es war immer noch Nachmittag, Candace schlief in das Tischtuch eingewickelt, dessen bestickter Saum über ihren Schultern lag. Ihre roten Haare waren in der Sonne gebleicht, ihre Sommersprossen blühten der Jahreszeit entsprechend in voller Pracht. Nie war sie mir schöner erschienen. Fast fürchtete ich mich, weil ich sie nach all den Jahren immer noch so sehr liebte.

~

Der heilige Franz von Assisi wurde in einer wunderbaren, sternklaren Nacht gezeigt, auf einer Leinwand im Innenhof der Bibliothek der Benediktiner. Das Gebäude war um 1400 erbaut worden und blickte von einem der erhabensten Orte der Stadt auf das Tal hinab. Der Innenhof, in dem wir auf einem der etwa 50 Klappstühle Platz nahmen, war vorne und hinten durch Mauern begrenzt, rechts von uns spannten sich vier Bögen einer Loggia, links von uns stand eine hüfthohe Brüstung mit zwei dämonisch aussehenden Wasserspeiern.

Auf der Leinwand sahen wir einen lächelnden, jungen Franziskus, der unter den Arkaden des heimatlichen Perugia spazierenging, und manchmal hatten wir Schwierigkeiten, die Grenze zwischen den Film-Arkaden und den echten Arkaden des Innenhofs zu ziehen. Mühelos fühlten wir uns acht Jahrhunderte zurückversetzt. Der Film dauerte recht lange, die Sterne leuchteten immer heller, die Nacht kühlte zusehends ab. Metall schabte auf Stein, als die Leute ihre Stühle enger aneinanderrückten und sich gegen die Kühle aneinanderschmiegten.

Als der Film nach Mitternacht endete, lag das Tal still und dunkel. Wir wanderten durch ein Sternenmeer zurück nach Hause, nur von den Nachtigalen begleitet. Jetzt wurde uns klar, worin der starke Glaube des Heiligen Franziskus wurzelte.

~

Franco Paolucci stammt von einem Bauernhof in der Nähe der winzigen, auf einem Hügel gelegenen Stadt Petroio, deren einzige Straße sich mühsam bergauf windet und dabei immer schmäler wird. Sein Vater arbeitete in *mezzadria* für einen lokalen Grundbesitzer. Die *mezzadria* war zwischen dem 13. Jahrhundert und dem Ende der Vierziger Jahre dieses Jahrhunderts die vorherrschende Pachtform in der Toskana, und vereinzelt trifft man sie auch heute noch an. Dabei stellt der Grundbesitzer Boden und Bauernhof zur Verfügung und trägt die Hälfte aller Kosten für Rohmaterialien, Werkzeug und Saatgut. Der *contadino* kommt für die andere Hälfte auf und stellt seine Arbeitskraft zur Verfügung. Wenn dann die Ernte oder die Lese – *la vendemmia* – kommt oder geschlachtet wird, bekommen der Grundbesitzer und der Bauer jeweils die Hälfte. Franco verließ die Schule nach der dritten Klasse, seine Lese- und Schreibkünste sind also nicht gerade weltmeisterlich, doch vom Leben versteht er sehr viel – und von Menschen! Er redet sehr gerne, besucht gerne andere Leute und läßt sich gerne besuchen.

Die Küche ist die Seele eines toskanischen Hauses; bei den Paoluccis wird sie von einer riesigen, verrauchten Feuerstelle beherrscht, in der nur an den heißesten Tagen des Jahres kein Feuer brennt. Über dem Kamin hängt eine enorme Abzugshaube aus Ziegeln, im Kamin stehen sich zwei kleine Bänke gegenüber, dazwischen liegt die eigentliche Feuerstelle. In einer Ecke steht ein holzgefeuerter Kochherd, daneben ein Gasherd, auf dem fast immer etwas köchelt oder schmort. Abends sitzt die Nonna auf einer der Bänke am Feuer und näht, stopft oder strickt für die kalten Wintertage. Franco sitzt am Küchentisch, vom Tagwerk gebeugt, erwacht aber sofort zu neuem Leben, wenn Gäste eintreffen. Dann verteilt er gedrungene Gläser über den Küchentisch, schenkt Wein aus und beginnt eine seiner Geschichten.

Oft erzählte er uns von seiner Jugend, als alle Nachbarn sich noch gegenseitig halfen: beim Heumachen, Ernten, Holzeinschlagen oder bei der Weinlese. So versammelten sich alle an einem Maitag auf der Wiese einer Familie, die Sensen blitzten in der Sonne, Stimmen ertönten, und das frisch gemähte Gras fiel in Schwaden zu Boden. Am Mittag brachten die Frauen in großen Töpfen warmes Essen vorbei, um den Männern den langen Heimweg zu ersparen. Dann setzten sich alle unter den Schatten der großen einzeln stehenden Eichen oder

Pinien, die allein zu diesem Zweck in den Feldern stehenge-
lassen worden waren. Und wenn die Arbeit im Feld einer
Familie erledigt war, zog man zum nächsten. Sobald das
gemähte Gras halbwegs trocken war, lud man es in schwindel-
erregenden Bergen auf Ochsenkarren, brachte es auf die Höfe
und schlichtete es zu Haufen. Und dann wurde gefeiert.
Irgend jemand holte ein Akkordeon hervor, jung und alt sangen und tanzten bis in die Morgenstunden, obwohl allen der
harte Arbeitstag in den Knochen steckte. Und dann nahmen
die Bauern – ohne geschlafen oder geruht zu haben – wieder
ihre *attrezzi* und wanderten im Licht des beginnenden Tags
auf das Feld des nächsten Nachbarn, um Heu zu machen.

Als ich diese Geschichte hörte, beschloß ich, unbedingt
mitzumachen, wenn Paolucci das nächste Mal ins Heu ging.

Ende Mai war es schon sehr heiß, das Gras stand hoch und
blühte. Zum Glück für meinen schwachen Rücken arbeitet
heute niemand mehr mit der Sense. Statt dessen stieg Paolucci
auf eine antike dreirädrige Mähmaschine, aus der seitlich lange
Klingen herausragten, die aussahen wie die Schwerter von
Schwertfischen. Den Hut tief in die Stirn gezogen, zog Paolucci breite Schneisen durch das Gras, das dann zum Trocknen
liegenblieb. Erst einige Tage später begann die körperliche
Arbeit. Schon seit langem kamen keine Nachbarn mehr, um
den Paoluccis zu helfen, nur Candace (mit ihren 45 Kilo nicht
gerade die typische Schwerarbeiterin) und ich versuchten, die
alte Tradition der Nachbarschaftshilfe durch unsere Mitwir-
kung neu zu beleben.

Paolucci saß auf seinem Traktor und zog eine Maschine
hinter sich her, die das ausgebreitete Heu zu langen Reihen
zusammenschob, die dann später mit einer anderen Maschine
zu Ballen gepreßt werden mußten. Da die erste Maschine das

Gras aber nur grob erfaßte, mußten wir mit dem Rechen hinter Paolucci herarbeiten. Candace bewegte sich in ihrer gewohnten Art, systematisch, rationell, stetig, ruhig, und machte dabei eine sehr gute Figur. Ganz im Gegensatz dazu stellte ich mich recht ungeschickt an, vergeblich versuchte ich mit Rosanna mitzuhalten, die ein viel breiteres Kreuz hat als ich. Schon um zehn tat mir alles weh, mein Rücken protestierte lebhaft. Auf meinen Blasen hatten sich weitere Blasen gebildet, und der trockene Heustaub reizte meine Augen. Aber ich machte weiter und rastete nur kurz, um Wasser zu trinken oder mir den Schweiß von der Stirn zu wischen. Um zehn verließ uns die Nonna, um das *pranzo* zu kochen, um elf ging Candace, um mit der Hydra Krankenversicherung zu ringen – sehr vernünftig, das noch zu erledigen, bevor ich auf offenem Feld zusammenbrach –, doch Rosanna und ich folgten weiter dem qualmenden Traktor durch die Hügel und rechten wie besessen. Die Sonne brannte stärker denn je, meine Schultern verhärteten sich zu Steinen, ich konnte kaum mehr etwas sehen, mein Mund war staubverkrustet. Endlich hatte Gott ein Einsehen und ließ die Kirchenglocken läuten; ich war nahe daran, mich hinzulegen, einzuschlafen und vielleicht nie wieder aufzuwachen.

Ich weiß nicht mehr, wie ich zu Paoluccis Haus zurückkam, ich erinnere mich nur an das kalte Wasser, das ich mir dort über das Gesicht und den Nacken laufen ließ. Das belebte mich gerade so weit, daß ich mich die Stufen hinauf und in die Küche hinein schleppen konnte.

Dann aßen wir; daran erinnere ich mich genau. Es gab *lasagne al forno* aus frischer Pasta, die die Nonna im Morgengrauen selbst gemacht hatte, danach servierte sie *pollo in umido*, ein in scharfer Tomatensauce geschmortes Huhn. Ich verschlang auch das *osso buco* mit Pommes Frites, den Salat, die Tomatenstücke und schließlich die *crostata*, die Rosanna am Vorabend mit eingemachten Aprikosen gebacken hatte. Rosanna und Candace blieben zurück, um abzuspülen, während die Nonna, Franco und ich wieder hinaus in die brütende Hitze gingen, um Heuhaufen zu bauen.

Ein Mann mit einer speziellen Maschine fuhr die Heubänder entlang, die wir zuvor zusammengerecht hatten, und preßte das Heu zu Ballen. Unsere Aufgabe bestand darin, jeweils drei Ballen zusammenzutragen und senkrecht gegeneinander zu lehnen. Diese Heu-Tipis sollten dem Regen möglichst wenig Oberfläche bieten, den uns ein bedrohlich aussehender Himmel und quakende Enten ankündigten. Als am späten Nachmittag die Felder voller Tipis standen, fühlte ich mich nur noch erschöpft, doch als später die Wirkung des Weins, des Grappa und des Kaffees gleichzeitig nachließ, wurden alle Muskeln taub und unbeweglich. Ich murmelte nur noch ein kurzes Auf Wiedersehen und schlurfte nach Hause. Während ich duschte, betete ich zu Gott, er möge mich nicht ertrinken lassen. Danach legte ich mich für eine Minute hin – und schlief wie ein Toter bis zum nächsten Morgen. Dabei träumte ich von Ferenc Máté, dem rasenden Recher.

So endete mein erster Tag als *contadino*.

～

Einige Tage später hörte ich in der Frühe Paoluccis Traktor schnaufen. Ich schlüpfte aus dem Bett, um Candace nicht zu wecken, zog mich an und ging zu den Paoluccis, die gerade die Heuballen aufluden. Die Nonna trug einen stählernen Haken, den sie mit einem kurzen Schwung in einen Ballen trieb. Dann zog sie den Ballen am Haken zum Anhänger und beförderte das Heu mit einem eleganten Schwung auf die Ladekante. Franco stand auf der Ladefläche, zog den Ballen zu sich und schlichtete ihn wie ein Maurer auf die anderen. Sie hießen mich willkommen, scherzten über die für mich ungewohnt frühe Stunde, dann machten sie sich wieder an die Arbeit. Ich bekam auch einen Haken und half der Nonna: Wir packten die Ballen zu zweit und schwangen sie mühelos zu Franco hinauf. Das ging bei den ersten zwei Lagen noch ganz prima, doch danach mußten wir mit aller Kraft werfen, um die Ballen weit genug nach oben zu bringen. Schon am frühen Vormittag verwandelte sich das Tal in einen Backofen, und die Ballen wurden immer schwerer. Aber irgendwie haben wir es durch übermenschliche Anstrengung geschafft, den verdammten Wagen vier Ballen hoch zu beladen. Dann befestigten wir die Ladung mit Schnüren und brachten sie in den Heustadel. Danach gab es Frühstück in der kühlen, dunklen Küche: *lombo* – getrockneten Hinterschinken –, Frühlingszwiebeln und Wein.

Als ich wieder hinausging, spürte ich keinen Schmerz. Wir luden das Heu ab und kehrten auf das Feld zurück, wo ich mit dem gnadenlosen Arbeitstempo der Nonna kaum mithielt. Manchmal strauchelte ich auf dem rauhen, bröckligen Untergrund, manchmal entglitt mir der Haken oder der Ballen. Langsam wuchsen der Heuberg auf dem Wagen und die Hitze, die immer unerträglicher wurde. Gegen Mittag war ich in Schweiß gebadet und betete nur noch, die Glocken möchten bald läuten. Gerade hatten wir wieder die Haken fest in einen Ballen getrieben, holten Schwung, um ihn ganz nach oben, in die vierte Lage zu werfen. Nonna gab alles, ich gab alles, der Ballen sauste nach oben, und sogar ich hob vom Boden ab – die Nonna hatte mich mitsamt dem Ballen hochgeworfen. Aber das ist zehn Jahre her, damals war sie noch jung. Nämlich 73.

~

Markt war wie Weihnachten, nur daß er wöchentlich stattfand. Wir fuhren immer seltener in die Stadt, doch den Markt am Donnerstag ließen wir uns nie entgehen. In aller Frühe kamen schon die ersten Lieferwagen an, stellten sich an der Piazza Sant'Agnese und in den Straßen unterhalb der Stadtmauern auf. Wie durch Zauberei öffnete sich dann die Seite der Lieferwagen, mechanische Arme breiteten sich vom Dach der Fahrzeuge aus und spannten Markisen auf, die die Ware vor Sonne schützten: Obst und Gemüse, Fisch, Fleisch, Geflügel, Kanarienvögel in Käfigen, Küken und winzige Häschen, Amseln, die »*Ciao, come stai?*« krächzten, hallo, wie geht's? Hier konnte man Schuhe, Stiefel und wollene Pantoffeln kaufen, Kleider, Hemden und BHs mit eimergroßen Körbchen, Hosen, Strohhüte mit Schild oder Krempe, Tischdecken, Handtücher und Stoffe, die in zahllosen, bunt leuchtenden Ballen aufgerollt waren. Es gab Eimer, Rechen und Leitern, Muttern, Bolzen und Kaminbestecke. Hier konnte man Werkzeug aller Art finden, Töpfe jeder Form, Berge von Parfümflakons und Seifen, und wenn die Kinder nach der Schule vom Hügel herunterkamen, stürzten sie sich auf die Verkaufsstände für Nüsse und Bonbons, Schokolade und Lakritze.

An Markttagen trifft sich hier die ganze Stadt, um Melonen zu drücken, Hammerstiele auszuprobieren, an Blumen zu riechen, Käse auszuwählen oder ein Sandwich zu kaufen,

dessen Füllung von einem gebratenen Schwein herunterge-
schnitten wird, das dir in die Augen sieht. Die Leute plaudern,
handeln, lachen, lassen sich gegenseitig den Vortritt: »Nein,
nein, Sie kommen zuerst dran – aber nicht doch, Sie sind
dran – wen kümmert es, ich habe keine Eile.« Der Markt
kommt mir jedesmal wieder vor wie ein gelungenes Fest, auf
dem sich alle amüsieren. Von weit her kommen die Bauern
aus den umliegenden Tälern. Alle haben sich herausgeputzt
für diesen Tag, die Paoluccis und Bonnaris, Carlo, die Zwil-
linge und viele andere. Stolz führen sie ihre Jacketts, gebügel-
ten Hosen und frischen Hemden vor und wandern in großen
Gruppen an den Ständen vorbei wie Bustouristen. Ausführlich bespricht man die Neuigkeiten der letzten Woche, Ge-
burten und Todesfälle, Traktorpannen und Hagelschlag. Ausgiebig wird kommentiert, wenn jemand eine Kuh gekauft hat,
»Viel zu teuer! Dieser Trottel!«, oder welcher Junggeselle
heimliche Ausflüge in die Stadt macht, um sich mit den
Schönen der Nacht zu amüsieren. An Markttagen erfährt man
die Chronik des Landlebens – ganz ohne Zeitung.

An Markttagen luden wir den Matra jedesmal so voll,
daß die Stoßdämpfer ächzten, dann fuhren wir durch eine
verlassene Landschaft nach Hause – kein Mensch arbeitete in
den Feldern, bis die Händler ihre Tische zusammengeklappt,
die Markisen eingefahren, die Lieferwägen geschlossen hatten
und das Füllhorn des süßen Lebens in die nächste Stadt
weitergezogen war.

~

Piccardi besuchte uns recht häufig, worüber wir uns jedesmal
freuten. Meist kam er nach dem Mittagessen und verabschie-

dete sich gegen halb vier Uhr, wenn er sein Büro wieder öffnete. Er freute sich, wenn er uns Ratschläge geben konnte: wie man kocht, Blumen züchtet, alte Türen restauriert oder Kamine baut. Und mit seinem quecksilbrigen Temperament, seiner dröhnenden Stimme und seiner unerschütterlichen Überzeugung, daß nichts unmöglich sei, schaffte er es, viele unserer Zweifel und Ängste zu zerstreuen. Er kümmerte sich um uns wie um hilflose Kinder – dabei hatte er selbst drei Teenager zu Hause –, und seine Frau Anna-Maria, die Magierin des Einweckglases, lud uns zu so köstlichen Mahlzeiten ein, daß wir monatelang zögerten, bis wir endlich wagten, eine Einladung zu erwidern.

Auch Candaces neues Atelier verdankten wir Piccardi. Im schönsten *vicolo* der Stadt hatte er eine ehemalige Druckerei gefunden, einen hellen und großzügigen Raum mit einer imposanten Decke aus mächtigen Eichenbalken. Zwar mußte das zukünftige Atelier noch renoviert werden, doch auch darum kümmerte sich Piccardi. Als wir den Raum zum ersten Mal besichtigten, wirkte er wie ein muffiges Verlies. Erst nach vielen Stunden mühevollen Putzens und Schrubbens hatten wir die Wände freigelegt und aprilfrischen Duft verbreitet. Dann flogen wir nach Kanada, um Verwandte von Candace zu besuchen, und baten Piccardi, sich darum zu kümmern, daß ein Badezimmer installiert würde. Die Kosten dafür übernahm der Vermieter. Als wir zurückkamen, glaubten wir, einen Palast zu betreten: Die Wände waren neu verputzt und gestrichen, die Eichenbalken sandgestrahlt und lasiert, der kalte Zementfußboden mit toskanischen Kacheln belegt, die gesamten elektrischen Leitungen neu verlegt. Und erst das Bad! Es verfügte über heißes Wasser und sogar eine Dusche, für alle Fälle. Und trotz dieses Aufwands blieb der Besitzer bei der vereinbarten Miete, knapp über hundert Dollar im Monat.

Vor allem aber erleichterte Piccardi uns das Leben, indem er uns mit anderen Leuten in Kontakt brachte – denn Verbindungen sind das Herzblut der italienischen Gesellschaft. Er stellte uns seinem Doktor vor, seinem Zahnarzt, seinem Bankdirektor, dem Priester und einem *trovaroba* namens Inaldo. Inaldo hatte einen Trödelladen außerhalb der Stadt, und durch ihn lernten wir bald Metzger, Winzer und Automechaniker kennen, vor allem aber trafen wir durch ihn die zukünftigen Taufpaten unseres Sohns, den dichtenden Pfarrer, der ihn taufte, und einen großartigen Freund, einen Maler aus England.

Inaldo war Mitte fünfzig, mager, überzeugter Humanist und der letzte zornige Marxist der Stadt. Er hatte einen leidenschaftlichen Charakter und eine Stimme, die vom Kettenrauchen und pausenlosen Philosophieren ganz rauh geworden war. Wenn wir kamen, empfing er uns mit offenen Armen und sprudelte gleich los, daß die Welt zugrunde gehe, die Leute – ohnehin schon unendlich dumm – immer verrückter würden, wir müßten nur auf die Kreuzung vor seinem Geschäft blicken, auf der es fast jeden Tag scheppere. Nach diesem Begrüßungswortschwall diskutierten wir dann meist die Mißstände in Italien und der ganzen Welt. Bis wir zu dem Schluß kamen, daß die Menschheit verrückt und daher jedes Lamentieren vollkommen nutzlos sei, weshalb wir uns geradesogut ein gutes Mittagessen und ein Gläschen Wein genehmigen könnten.

7   ❦   Auf Hemingways Spuren

An einem Frühlingsmorgen wurde ich von erregten Stimmen geweckt, die auf dem Hügel hinter unserem Haus diskutierten. Schnell zog ich mich an, um nachzusehen.

Die Wiesen waren bereits gemäht, das Heu stapelte sich schon in den Stadeln. Die Luft war kühl und klar und roch nach dem Ginster, der überall wie gelbe Flammen loderte. Einer der alten Scaccini-Zwillinge stand auf der Spitze eines kahlen Hügels und wedelte mit einem großen Stoffetzen durch die Luft wie ein Schiffbrüchiger. Ich ging zu ihm hinüber und fragte, was denn los sei. »*Un toro. È scappato un toro.*« Ein Stier war ausgebrochen. Scaccini deutete auf die Ruine neben dem Olivenhain und erzählte mir, daß Bonnari seine Rinder in einen Pferch getrieben habe, um den Stall gründlich zu reinigen, doch der junge, kräftige Stier sei einfach über das Gatter gesprungen und in die Freiheit entfleucht. Und jetzt versuchten die Bauern, ihn wieder in die Nähe des Stalls zu treiben. Sie hofften, daß der Bulle freiwillig in den Stall zurückgehen werde, sobald er die Kühe roch. Überall im Olivenhain tauchten jetzt Köpfe auf, man brüllte und wedelte mit Lumpen oder Hemden, doch der Stier blieb unsichtbar.

»*Sparito!*« rief jemand. Verschwunden!

»*Che, sparito?!*« brüllte Bonnari, »Wir suchen einen Stier, keinen Floh!«

Scaccini lachte; plötzlich kamen alle aus den Bäumen, sechs oder sieben Bauern mit lächerlichen Fetzen wedelnd und langsam einen Kreis schließend, in dessen Mitte allerdings kein Stier stand.

»*Accidenti alla cieca mamma della Madonna!*« Verflucht sei die blinde Mutter der Heiligen Maria!

Unter allgemeinem Gefluche und Gelächter löste sich der Kreis auf, einige Bauern schlenderten frustriert davon, andere sammelten sich in kleinen Gruppen und tauschten Meinungen aus. Paolucci kam zu uns auf den Hügel und wischte sich mit einem Ärmel den Schweiß von der Stirn. Er verkündete: »*Ho fame. Vo' a mangiare.*« Und ging heimwärts, um zu frühstücken. Doch er schaffte nur wenige Schritte.

Denn wie ein Geist tauchte plötzlich der riesige weiße Stier vor ihm aus dem Nebel auf. Stolz und prächtig stand er da, schien überhaupt nicht bedrohlich oder erregt, sondern hob den Kopf erwartungsvoll und roch an der Frühlingsluft. Alle erstarrten, niemand wedelte mit seinem Fetzen. Wir standen nur da und glotzten auf das Ziel unserer Jagd, das sich dort in der Sonne pelzte. Über uns zwitscherte eine Lerche. Als erster reagierte Bonnaris Sohn, ein stämmiger junger Kerl. Langsam, aber furchtlos ging er geradewegs auf den Stier zu, sein kariertes Hemd hing ihm über eine Schulter, er wirkte wie ein unbeteiligter Spaziergänger. Jetzt zog er das Hemd langsam herunter und breitete es aus wie ein Matador. Das kannte er aus einem Film. Ungefähr zehn Meter vom Stier entfernt hielt er an und starrte ihm direkt in die Augen.

»Wirf es ihm über die Augen, dann bleibt er ruhig«, flüsterte Scaccini so leise, daß selbst ich ihn kaum hören konnte, geschweige denn der Junge. Niemand rührte sich. Der Stier schnüffelte ein bißchen, sicher roch er den süßen Duft des

Ginsters und die feuchte Luft, die vom Bach aufstieg. Dann schüttelte er den Kopf, senkte ihn und starrte den Jungen an, der jetzt vorsichtig, aber stetig das Hemd höher hob, es ausbreitete und seitlich neben sich hielt, wie er es in dem Stierkampffilm gesehen hatte. Er schüttelte es sogar, wie ein echter Matador.

Dann preschte der Stier mit Urgewalt los, immer schneller donnerten seine Hufe über den Tonboden, wirbelten Staub auf. Doch der Junge stand ungerührt und hielt sein Tuch neben dem Körper. In ängstlicher Bewunderung hielten wir den Atem an und wünschten uns – beinahe –, daß wir auch solchen Mut hätten. »*Toro!*« rief der Junge übermütig und schüttelte das Tuch. Es war ein heroischer, erhabener Anblick, beinahe hätten wir gejubelt und »*Olé*« gerufen. Scaccini wedelte vor Begeisterung mit seinem Tuch. Doch unglücklicherweise hatte der Bulle noch nie einen Stierkampffilm gesehen und scherte sich überhaupt nicht um das flatternde Tuch, sondern ging direkt auf den Jungen los.

Mit seinem großen, stumpfen Schädel traf er ihn mitten in die Brust; zum Glück reagierte der Junge so schnell, daß er wenigstens noch seine Arme heben konnte, um den fürchterlichen Aufprall abzudämpfen. Der Junge wurde über die Hörner, über den ganzen Stier hinweg geschleudert, er flog durch die Luft, sein Hemd flatterte hinter ihm her wie der Schwanz eines Drachens. Von all dem unbeeindruckt, rannte der Stier geradeaus weiter und verschwand hinter der Hangkante in den Schatten des Tals.

Der Junge hatte sich inzwischen aufgerappelt, betastete vorsichtig seine Rippen und seine geprellten Arme.

Paolucci sah dem Stier traurig hinterher. »*Povera bestia*«, sagte er, armes Vieh. »Er wird sterben.«

Überrascht fragte ich ihn, warum.

»Sein Herz wird versagen. Er ist einfach nicht daran gewöhnt, frei herumzulaufen.«

Die Männer versammelten sich wieder zur Beratung, doch Paolucci sagte: »*Io mangio*« und ging nach Hause, diesmal wirklich.

Irgend jemand sagte: »Ruf' Cugusi an! Er soll sein Pferd satteln, herkommen und das Tier mit dem Lasso einfangen.«

»Genau wie im Film«, sagte ich. Der alte Scaccini lachte.

Dann gingen wir alle auf ein kleines Frühstück und einen Schluck Wein zu Paolucci hinüber. Nur der junge Bonnari schloß sich nicht an, sondern ging, sichtlich enttäuscht und noch ein wenig unsicher auf den Beinen, Richtung Tal, dem Stier hinterher.

Nachdem wir uns gestärkt hatten, kehrten wir auf den Hügel zurück, doch die Landschaft lag verlassen da, nur die Lerche sang. Eine Schar von Sperlingen flatterte knapp über unsere Köpfe hinweg und ließ sich im Schilf nieder, das den Teich umgab. Plötzlich tauchte Cugusi auf, hoch zu Roß, und sah mit seinem flachkrempigen Hut aus wie ein echter *caballero*. Sein Pferd tänzelte seitwärts, als übe es für einen Dressurwettbewerb. Cugusi hielt sich kerzengerade im Sattel und hörte sich mit ernster Miene an, wohin der Stier möglicherweise geflüchtet sein könnte. Dann ließ er das Pferd lostrotten, und wir folgten ihm in loser Prozession die Hangkante entlang. Wir müssen ausgesehen haben wie ein zusammengewürfelter Haufen von Bauerntölpeln, die mit Fetzen bewaffnet ihrem eleganten berittenen Prinzen in den Krieg folgten.

Wir stiegen in den Schatten der Bäume hinab, die dem Bachlauf folgten, und durchsuchten das Gehölz. Teilweise standen die Bäume sehr dicht, teilweise weit auseinander. Direkt am Ufer wuchsen Brombeerbüsche und Pappeln, deren wollähnlicher Samen wie Daunen durch die Luft schwebte. Wir verteilten uns fächerartig, schritten stumm durch den Wald und spähten angestrengt nach dem weißen Fell des Stiers.

Cugusi zügelte sein Pferd und ließ es am Bach entlangtrotten. Das Pferd war allerdings an den weichen Untergrund und den scharfen Geruch nach Pilzen nicht gewohnt und protestierte. Cugusi tätschelte ihm den Hals, um es zu beruhigen, worauf das Pferd zwar weiterging, aber ohne Überzeugung.

Plötzlich griff der Stier an. Noch bevor wir ihn sahen, hörten wir das Getrampel, das schmatzende Geräusch des nassen Bodens, das Knacken der Zweige. Als das Tier durch den Bach preschte, stoben silberne Fontänen in die Luft und zeichneten sich scharf gegen das Grün des Waldes ab. Doch das Pferd flüchtete nicht, es stand vor Angst erstarrt. Die Füße warteten auf einen Befehl aus dem Gehirn, doch das reagierte nicht mehr rechtzeitig. Mit voller Wucht rammte der Stier das Hinterteil des Pferdes, das nicht zusammenbrach, sondern durch die Luft geschleudert wurde wie eine Stoffpuppe. Ein einigermaßen komischer Anblick.

Nach der Attacke lief der Stier geradeaus weiter, doch schon nach wenigen Schritten versperrte ihm ein steiler Anstieg den Weg. Also wendete er und griff nochmals an. Der arme Cugusi saß vor Entsetzen gelähmt im Sattel – so etwas war er nicht gewohnt! Das war etwas ganz anderes als Schafe zu hüten oder in Paraden aufzutreten! Mittlerweile hatte das Pferd gewendet, sah dem Stier in die Augen und bäumte sich auf. Dabei brachte es die Vorderhufe aber kaum in die Luft, weil der Untergrund so weich war. Der Stier krachte mitten in die Brust des Pferdes, das sich auf seine Hinterbeine setzte wie ein Hund, der um einen Knochen bettelt. Cugusi wurde abgeworfen, behielt aber die Zügel in der Hand. Er fluchte fürchterlich und sprang wieder in den Sattel, bevor sich das verdutzte Pferd wieder aufgerichtet hatte. Das Pferd ging durch, galoppierte in die trockenen Hügel, doch der Stier hatte ohnehin genug; ohne uns eines weiteren Blicks zu würdigen, trabte er in das Wäldchen hinein, als ob er sein Leben lang dort gehaust hätte, brach mitten hindurch und auf der anderen Seite wieder hinaus. Später hielt er sich hügelan, in Richtung der würdigen Ruinen; er bot einen großartigen Anblick, wie er so durch die Sonne trabte, frei.

Danach gingen wir zum Mittagessen, nur Bonnari folgte dem Stier.

Der Nachmittag war eine Wiederholung des Morgens: Wir stöberten den Stier auf, er griff uns an, rannte diesmal aber niemanden um, sondern bahnte sich nur einen Fluchtweg. Später sahen wir ihn noch, wie er durch die Hügel galoppierte. Dabei warf er den Kopf hin und her und schien den grenzenlosen Raum, den unendlichen Himmel zu genießen. Und urplötzlich machte er eine letzte Kurve, donnerte ins Tal hinunter und verschwand im Dickicht und in den Schatten am Bach.

Langsam gingen wir hinter ihm her auf das seltsam ruhige Wäldchen zu. Wir waren nur noch zu dritt, die anderen hatten sich verabschiedet, um ihren eigenen Arbeiten nachzugehen. Noch wagten wir nicht, den Wald zu betreten. Bonnari warf einen Tonklumpen in die Dunkelheit. Keine Reaktion. Zögernd tasteten wir uns vor, Tonklumpen in die Dunkelheit vor uns werfend. Dann hielt Paolucci an und sagte leise:

»*Povera bestia*«, armes Vieh. Wir gingen zu Paolucci hinüber und sahen Kummer in seinem Gesicht.

Da lag der Stier, wie ein gestürztes Denkmal, in einer sumpfigen grünen Lichtung. Sein weißer Körper strahlte im Sonnenlicht, das flach durch die Bäume brach. Seine Augen standen offen, sein Kopf war leicht zurückgeworfen, als ob er etwas witterte. Vielleicht lag es nur am Licht, aber es schien, als ob er immer noch die endlosen Felder genösse, den freien Himmel und die klare Frühlingsluft, die alles zum Leben erweckt. Er schien zufrieden. Zufrieden, hier zu sein und nie wieder in das Halbdunkel eines Stalls zurückkehren zu müssen.

8 ∾ Sommernachtsmusik

Eine grausame Hitze lähmte das Tal, der Tonboden platzte, die Erde bekam Risse, selbst die Luft hatte Angst, sich zu bewegen. Die Schafherde auf der anderen Straßenseite hörte auf zu grasen und flüchtete sich in den Schatten einer gewaltigen Eiche. Und wenn man unsere Terrassentür öffnete, um auf die *piazzetta* hinaus zu gehen, hatte man das Gefühl, einen Backofen zu betreten. Die Zikaden schrillten wie verrückt, schlaff hingen die Blätter von den Bäumen. Selbst auf den Feldern wurde nur noch in den frühen Morgenstunden gearbeitet. Bazzotti hatte sich in die *cantina* zurückgezogen, den einzigen kühlen Ort des Hauses. Dort saß er und grummelte: »*Eva puttana, che caldo!*« Eva, du Nutte, was für eine Hitze! Die Toskaner nennen diese Zeit *solleone*, Löwen-Sonne. Wir schlossen alle Fenster und Läden, das ganze Haus lag im Halbdunkel, nur durch wenige Sonnenstrahlen erleuchtet, die durch irgendwelche Ritzen drangen. Zum Glück bewahrte das Haus die morgendliche Kühle und die Frische des Frühlings in den dicken Steinmauern und im Boden. Wenn wir gerade kein Schläfchen machten, arbeiteten wir im Erdgeschoß, wo wir auf dem kühlen Terrakottaboden barfuß liefen. Nachmittags, wenn der Schatten auf die *piazzetta* fiel, spritzte ich sie ausgiebig ab, worauf die stehende Luft sich sofort abkühlte und süß nach nassen Ziegeln roch. Dann hielt ich den Gartenschlauch mir selbst über den Kopf und erwachte zu neuem Leben. Und der Lavendel dankte mir das Gießen, indem er eine wahre Duftwolke ausstieß.

In jenen Tagen hielten wir uns nur sehr früh oder sehr spät im Freien auf. Wir frühstückten im gedämpften, fleckigen Licht der Pergola, am Mittag aßen wir im kühlen Halbdunkel der Küche, deren Fenster nach Norden gingen. Meist gab es aber ohnehin nur einen Salat oder sonnengewärmte Tomaten mit frischem Basilikum aus unserem Garten und Mozzarellascheiben. Den Nachtisch, Obst und Espresso, nahmen wir aber in der Pergola ein, um die Hitze zu spüren, die jetzt selbst im Schatten enorm war, und die flirrende Luft über dem Tal und der Stadt zu sehen. Abends aßen wir kalte Pasta oder *panzanella*, ein köstliches Gericht der Region. *Panzanella* ist ein Salat aus altem Brot, dünn geschnittenen violetten Zwiebeln, Tomatenstücken, Basilikum, Gurke, schwarzen Oliven und Knoblauch, der mit Balsamico-Essig und Olivenöl angemacht wird. Gekühlt und mit Thunfischstückchen schmeckt er am besten; dazu sollte man einen jungen Rotwein trinken.

Abends aßen wir bei Kerzenlicht auf der Terrasse, beobachteten, wie der Mond die Stadt belagerte, badeten im betörenden Duft des Jasmins und dem süßen Geruch, der von den abkühlenden Feldern ausging. Nach dem Abendessen war Musik, Theater und Tanz angesagt, denn im Juli und August finden in den Hügeln von Montepulciano bis Pienza zahllose Konzerte und Festivals statt, in Städten und Burgen, manchmal sogar auf freiem Feld.

Montepulciano zum Beispiel richtet das zweiwöchige Festival *Il Cantiere*, die Werkstatt, aus. Dann erklingen Waldhörner in der Kathedrale, Volkslieder auf den Straßen,

Ziehharmonikas auf den *piazze*, Oboen und Gitarren in den Innenhöfen. Jeden Abend kann man etwas Neues erleben, zum Beispiel ein Flötenkonzert in einem Etruskergrab oder den Auftritt eines Orchesters in San Biagio oder japanisches Kabuki-Theater auf der verdunkelten Piazza Grande.

Dann gibt es noch das *Teatro Povero* in Montechiello, etwa zehn Kilometer von Montepulciano. Montechiello ist ein winziger, wunderbar erhaltener, von Stadtmauern umgebener Ort mit etwa hundert Einwohnern. Hier findet ein Volkstheater statt, das seinen Namen zurecht trägt, denn die Autoren und Darsteller der Stücke stammen sämtlich aus Montechiello. Die Vorstellungen finden abends auf der *piazza* statt, die Handlung dreht sich typischerweise um das tägliche Landleben, um Verlust, Tod, Geburt und langsamen Wechsel. Gebannt saßen wir da und beobachteten, wie die Schauspieler – alles Laien – ihr Leben darstellten, ihre Hoffnungen, Ängste, Träume. Ihre Bühne war die eigene Stadt, die *piazza*, die *vicoli*, und über ihnen spannte sich die sommerliche Nacht. Und obwohl wir wegen des derben Dialekts der Leute nur wenig verstanden, berührte uns das Schauspiel zutiefst. Ganz in der Nähe von Montechiello hatte die Nonna in ihrer Kindheit Schafe gehütet; es war, als ob wir in den Theaterstücken auch ihr Leben widergespiegelt sähen.

Eines der wichtigsten Feste Italiens ist die *Festa dell'Unità*, die in allen Ortschaften gefeiert wird. Die Frauen bereiten Pasta und Fleisch zu; gespeist wird dann an langen Tischen im Freien. Zusammen mit den Paoluccis gingen wir auf die *Festa* in Pienza, schlugen uns den Bauch voll und gingen danach auf die hübsche Renaissancepiazza. Dort spielte eine jener Tanzkapellen, die von der Polka bis zum Reggae alles im Repertoire haben, und alle tanzten: Kinder mit Kindern, Kinder mit Alten, ein Kind mit seiner Puppe, ein anderes mit seinem Hund. Der Platz war von Fackeln erleuchtet, die in schmiedeeisernen Haltern an den Wänden steckten, genau wie vor vierhundert Jahren.

Am bemerkenswertesten fand ich das Konzert in Castel' Luccio, einer kleinen, einsamen Burg im trockenen Val d'Orcia. Jeden Sommer findet im Innenhof der noch immer bewohnten Burg ein Kammermusikkonzert statt. Der Hof bietet zwar nur etwa sechzig Zuschauern Platz, doch die Akustik ist wunderbar klar. Unter einem indigofarbenen Himmel lauschten wir schwermütigen Klängen von Kodály und ätherischen Klängen von Vivaldi. Warm wehte die Luft, einige Fledermäuse zischten durch den Nachthimmel; nie hat Kammermusik so herrlich geklungen. Und das war erst der Anfang! Nach dem Ende des Konzerts schlenderten wir in den benachbarten Garten mit mächtigen Bäumen, saftigem Gras und einer *vasca* hinüber, die von Fackeln und Kerzen erleuchtet wurde. Silbern spiegelten sich die Flammen der Kerzen, die auf Flößen im Wasser des Beckens schwammen. Riesig stand der Mond am Himmel, zeichnete die Umrisse des alten Vulkans im Hintergrund und beschien die mit weißem Leinen gedeckten Tische. Hier servierten die Eigentümer des Ambrosia, eines der besten Restaurants der Toskana, ein Abendessen, das in jedem den Wunsch nach Unsterblichkeit erweckt. Ewig leben – und sei es nur, um jedes Jahr für eine milde Augustnacht hierher zurückkommen zu können.

9 ~ Mondsüchtig

Hundegebell riß mich aus dem sanften Schlummer einer vollkommen geräuschlosen Nacht auf dem Land. Es war nach drei Uhr; ich stand auf und sah auf die im Mondlicht badenden Hügel hinaus. Ich erkannte Manettis Jagdhund. Manetti lebte in einem kleinen *podere*, dessen Land an unseren Walnußhain grenzte. Wir waren erst kürzlich dort vorbeigekommen, als wir eine Abkürzung quer über die Felder zum unteren Teil der Stadt nahmen. Manetti war etwa vierzig Jahre alt und unverheiratet, er arbeitete am Bau und lebte mit seiner alten Mutter zusammen, die den kleinen Bauernhof bewirtschaftete. Er hatte den Spitznamen *Duro*, was wörtlich »hart« bedeutet, aber auch in Zusammenhang mit einem Verstand benutzt wird, in den nichts hineingeht. Im Jahr zuvor war Duro auf einem Gerüst ausgerutscht und kopfüber auf einen Betonfußboden gestürzt. Dabei hatte er sich die Schulter gebrochen, aber dem Kopf war nichts passiert. Dieses Jahr hatte er auf über drei Metern Höhe einen Stahlträger montiert, der sich plötzlich löste, Manetti auf den Kopf fiel und ihn von der Leiter stieß. Wieder einmal blieb er am Boden liegen: mit angeknacksten Rippen, gebrochenen Armen, aber unversehrtem Kopf. Seit diesem letzten Stunt konnte sich Manetti nur noch mühsam bewegen, weshalb er den Hund auch nie mehr zum Jagen aus dem Zwinger holte.

Am nächsten Morgen ging ich zu Manetti. Wir hatten uns zuvor schon einige Male in seinem dunklen Weinkeller bei einem Gläschen Wein miteinander unterhalten, über seine gebrochenen Knochen, über Wildschweinjagden oder darüber, warum seine Walnußbäume doppelt so hoch waren wie unsere. Auch mit seiner *mamma* hatte ich über Tauben oder Brunnen geplaudert. Sie schien mir eine außerordentlich nette Person zu sein, und als junges Mädchen hat sie bestimmt den Burschen den Kopf verdreht. Ich ging also ruhig und gefaßt zu den Manettis, wenn auch ein wenig übernächtigt.

Ihr *podere* war schlicht und schon im Verfall begriffen. Die *Mamma* stand gerade in einem Anbau neben dem Haupthaus und wusch. Mit einer groben Bürste schrubbte sie Kleidungsstücke, die auf einem Waschbrett über dem Waschtrog aus Beton lagen. Sie schrubbte, spülte, wrang und spülte wieder. »*Buongiorno, buongiorno*«, wir tauschten Grüße und Höflichkeiten aus, plauderten, ich fragte, wie es ihrem Sohn gehe, ob er heute schon vom Kirchturm gefallen sei. Sie lächelte. Und dann erwähnte ich den Hund.

»O, dieser *maledetto*«, schimpfte sie, dieser Verfluchte. »Diese Nacht hat er mich eine ganze Stunde wachgehalten.«

»Mich auch«, sagte ich. »Warum geben Sie ihm keinen Klaps?«

»Ich kann doch keinen Jagdhund schlagen.«

»Warum nicht?«

»Das kann man doch nicht machen.«

»Warum bringen Sie ihn über Nacht nicht in den Schuppen?«

»Dann reißt er die Hühner.«

»Und in den Stall?«

»Dann frißt er ein Lamm.«

219

»Und ins Haus?«

»Dann frißt er mich!«

»Wie wär's mit Schlaftabletten?«

»Für einen Hund? Bin ich Millionärin?«

»Ich zahle sie.«

Darauf legte die *mamma* ein zu einem Ball gerolltes nasses Hemd auf das Waschbrett, drückte es so fest, daß das Wasser zwischen ihren Fingern herauslief, hob ihre weichen, bäuerlichen Augen, sah mich an, lächelte knapp und sagte mit melodiöser, freundlicher Stimme: »*Non mi rompere i coglioni*«, geh' mir nicht auf die Eier.

10 ∾ Wanderer in der Nacht

Gegen Mitte des Sommers schien der Gemüsegarten entschlossen, die gesamte Welt zu überwuchern. Salatköpfe
wuchsen zu Büschen heran, Tomatenstauden wurden zu
Bäumchen, Zucchinis zu außerirdischen Mutanten und die
Auberginen und Melonen so gigantisch, daß man sich vor
ihnen fürchten mußte. Zu verdanken hatten wir dies Paoluccis
sandigem Lehmboden und erstklassigem Stallmist sowie
Candaces unermüdlichen Anstrengungen mit dem Gartenschlauch: Jeden Morgen und Abend goß sie die Beete mit
übelriechendem Schlammwasser aus dem Tümpel.

Als die Hitze einsetzte, stand Candace bei Sonnenaufgang auf, und harkte, hackte, jätete, bis der Schweiß an ihrem
Körper hinablief. Sie war fest entschlossen, uns mit Hilfe des
Gartens gesund zu ernähren – und wenn die Arbeit sie umbringen sollte. Unser *orto* lag nördlich des Hauses, auf der
anderen Seite standen unsere Obstbäume. Eines Morgens war
plötzlich alles reif. Ohne Vorwarnung beugte sich der Feigenbaum über der *piazzetta* unter seiner nektartriefenden Last,
leuchteten die Pflaumen, Aprikosen und Pfirsiche in den kräf-
tigsten Violett-, Orange- und Gelbtönen. Nur die Vögel und
Bienen waren nicht überrascht, sondern stürzten sich mit Begeisterung auf unser Obst. Sie pickten und saugten wie wild,
als stünde der Winter unmittelbar bevor.

Nicht zu vergessen die Beeren: Die Erdbeerpflanzen verwebten sich zu einem dichten Teppich, die Himbeersträucher bliesen zum Generalangriff auf die Hecke, und die Stachel- und Johannisbeeren verfärbten sich über Nacht dunkelgelb und schwarzrot.

Am Vormittag rangen wir mit dem Garten, nach dem Mittagessen schliefen wir hinter geschlossenen Fensterläden. Doch eines Tages stockte das Wasser aus dem Teich. Giovanna war gerade zu Besuch und lag, lediglich mit einem Bikinihöschen bekleidet, in einem Liegestuhl, als ein gotteslästerlicher Fluch aus dem Gemüse drang. Candace brüllte, daß kein Wasser mehr aus dem verdammten Wasserschlauch komme, ich schrie zurück, daß dies physikalisch unmöglich sei, schließlich liege der Teich fünfzehn Meter über unserem Garten.

»Könnt ihr euch nicht leiser umbringen?« fragte Giovanna. »Ich möchte mich schließlich erholen.«

Candace zeterte, daß der Garten bis Sonnenuntergang total verdorren würde, wenn ich das Wasser nicht wieder zum Laufen brächte. Völlig verwirrt machte ich mich auf die Suche nach dem Grund, warum Gott ausgerechnet heute die Schwerkraft ausgeschaltet hatte.

Unser Teich lag direkt gegenüber Bazzottis Haus, und als Bazzotti mich mit Zange, Eimer, Draht und Rohrzange bewaffnet kommen sah, winkte er mich zu sich. Es war Samstag, er mußte also nicht die Straßen von Montepulciano kehren, sondern konnte auf einer Bank im Schatten sitzen.

»*Mettiti giù*« sagte er, mit der Hand auf den freien Platz neben sich deutend. Also setzte ich mich und erzählte, warum ich in der schlimmsten Mittagshitze unterwegs war.

»Es ist zu heiß, um in der Sonne zu sein«, sagte er, »die

Hitze wird dich umbringen. Andererseits bringt dich deine Frau um, wenn du das Problem nicht löst.«

»*Preciso*. Im Morden ist sie Champion«, sagte ich.

»*Preciso*. Am besten trinken wir darauf ein Glas Wein.«

Also schlurfte er in die *cantina* hinüber und bot dabei einen recht komischen Anblick mit seinen Pantoffeln, seinem ärmellosen Unterhemd und dem kugelrunden Bauch, den er vor sich herschob. Bald kam er mit zwei Gläsern und einer Flasche Weißwein zurück, die er gerade erst abgefüllt hatte und auf der sich dicke Kondenswassertropfen bildeten. Er schenkte aus, wir tranken, und wegen der Hitze stieg der Alkohol sofort in die Birne. Solcherart betäubt, gingen wir in die Sonne. Der Teich lag im Würgegriff toten und äußerst lebendigen Schilfs, es gab kein Durchkommen. Ganz in der Mitte war noch ein wenig Teich übriggeblieben, allerdings grün vor Algen. Bazzotti hatte damals mitgeholfen, das Bewässerungssystem zu bauen, er wußte daher, was zu tun war. Mit einer abgenutzten Sichel mähte er das Schilf am höchsten Punkt des Ufers und stieß bald auf die kleine Brunnenfassung. Er hob den Deckel ab. Darunter lag ein Plastikrohr mit fünf Zentimetern Durchmesser, das von einem T unterbrochen wurde und aus dem ein großes Ventil ragte. Er öffnete das Ventil, das ein bißchen Luft einsaugte und ein trockenes, schwarzes Loch freigab. »*Secco*«, stellte er fest, trocken.

»Was für eine Überraschung«, sagte ich.

Bazzotti kicherte; er mochte es, wenn man sich über ihn lustig machte.

Vom Ventil führte das Rohr in eine Richtung hinunter in den Teich, in der anderen bergab in unseren Garten. Irgend etwas hatte den Siphon verstopft, so daß das Wasser nicht mehr aus dem Teich gesaugt wurde. Also machten wir uns an die Arbeit. Mühsam kämpfte sich Bazzotti durch das Schilf zum Wasser, rutschte und fluchte. Ich säuberte das Ventil und zog die Anschlüsse fest, dann folgte ich Bazzotti in den Schlamm. Schließlich fanden wir das Rohrende – es steckte in blubberndem Schlick. Wir legten es frei, reinigten den Filter, dann ging ich zum Ufer zurück und brüllte.

Das Haus lag gute zweihundert Meter entfernt. Noch vor wenigen Monaten wäre es mir peinlich gewesen, in aller Öffentlichkeit so zu brüllen, aber jetzt krakeelte ich über das ganze Tal, bis Candace um das Haus kam. Ich wies sie an, alle Wasserhähne zu schließen, dann schöpften wir mit einem Eimer Wasser, um das leergelaufene Rohr wieder zu füllen. Schließlich schrie ich Candace zu, sie solle den Hahn öffnen. Triumphierend hielt sie den Schlauch in die Höhe, aus dem wieder Wasser sprudelte. Doch plötzlich schrien Candace und Giovanna entsetzt auf. Erschrocken rannte ich zu ihnen hinunter. Wie gelähmt standen sie da, hielten den Schlauch und starrten auf den Boden, auf dem sich glibbrige Kaulquappen sammelten, die aus dem Schlauch spritzten.

»Tolle Erfindung«, sagte Giovanna angewidert. »Vorgedüngtes Wasser.«

~

In jener Nacht wich die Hitze nicht aus dem Tal; auf der *piazzetta* und in den Hügeln war es auch nach Sonnenuntergang noch lange heiß. Wir aßen bei Kerzenschein unter der Pergola, von einem lauten Froschkonzert eingehüllt, betört vom süßen Duft der abgeernteten Weizenfelder und des Lavendels. Wenn ein Hauch die Luft bewegte, wogte der Geruch des frischen

Meeresfrüchtesalats an unsere Nasen. Hinter dem Glockenturm des Nonnenklosters ging bedächtig der abnehmende
Mond auf und wurde vom hohen Schrei einer kleinen Eule
begrüßt, die in unserem Weinberg saß.

Die Kerzen waren in ihren Ständern heruntergebrannt, in
windverwehten, erstarrten Ketten hing das Wachs herunter.
Als die Flammen erstarben, saßen wir still und ließen uns
vom Mondlicht benetzen.

Giovanna, die vom vielen Faulenzen völlig erschöpft war,
wünschte uns eine gute Nacht und ging ins Bett. Candace
lehnte sich an mich, und schon bald atmete sie tief und gleichmäßig im Schlaf.

»Ein Paradies«, murmelte sie im Halbschlaf, »ein gott-
verdammtes Paradies.«

Nachdem auch Candace ins Bett gegangen war, räumte ich den
Tisch ab, ganz langsam und bedächtig, die herrliche Wärme
der Sommernacht genießend. Ich löschte alle Lichter, ging
aber, einem plötzlichen Impuls folgend, nicht ins Schlafzimmer hinauf, sondern zurück ins Freie. Der Mond hatte sich
aus dem Dächergewirr der Stadt losgerissen und schwebte
jetzt ungehindert durch den offenen Himmel. Ziellos wanderte ich umher, gelangte an die Straße, der ich nach rechts
folgte, Richtung Einsamkeit. Schwarz lag das Tal vor mir, die
Hügel waren in silbernes Mondlicht getaucht. Dann bog ich
auf den Weg ein, der zum Bach hinunter führte. Geisterhaft
schimmerten die zwei Traktorspuren aus weißem Ton und
schienen mich zu bitten, diesem Weg weiter zu folgen. Rechts
und links erstreckten sich frisch umgepflügte Felder, große
Tonbrocken lagen wild übereinander getürmt, leuchteten weiß
und warfen tiefschwarze, scharfkantige Schatten. Wogende

Weizenfelder hatten sich in eine aufgewühlte Steinwüste, eine Mondlandschaft verwandelt.

Plötzlich bewegte sich vor mir etwas in der Dunkelheit. Ein Fuchs. Er mußte mich schon lange beobachtet haben, denn er war in meinem Blickfeld gelegen, seit ich von der Straße abgezweigt war. Jetzt sprang er über den Weg und den Graben, hielt dann an und blickte mich an. Er stand vielleicht ein Dutzend Schritte von mir entfernt, ganz ruhig, und musterte mich mit erhobenem Kopf, als ob ich in sein Revier eingedrungen wäre.

Schließlich drehte er sich um und trottete seelenruhig davon, und zwar auf dem Weg, nicht auf dem zerklüfteten Ton des gepflügten Feldes. Man hätte meinen können, er sei tief in Gedanken versunken. An der Hangkante wandte er sich um, warf mir einen letzten Blick zu und verschwand.

Ich verließ den Weg und betrat die Mondlandschaft der Tonschollen. Man konnte auf diesem Untergrund kaum gehen, so zerklüftet war er. Die Kanten waren scharf, die Entfernungen nur schwer zu schätzen, die Furchen unregelmäßig tief und im Schatten verborgen. Warum ich überhaupt hier umherwanderte? Keine Ahnung. Vielleicht war der Mond schuld. Immer wieder stolperte ich, kämpfte mich jedoch weiter. Es war, als ob ich das Laufen neu lernen müßte. Dann sah ich auf und fand mich in einem Meer weißer Tonbrocken, die von innen heraus zu leuchten schienen. Über mir die nachtschwarze Hügellinie, unter mir die pechschwarzen Schatten der Bäume am Bach, und dazwischen eine gespenstisch schimmernde Mondlandschaft.

Natürlich kannte ich diese Felder sehr gut, aber jetzt sah alles völlig ungewohnt aus. Ich hörte ein leises Murmeln – keine Ahnung, was es war – und ein Rascheln in den Ästen.

Von der Mühle flatterten Fledermäuse auf, die Nacht verwandelte sich. Neues Licht sickerte in die Dunkelheit. Zeit, nach Hause zu gehen.

11   ∽ Don Flori

Später im Sommer, als der Strom der besuchenden Freunde allmählich versiegte, nahmen Hornissenschwärme unseren Kamin in Beschlag. Wir merkten es erst, als einige Hornissen aus dem Kamin flogen und durch das Haus irrten. Als ich den Abzug überprüfte, hörte ich geschäftiges Summen über mir. Candace wurde nervös, doch ich beruhigte sie: Ich würde die Plagegeister ausräuchern und basta. Ich zerknüllte Papier, schichtete es in den Kamin, legte obenauf grünes Gras, damit es richtig schön rauchte, und zündete es an. Die Flammen züngelten, der Rauch waberte, und ich sagte Candace, sie solle mal aus dem Haus gehen, um zu beobachten, wie all die Mistviecher die Flucht ergriffen.

Candace ging nach draußen, rief aber nach einer Weile: »Wo bleibt der Rauch?«

»Hier drin!« hustete ich und rettete mich aus dem Qualm der Küche.

»Denen hast du's aber gezeigt!« stellte Candace lächelnd fest.

Hornissen sind nicht dumm; sie hatten den gesamten Kamin mit ihrem Bau verstopft, so daß keine Spur des Rauchs zu ihnen durchdrang. Also blieb uns keine andere Möglichkeit als der Nahkampf Mann gegen Hornisse.

Wenn ich den Rasen mähe oder Unkraut jäte, sammle ich

den Bio-Abfall in einem dichten schwarzen Netz von der Größe eines Leintuchs. Jetzt zog ich Candaces breitkrempigen Strohhut an, breitete mir das schwarze Netz über den Kopf, zog es an der Taille fest, fixierte es um die Achseln mit Klebeband, zog Handschuhe an, klebte sie am Handgelenk mit Klebeband fest, stieg in Gummistiefel und klebte auch sie am Schaft an meine Waden. Ich muß ausgesehen haben wie die verrückte Witwe aus einem Low-budget-Horrorfilm.

Mit zerknülltem Zeitungspapier, Streichhölzern und einem Stück festen Draht bewaffnet stieg ich über eine Leiter aufs Dach und näherte mich dem Surren. Es war später Nachmittag, der Schwarm kehrte für die Nacht in das Nest zurück. Ich tänzelte über die Dachziegel, verstopfte drei der vier Kaminöffnungen mit Papier – jetzt kannte ich keine Gnade mehr –, warf brennende Papierknäuel in die letzte und schob sie mit meinem Drahtstück tief nach unten. Es brannte und zischte, rauchte und platzte: Ich witterte bereits den Sieg. Ich schob mehr brennendes Papier hinterher, fettiger Rauch und einige wildgewordene Wespen drangen aus dem Kamin. Der Rest kämpfte in den Flammen um sein Leben. Mit einem brennenden Papierball in der Hand vollführte ich gerade ein kleines Siegestänzchen auf dem Dach, als mich eine höfliche Stimme von unten fragte: »*Mi scusi. Signor Máté?*«. Sie gehörte einem Polizisten, der in unserer Einfahrt stand.

Ich kletterte herunter, versuchte eine Erklärung, schämte mich dann aber und riß einfach das Klebeband vom rechten Handschuh, zog ihn aus und schüttelte dem Polizisten die Hand.

Er sagte: »Ich bringe Ihnen den *permesso di soggiorno* vorbei.« Die Aufenthaltserlaubnis. Dann faltete er das Blatt auf und überflog die Zeilen. Mit einer Mischung aus Neugier und

Verwirrung sah er mich an, versuchte durch das Netz mein Gesicht zu erkennen, besah sich nachdenklich alle Details meiner Kostümierung und fragte dann mit übertriebener Höflichkeit: »Entschuldigung, aber aus welchem Land kommen Sie eigentlich?«

~

Einmal waren wir am Sonntag zum Mittagessen bei Freunden eingeladen, Gianni und Monica. Er schrieb Bücher über Philosophie, sie war Malerin. In ihrem kleinen Haus oberhalb der Stadtmauern servierten sie uns ein wunderbar leichtes Essen für den Sommer: kalte Gemüsesuppe, Spinatkuchen, gefüllte Zucchini und zum Dessert Beeren. Danach saßen wir Ewigkeiten auf der Terrasse, tranken *caffè* und Grappa und sahen den Schwalben zu, wie sie über den Himmel flitzten. Gegen halb vier schlug Monica vor, einen Ausflug zum verlassenen Kloster von Sant'Anna in Caprenna zu machen (wo wir schon einmal gepicknickt hatten). Dort halte nämlich ein Priester-Poet vor sieben oder acht Gläubigen eine Abendmesse, und sage dort Dinge, wie man sie sonst von einem Priester niemals höre.

Wir fühlten uns gestärkt genug, um eine kurze Messe zu überstehen, also brachen wir auf. Nach wenigen Kilometern auf der Straße nach Pienza bogen wir auf eine ungeteerte Straße ab, die westlich durch ein totenstilles Tal führte. Wir fuhren um einen ersten Hügel herum und an einem imposanten *palazzo* vorbei, einem kastenförmigen, dreistöckigen Bau, von dem rosafarbener Stuck pittoresk abblätterte.

Wir folgten dem Weg abwärts, durch einen Wald, in dem wir immer wieder Ruinen zwischen den Bäumen erblickten.

Rehe und Pfauen bewegten sich im Schatten. Dann gelangten wir an einen zweiten *palazzo* mit zwei prächtigen Seitenflügeln, beeindruckenden Gartenanlagen und einem eigenen See. Darauf führte uns die Straße weiter an Ruinen vorbei. Nur die Glocken der Schafe unterbrachen die Stille über dem Tal. Noch ein paar Kurven, dann erreichten wir die Zypressenallee, die zu Sant'Anna führte. Vor der mächtigen Kirchenwand parkten zwei verlorene Autos, eine Glocke schlug und rief die Gläubigen zur Andacht.

Die Kirche war riesig und voller Schatten, in denen die Fresken von Sodoma die Jahrhunderte überdauerten. Es gab gerade einmal ein Dutzend Kirchenbänke, die aber für das halbe Dutzend Gläubige üppig ausreichten. Hinter einem großen Altar stand ein hochgewachsener, imposanter Priester, Don Flori. Obwohl er bereits weit über siebzig Jahre alt war, hatte er noch immer volles schwarzes Haar und buschige Augenbrauen. Alles an ihm – seine Körperfülle, seine mächtigen Pranken, sein kantiges Kinn und seine feste Stimme – erinnerte an den alten Vulkan, an dessen Hängen er aufgewachsen war. Ich hatte Priester nie besonders gemocht und Kirchen nur wegen ihrer Schönheit und ihrer Kunstwerke besucht. Aber dieser Kerl zog uns in seinen Bann.

Don Flori führte seine Kongregation durch einen gewöhnlichen Gottesdienst, doch seine Stimme verwandelte ihn in etwas ganz Ungewohntes: Hier hörten wir keine eintönige, lustlose Wiederholung von Phrasen, die schon tausendmal zuvor gesagt wurden, sondern die frischen, leidenschaftlichen Worte eines Menschen, der an das glaubte, was er sagte. Mit ganzem Herzen.

Dann begann er seine Predigt. Er kam hinter dem Altar hervor und stellte sich direkt vor uns, seine neunköpfige

Herde. In seiner riesigen Hand hielt er ein Blatt mit Notizen, auf das er aber nie blickte. Er neigte seinen Kopf leicht zur Seite, blickte auf einen Punkt zwischen den Kirchenbänken, ohne wirklich zu sehen. Von dem, was er predigte, habe ich nicht alles verstanden, doch er sprach über Zeit, vorüberziehende Schatten, Momente, die nie wiederkehren, und über unser Menschsein. Während er so liebevoll und besorgt redete, schien er jemandem zuzuhören, fast wirkte es, als gebe er uns nur Dinge weiter, die er gerade selbst hörte, Worte, die vielleicht direkt von Gott kamen.

Auch die Eucharistie beeindruckte mich zutiefst. Obwohl nur drei Gläubige zum Altar kamen, um die Hostie zu empfangen, strahlte die Zeremonie eine fast überirdische Würde aus.

Nach der Messe warteten wir vor der Kirche auf Don Flori, der nach einer Weile herauskam und unsere Freunde mit einem breiten Lächeln begrüßte. Gianni stellte uns vor, Don Flori drückte Candace die Hand und hieß sie in der Toskana herzlich willkommen. Dann wandte er sich mir zu und wiederholte, was er gerade gehört hatte, als Frage: »In Ungarn geboren und aufgewachsen?« Dann sah er mir fest in die Augen und fragte mit gespielter Ernsthaftigkeit: »Sohn des Attila, bist du nach Rom gekommen, um es zu sehen, oder um es niederzubrennen?«

12   Funghi

Und so ging der Sommer zu Ende. Sechs Monate wohnten wir jetzt in der Toskana, doch es kam uns vor, als hätten wir niemals woanders gelebt. Während der heißen Tage hatten wir hinter geschlossenen Fensterläden in der Kühle des Hauses gearbeitet, Candace hatte gemalt, ich geschrieben. Oder wir waren in Florenz, Siena, Perugia, Assisi, Arezzo und Orvieto – alle maximal eine Autostunde entfernt – durch Kirchen und Museen gestreift oder hatten uns an der Küste nahe Talamone in das grüne Mittelmeer gestürzt.

Immer wieder besuchten uns Freunde aus New York, London und Paris, manche hatten ehrgeizige Pläne geschmiedet, ganz Italien zu besichtigen, kamen dann aber nie über Florenz hinaus. Patricia, eine sehr liebe Freundin aus Paris, hat diesen Stimmungswandel einmal schön ausgedrückt: »Und wenn ich nichts anderes sehe als Montepulciano, soll es mir auch recht sein.«

Im September schlug das Wetter um, schwere Regenfälle gingen auf die ausgetrocknete Mondlandschaft aus Ton hernieder, schwarz und tief hing der Himmel herab. Die heftigen Güsse überschwemmten die staubigen Straßen und erfrischten die prallen Trauben, das vertrocknete, gelbe Gras und die schlaff herunterhängenden Blätter der Bäume. Tausend Düfte von Lavendel, Ginster, Salbei und Rosmarin erfüllten die Luft, als die Pflanzen des Tals zu neuem Leben erwachten. Einmal besuchte uns Piccardi, blickte mit leuchtenden Augen aus unserem Küchenfenster auf den Platzregen und sagte nur: »*Funghi.*«

Piccardi war ein unverbesserlicher Pilz-Junkie. Seine Arbeit führte ihn viel aufs Land hinaus, und sobald der Herbstregen einsetzte, hatte er nur noch Augen für *funghi*. Es machte ihm gar nichts aus, noch vor Sonnenaufgang aufzustehen, zwei Stunden durch die Hügel Umbriens zu fahren (wo der Regen früher im Jahr einsetzte) und den ganzen Morgen auf Händen und Füßen durchs Unterholz zu kriechen, während ihm der Regen in den Kragen rann. Dabei bewegte er sich so leise wie möglich, um keine anderen Pilzsucher auf sich aufmerksam zu machen. Und wenn er dem Halbdunkel genügend *porcini* entrissen hatte, bedeckte er seinen Korb, um dessen Inhalt zu verbergen, sprang ins Auto und brachte seine Beute nach Hause, wo er sie stolz auf dem Küchentisch ausbreitete. Liebevoll bürstete er dann die Reste des Waldbodens von den Stengeln, bewunderte seine Pilze und wurde von seiner Familie für seinen Spürsinn gepriesen. Gott segne ihn für die herrlichen Mahlzeiten, die Anna Maria für uns aus seinen hart erkämpften *funghi* kochte!

Nie vergesse ich das erste *Funghi*-Festessen bei den Piccardis. Er hatte uns so nebenher eingeladen, die ersten Pilze des Jahres zu probieren, und an einem grauen Samstagabend war es soweit: Mit Vino Nobile und Pinot Grigio aus Orvieto in den Händen gingen wir den Hügel zum Haus der Piccardis hinauf, das das ganze Tal überblickte. Wir hatten überhaupt keine Vorstellung von dem, was uns erwartete.

Der Tisch war für sieben gedeckt, denn auch Piccardis Kinder waren da, die stämmige Francesca, die ruhige Angela und der resolute Alessandro. Wir plauderten über ihre Ausbildung, den kommenden Herbst und die bevorstehende *vendemmia*. Und dann erschienen die ersten *funghi* der Saison, kleingehackt, zu einer dicken Creme gekocht und auf runde *crostini* gestrichen. Sie schmeckten einfach himmlisch. Das kräftige, duftende Aroma der *porcini* explodierte auf der Zunge, bittersüß und launisch, und verband sich aufs beste mit dem Vino Nobile der Avignonesi-Weinberge.

Als wir den Appetizer aufgegessen hatten, fragte ich, ob ich den Pinot Grigio für den nächsten Gang entkorken solle. »Noch nicht«, sagte Anna Maria verschmitzt, »es kommen noch ein paar *funghi*.« An diesem Abend regneten bei Piccardis *funghi* vom Himmel wie Manna. Nach den *crostini* kamen *tagliatelle con funghi*, sogar mit zwei verschiedenen Soßen. Die erste war mit Tomaten gemacht, die zweite nur mit *porcini*, die zwanzig Minuten mit geschnittenem Knoblauch und Petersilie in Olivenöl gebraten, dann mit einem Schuß Weißwein abgelöscht und zuletzt noch ein Weilchen geköchelt worden waren. Als nächsten Gang servierte Anna Maria *zuppa di funghi*, eine dicke, dunkle Pilzsuppe, dessen pfeffriges Aroma nach mehr Wein verlangte. Überzeugt, daß dies der letzte Gang gewesen sein mußte, lehnten wir uns erschöpft zurück und dankten der Gastgeberin für das sagenhafte Essen. Erst da fiel uns auf, daß Piccardi schon seit einer Weile verschwunden war. Gerade, als wir fragten, ob alles in Ordnung sei, kam Piccardi grinsend zurück, eine riesige Servierplatte mit gegrillten *porcini* tragend. Ihr Duft erfüllte den Raum, hüllte uns vollständig ein, ihr Geschmack stellte das beste Steak der Welt in den Schatten. Wir aßen ganz langsam, genossen jeden Bissen, als ob es unser letzter wäre; keiner sprach.

Zum Glück war das der letzte Gang – von einer Schoko-
ladentorte mit Schlagsahne und einer dicken Soße aus Beeren
einmal abgesehen, die wir mit ein bißchen *vinsanto* hinunter-
spülten. Danach gab es Kaffee und ein winziges Schlückchen
Grappa.

Am nächsten Tag beschlossen Candace und ich, unsere
eigenen *funghi* zu sammeln. Sie bat Bazzotti, uns einen Korb
mit Klappdeckel zu flechten, in dem wir unseren reichen
Fund verstecken konnten, richtete ihre Schuhe her und
schnitzte sich einen Wanderstab. Dann fragten wir Piccardi,
ob er uns mitnehmen würde, wenn er das nächste Mal in den
Wald ging – aber bitte nicht vor Sonnenaufgang, diese Zeit
eigne sich nur für Duelle, sonst nichts. Da Piccardi aber
immer zu so unmenschlicher Stunde zum Pilzesammeln
ging, machten wir unsere erste Expedition mit Paolucci.

Auch Paolucci stand sehr früh auf, versorgte aber zuerst
das Vieh, machte seine Runde durch die Felder und frühstück-
te dann, so daß wir nicht vor neun aufbrechen mußten.

Jedes Jahr wachsen die Pilze ungefähr am selben Ort wie
im Jahr zuvor, entweder aus einem Myzel, das im Boden den
Winter überdauert, oder aus Sporen, die auf günstigen Grund
gefallen sind. Franco kannte die Gegend um Petroio wie seine
Westentasche. Als Kind hatte er dort gespielt, und er hatte die
Schweine zum Suhlen hierher geführt, kannte also jeden
Baum und Strauch, jeden Graben, jeden Stein, jede Nische,
wo sich *porcini* verstecken konnten. Wir nahmen unseren
noch jungfräulichen Korb und zogen los.

Zuerst folgten wir einer Traktorspur in den Wald, gehend,
kriechend, manchmal wie bucklige Enten durch dichtes
Unterholz watschelnd. Paolucci ging in normalem Schritt-

tempo, mit einem kurzen Blick streifte er jeden Flecken des Unterholzes und fand sofort *porcini* oder *lecciaioli*, wenn es welche gab. Er bewegte sich schnell wie eine Spinne, dabei oft die Richtung abrupt wechselnd. Wir taten unser Bestes, ihm zu folgen, doch schon nach wenigen Minuten verloren wir erst ihn, dann die Orientierung. Als ich auch noch Candace aus den Augen verlor, rief ich nach den anderen. Endlich machte Paolucci sich bemerkbar, ich eilte dorthin, von wo seine Stimme gekommen war, doch er war schon weg. Wenigstens fand ich dort Candace wieder. Plötzlich schrie sie: »Paß auf, wo du hinlatschst!«, doch die Warnung kam zu spät. Traurig starrte ich auf meine Füße, die den ersten *porcino* für mich gefunden hatten: groß, frisch, prächtig und zu Brei zermanscht.

Nun, zumindest lehrte mich dieser Vorfall eine Strategie: Ich mußte nur aufpassen, wo ich hintrat. Langsam watschelte ich von Baum zu Baum, mein Gesicht berührte fast den Boden. Endlich fand ich einen Pilz, Candace himmelte mich mit offener Bewunderung an. Mit stolzerfüllter Brust watschelte ich weiter. Das Dickicht riß mir den Hut vom Kopf, zupfte mich am Ärmel, schlug mir ins Gesicht, doch ich entriß ihm einen weiteren Steinpilz. Dann noch einen. Ich verfiel in einen Rausch. Schließlich fand auch Candace ihren ersten Pilz, schnitt ihn stolz mit ihrem Schweizer Offiziersmesser ab, so daß das Wurzelwerk unbeschädigt blieb und auch nächstes Jahr wieder solche Narren wie uns in den Wald locken konnte.

Plötzlich brach Paolucci aus dem Unterholz, sein umgeschlagenes Hemd quoll über von *porcini*. Innerhalb einer Stunde füllte sich auch unser Korb, wir waren zerkratzt, abgekämpft, der Rücken schmerzte vom gebückten Gehen, doch wir spürten eine ungeheure, kaum je gekannte Befriedigung.

Rasch eilten wir zum Auto zurück, um der Nonna die Frucht unserer Bemühungen zu zeigen. Sie warf einen kurzen Blick auf den Korb und sagte: »*Buon lavoro.*« Gute Arbeit. Große Worte waren nicht ihre Stärke.

Weiß glühten die Kohlen im Kamin. Wir nahmen die schönsten Pilze, putzten sie, entfernten die Stengel (die in die Soße wanderten), träufelten ein wenig Olivenöl auf die Kappen, salzten sie leicht und legten sie dann vorsichtig auf einen Rost über den Kohlen. Ein- oder zweimal wendeten wir sie, fügten einige Tropfen Öl hinzu, damit sie sich besser bräunten, und holten sie dann vom Feuer. Wir aßen sie mit einer Scheibe Weißbrot und einem leichten Salat und tranken dazu einen einfachen Rotwein aus unseren Vorräten. Es war das beste Essen unseres Lebens – mit eigenen Händen der Natur abgerungen.

Nichts auf der Welt schmeckt so gut.

13 ❧ Vendemmia

Wir freuten uns auf unsere erste *vendemmia* wie Kinder auf Weihnachten. Szenen italienischer Schwarzweißfilme liefen vor unseren Augen ab: Kinder pflicken Trauben, stämmige Kerle tragen die Trauben in *bigonzi* herum, die über ihre Schultern geschnallt sind, Frauen stehen barfüßig in großen Trögen und stampfen Trauben, der Most fließt, und am Abend findet ein Festmahl statt. Unter Bäumen ist eine lange Tafel gedeckt, die sich unter Massen von Speisen und Wein biegt, von einer fröhlichen Schar glücklicher Leute umgeben.

Mitte September leuchteten die Trauben in tiefem Rot und schienen so dunkel wie nur irgend möglich. Ich begleitete Paolucci in seinen südlichsten Weinberg, als er dort den Stand der Dinge überprüfte. Meiner Ansicht nach schmeckten die Trauben ganz hervorragend und süß, doch Paolucci zerdrückte eine Weinbeere zwischen den Fingern, verrieb den Saft und berührte den Daumen mit dem Zeigefinger. »Noch nicht genug Zucker, meine Finger kleben nicht zusammen«, urteilte er und legte den Zeitpunkt der *vendemmia* auf das erste Wochenende im Oktober.

Als der festgesetzte Tag herangekommen war, standen wir früh auf. Die flache Herbstsonne warf gerade erst einige Strahlen über die Hügel, im Tal lag noch Nebel. Die Luft war kühl, der Sommer endgültig vorbei. Gerade bog Paolucci mit seinem alten orangefarbenen Traktor aus der Einfahrt, hinter dem verbeulten Anhänger folgte die ganze Erntebrigade in loser Prozession: die Familie Paolucci und angeheiratete Verwandtschaft. Schon jetzt redeten sie alle in höchster Lautstärke, befahlen, scherzten, stritten oder berieten sich. Natürlich war auch Francos rundgesichtige Schwester Anna gekommen, ihre stimmgewaltigen Ermahnungen und ihr lautes Gelächter drangen bis zu uns herüber. Knapp dahinter folgte ihr Mann, Pasquino, der alle Frauen liebte, und Rosannas Vater, ein hagerer Mann, dem immer eine Zigarette im Mund steckte. Am Ende des Zuges gingen Rosannas stiller Bruder und der um so lautere Bazzotti.

Dann bremste der Traktor, und alle berieten sich, wo man am besten mit der Ernte beginnen solle. Erstaunlich genug – obwohl die Paoluccis gerade einmal drei Weinberge besaßen, gab es ungefähr 25 verschiedene Meinungen darüber, wo man anfangen solle, oben oder unten, im flachen oder steilen Gelände, in Sonne oder Schatten, vorne oder hinten. Alle redeten gleichzeitig; da konnte Candace natürlich nicht zurückstehen. Leise, aber bestimmt sagte sie, daß wir uns besser an die Arbeit machen sollten, bevor es zu regnen beginne. »Hast du mal nach oben geschaut? Wolkenloser Himmel! Regen, da lache ich ja!« kreischte Bazzotti, was ihm einen finsteren Blick der Nonna einbrachte, die leise murmelte: »*Più ignorante di una gallina*«, dümmer als ein Huhn. Pasquino lachte zustimmend und kratzte sich genüßlich im Schritt.

Endlich fingen wir an. Jeder nahm sich ein *paniere*, einen Korb, der aussah wie derjenige, den Rotkäppchen seiner Großmutter brachte. Dann verteilten wir uns über zwei Reihen von Rebstöcken, so daß wir jeden Stock von zwei Seiten abernteten.

Die Reben hingen in riesigen, dicht gewachsenen Trauben und zeichneten sich hinter den sich verfärbenden Blättern deutlich ab. Ich faßte das Ästchen einer Traube, zog kräftig daran – und nichts passierte. Ich riß an dem Stengel, bis der ganze Rebstock zitterte. Dann bemerkte ich, daß die Nonna hinter mir stand. Sie hielt eine Baumschere hoch, lächelte und sagte: »*Sono più forte di noi*«, sie sind stärker als wir. Erst da bemerkte ich das leise Schnappgeräusch der Baumscheren um mich herum. Alle hatten eine.

Paolucci rangierte Traktor und Anhänger mit solcher Unbekümmertheit durch die schmalen Wege zwischen den Rebstöcken, daß man um sein Leben fürchten mußte. Endlich war er an uns vorbei, stellte den Motor ab, stieg auf den Anhänger und stellte sich neben die großen Behälter, die *bigonzi*, die mit ihrem riesigen Schlund auf Trauben warteten. Wir schnitten und plauderten, blödelten, neckten uns, brüllten und lachten – genau wie in den Filmen – schrien, wann denn endlich jemand komme, um die vollen *panieri* abzuholen, sollten wir uns die Trauben etwa in die Taschen stecken? Während Pasquino auf einen leeren Korb wartete, hielt er eine dick behangene Traube vor seine Hose und brüllte seiner Frau Anna zu: »Erinnert dich das an irgend etwas?«

Sie lachte laut und schüttelte den Kopf: »Du träumst wohl!«

Der ganze Weinberg lachte.

Wir schleppten die vollen Körbe zum Anhänger und wuchteten sie zu Paolucci hoch, der ihren Inhalt in die *bigonzi* füllte. Die untersten Trauben in den Körben wurden von den nachfolgenden zerquetscht, und so troff bald alles von klebrigem Saft. Er rann die Scheren hinab, von den Körben, sogar bis in unsere Schuhe. Überall Bienen. Dann frischte der Wind auf, von Süden kamen dunkle Wolken heran. Um zehn Uhr waren die *bigonzi* voll und standen dicht gepackt auf der Ladefläche. Wir banden sie mit einem Seil zusammen, der Traktor machte einen Satz vorwärts und steuerte Richtung *cantina*, wir hinterher.

Paolucci rangierte den Traktor rückwärts unter das alte Dach, das sich über den Ziegelofen und die Tür der *cantina* spannte, dann luden wir die teuflisch schweren *bigonzi* ab. Dann zerstampften wir die Trauben, allerdings nicht mit den Füßen, sondern mit großen geschnitzten Stößeln. Allmählich wurde aus Trauben Most – unvergorener Wein. Um das Gewicht zu senken, gossen wir die Hälfte des Mosts in einen leeren *bigonzo*, schleppten die jetzt nur noch halbvollen Behälter in die *cantina*, trugen sie über eine alte Holzleiter zu Paolucci hinauf, dies alles unter ständigem Stöhnen: Autsch, mein Rücken – O mein Gott – Auweh, mein Bruch – Wie kannst du einen Bruch haben, wenn du keine Hoden hast? Oben schüttete Paolucci die zerquetschten Trauben in die großen Bottiche.

Als Anhänger und *bigonzi* leer waren, kehrten wir in den Weinberg zurück. Die schwarzen Wolken hatten sich inzwischen nähergeschoben, es wehte ein kalter Wind, der nach Regen roch.

»Was sagst du jetzt, *meteorologo*?« zog Pasquino Bazzotti auf.

»Keinen Tropfen wird es regnen« gab Bazzotti zurück.

»Hühner legen wenigstens Eier«, seufzte die Nonna über so viel Dummheit.

Es vermittelte uns eine große Befriedigung, solch riesige Trauben zu ernten, große schwere Trauben. Manche wogen weit über ein Kilo, jeder Schnitt bedeutete daher eine ganze Flasche Wein. Die Zeit schien sich zu verlangsamen, die Szenerie erinnerte mich an das einfache Leben vor einigen Jahrhunderten. Diese Arbeit verband uns mit einer alten Tradition und untereinander, wenn auch nur für einen Augenblick.

Gegen Mittag witterten wir gebratenes Fleisch, Knoblauch und gekochte Zwiebeln aus Richtung des Hauses. Wir beschleunigten das Tempo wie Pferde, die den Stall riechen. Schnell wuchteten wir die *bigonzi* die Leiter hinauf, achteten kaum mehr auf ihr Gewicht, schleppten, schütteten und konnten endlich ins Haus gehen um zu essen. Perfektes Timing: Gerade schlugen die Glocken zwölf. Schwarze Wolken näherten sich San Biagio.

Wir schlemmten, unterhielten uns lautstark, die Weinflaschen wurden kaum je abgestellt. Niemand bemerkte, daß sich der Tag zu dunkler Nacht verwandelt hatte, bis der Hagel auf das Dach prasselte. Jeder Bauer fürchtet dieses Geräusch, schon eine Minute Hagel kann Trauben in einen Matsch verwandeln, der innerhalb von Stunden zu schimmeln anfängt. Entgeistert blickten wir aus den Fenstern und der Tür. Allmählich wurde der Hagel schwächer und hörte ganz auf, doch es war noch immer dunkler als normalerweise in der Dämmerung. Auf der anderen Seite des Tals verhüllte ein großer grauer Vorhang den Hügel und die Stadt.

»*Cannetto viene martellato*«, sagte Paolucci, Cannetto kriegt's voll ab.

»Das schert ihn nicht«, meinte der Schwager, »er ist ja gegen Hagelschlag versichert.«

»Ihr nicht?« fragte Candace.

»Wir? Du machst wohl Witze!« sagte Rosanna.

»Dann sollten wir es wieder anpacken«, meinte Candace. »Gleich fängt es an zu regnen.«

Sogar Bazzotti lachte bewundernd.

Wir ernteten wie die Besessenen, die Scheren blitzten, Paolucci lud auf wie ein Dämon. Man konnte hören, wie auf der anderen Seite des Tals der Hagel durch die Luft pfiff, niederprasselte. Traube für Traube, *paniere* für *paniere*, Reihe für Reihe arbeiteten wir uns voran, und der Anhänger war fast schon fertig beladen, als sich die Schleusen des Himmels über uns öffneten. Regen. Schnell warfen wir eine Plane über die *bigonzi*, damit der Regen nicht den Wein verwässerte, und liefen, die Körbe über den Kopf haltend, unter das schützende Dach der *cantina*. Dort drängten wir uns mit Hühnern und Tauben und sahen zu, wie das Wasser in Bächen über den Hof floß.

Doch der Regen zog bald weiter, starker Wind peitschte die schwarzen Wolken an den Türmen der Stadt vorbei. Der Wind hielt die ganze Nacht an und trocknete die Reben, am nächsten Tag strahlte wieder hell die Sonne. An diesem zweiten Tag der *vendemmia* hatten wir schwer mit dem tiefen, rutschigen Boden zu kämpfen. Zum Glück bekamen wir Verstärkung: Carlas Verlobter und einige Cousins von außerhalb.

Als am Abend der letzte *bigonzo* in den Bottich geleert, die Körbe und *bigonzi* gewaschen, gespült und zum Trocknen aufgestellt und der Schlamm vom Anhänger und den Stiefeln gespült worden war, versammelten wir uns alle in der langen Eingangshalle, in der sämtliche Tische des Hauses zu einer langen Tafel aneinandergereiht standen. Wir aßen, lachten und tranken – genau wie im Film –, stopften uns mit *crostini* voll, dann mit Pasta – Gnocchi mit Pilzen und *pici* mit Hühnerleber –, dann mit gefülltem Rinderbraten, gekochten Kutteln, gebratenem Federvieh, Schwein, Kaninchen und Annas Spezialität, Schnecken in einer Soße aus Tomaten, Knoblauch, Öl und Wein. Dazu gab es Röstkartoffeln, in Olivenöl schwimmenden Salat, danach wurden die verschiedensten Käsesorten und so viele *dolci* aufgefahren, daß ich sie nicht mehr zählte. *Prosecco* und *vinsanto* flossen in Strömen, bis Pasquino sich rückwärts an die Wand lehnte, das Kinn auf die Brust sinken ließ und so laut zu schnarchen anfing, daß die Fensterscheiben bebten. Bazzotti war so betrunken, daß er lallte, ich hatte so viel gepichelt, daß ich makelloses Italienisch sprach, Paolucci war so besoffen, daß er losging und neuen Wein holte.

Und so endete unsere erste *vendemmia*.

Gott segne den Wein.

~

Auf dem Donnerstagsmarkt erfuhren wir von den alten Männern, die vom Land herbeigeströmt waren, daß Nebbia einen Haufen neuer alter Sachen aufgetrieben habe. Das mußten wir überprüfen, noch am selben Abend fuhren wir zu ihm.

Kurz vor Sonnenuntergang machten wir uns auf den Weg durch die Hügel, deren Rebstöcke sich gelb verfärbt hatten. Die Weizenfelder waren frisch gepflügt, herbstliche Stille lag über dem Land. Erst im November würde es sich neu beleben, wenn es Zeit wurde für die Aussaat und die Olivenernte.

Wir suchten Nebbia bei sich zu Hause, in seinem Schuppen, auf der *piazza*, in der Bar, und fanden ihn schließlich im Freizeitheim der Stadt. Dort spielte er Karten und blies Rauch-

ringe an die niedrige Decke. Er begrüßte uns mit: »*Oh, chi si
vede?*« – wen sieht man denn da. Sofort stand er auf, kämpfte
sich durch den Rauch, nahm Candace am Arm und führte
uns an die herbstlich frische Luft. Auf unserem Weg durch die
Stadt zu seinem Schuppen plauderten wir angeregt. Das
Buschtelefon hatte nicht gelogen: Wir fanden bei Nebbia eine
wunderschöne alte Truhe aus Kirschholz und eine winzige,
aber massive Bank aus Eiche, die für den dicksten der Sieben
Zwerge gemacht zu sein schien.

Derweilen fläzte sich Nebbia in seinen Sessel und lamen-
tierte darüber, daß man in der ganzen Toskana nichts mehr
finde, was das Mitnehmen wert wäre. Er überlege es sich
ernsthaft, den Laden zuzusperren und ein neues Leben zu beginnen – nämlich, sich mit seinem Hund der edlen Beschäf-
tigung der Trüffelsuche zu widmen.

Beim Klang des Wortes »Trüffel« blickte ich auf, Candace
begann zu strahlen. Nebbia war ganz begeistert von unserem
Interesse. »Mögt ihr Trüffel?« fragte er.

»Ich sterbe für sie«, sagte Candace.

Nebbia sprang aus dem Sessel. »*Andiamo*«, sagte er und
schob uns praktisch zur Tür hinaus. »Ein Freund, der meinen
Hund darauf abrichtet, Trüffeln aufzuspüren, hat schon welche gefunden. Weiße Trüffeln, die besten! Die kann er zu
obszönen Preisen an Restaurants verkaufen, weshalb er sie
ungern zu menschlichen Preisen an Nachbarn abgibt. Aber
macht euch keine Sorgen!«

Also gingen wir die Straße hinauf zu Giovanni, dem Trüf-
felkönig. Ohne zu klopfen, riß Nebbia dessen Haustür auf,
rief »*Permesso?*« und trat in eine Küche, wo sich gerade eine
kleine Familie aufs Essen vorbereitete. Giovanni zuckte zusammen, bat uns aber trotzdem Platz zu nehmen. Er bot uns

ein Glas Wein an, das wir gerne annahmen. Dann plauderten
wir über Trüffeln, warum sie unter Weiden und Walnußbäu-
men wuchsen, Pinien aber nicht mochten. Plötzlich platzte
Nebbia damit heraus, daß wir ein bißchen kaufen wollten.

»Ich habe selbst nicht viel übrig«, protestierte Giovanni.

»Sie brauchen auch nicht viel«, erwiderte Nebbia.

»Ich habe kaum mehr etwas.«

»Sie brauchen kaum etwas.«

»Ein winziges Stück«, bettelte Candace wie ein Junkie.

»*Preciso*«, bekräftigte Nebbia.

Darauf saß Giovanni eine Zeitlang stumm und starrte
auf die Tischplatte. Er wußte, daß er aus diesem Alptraum
nicht erwachen konnte, also stand er auf, verschloß die Haustür, verschwand in einem kleinen Nebenzimmer und kam mit
einem verknoteten Taschentuch in der Hand zurück. Er legte
es so auf den Tisch, daß wir es nicht erreichen konnten, ent-
knotete das Tuch, zog eine Kugel aus braunem Papier hervor,
öffnete sie, holte ein Papiertütchen hervor, öffnete es und
schüttete den Inhalt auf das ausgebreitete Taschentuch. Ich
kam mir vor wie bei einem großen Drogendeal. Und das alles
wegen eines Dutzends grauer, etwa kirschgroßer Klumpen,
die die Luft mit einem wuchtigen, scharfen, fast brutalen Geruch erfüllten. Giovannis Gesicht glänzte, gleichzeitig voller
Freude und Trauer. Er berührte die Kugeln zärtlich, als ob es
sich um Diamanten handelte, vorsichtig schob er sie einzeln
zu uns herüber. Schon lagen drei vor uns, Candace wollte
gerade eine berühren, da donnerte es plötzlich an die Eingangstür, irgend jemand fluchte lange und einfallsreich.
Giovanni sprang auf, sammelte seine Juwelen ein, rief:
»*Arrivo*«, rannte in das Nebenzimmer, wo er eine Schublade
zuschlug. Dann schloß er die Tür zu der Kammer, schnappte

sich Nebbias Zigarette, zog einige Male heftig daran und verteilte den Rauch in der ganzen Küche. Mit einer so gespielt ruhigen Stimme, daß wir alle lachen mußten, rief er: »*Arrivo! Dio santo!*« und ging zur Tür.

Ein Nachbar kam herein, gut angezogen und sichtlich verschämt. »*Buonasera, buonasera*«, begrüßte er uns, setzte sich hin und fing an, allen möglichen Unsinn zu erzählen. Schließlich rückte er damit heraus, er habe gehört, daß Giovanni weiße Trüffel gefunden habe. Ob es wohl möglich wäre ... Giovanni beschloß, einfach zu lügen.

»Er hat wirklich nichts gefunden«, bestätigte Nebbia. »Er taugt zu gar nichts.«

Endlich ging der Nachbar. Wir schlossen unser Geschäft ab, bezahlten etwa zehn Dollar und verabschiedeten uns. »Er ist immer noch schwer angeschlagen«, erzählte Nebbia draußen, »vor zwei Wochen kam seine Familie aus den Bergen zu Besuch, auch seine Großmutter. Eines Morgens stand sie früh auf und beschloß, ein großes Frühstück für alle zu machen. Sie fand Eier im Kühlschrank, daneben eine dicke Tüte mit Trüffeln. Daraus machte sie dann Rühreier, und weil sie eine nette Oma sein wollte, hobelte sie die gesamten Trüffeln darüber, richtig dicke Scheiben im Wert von 500 Dollar, wenn man sie an Restaurants verkauft hätte. Dann rief sie alle zu Tisch, stolz auf ihre Überraschung. Giovanni brachte drei Tage kein Wort mehr heraus.«

Auf der Heimfahrt versuchte ich Candace davon zu überzeugen, daß die Trüffeln vergiftet seien. Ich sagte, der Geruch sei so scharf, so fies, daß er mich an Giftgas erinnere, nicht an Lebensmittel. »Also gut«, sagte Candace, »ich werfe die Trüffeln aus dem Fenster. Aber wenn ich das wirklich tun muß, dann kommst du nicht lebend nach Hause.«

Daheim verpestete der Geruch der Trüffeln das ganze Haus, so daß wir sie im Freien lagern mußten, auf dem Fensterbrett, zwischen Scheibe und Fensterladen. Einmal bereitete Candace Sandwiches mit Mozzarella und Trüffeln zu. Himmlisch, und doch so einfach. Die Reduktion auf das Wesentliche – ich glaube, darin liegt der Zauber der Toskana.

14 ∿ Venezianische Nächte

Unaufhaltsam rückte mein Geburtstag näher. Candace und ich schenkten uns nie etwas zum Geburtstag, nahmen die Gelegenheiten aber zum Anlaß, um auf Reisen zu gehen. Über die Jahre hatte sich das ganz gut bewährt. Wir waren auf den Seychellen gewesen, in Norwegen und Tibet, doch der unvergeßlichste Kurzurlaub hatte uns vor einigen Jahren ins Herz von Costa Rica geführt. Wir waren seit einem halben Jahr mit einem VW-Bus unterwegs gewesen und hatten die Hauptstadt Costa Ricas erreicht, San José, eine nettes Städtchen mit viel kolonialer Architektur. Als Geburtstagsausflug planten wir eine Zugreise durch den Wilden Osten des Landes. Zwischen San José und der Karibikküste liegt ein undurchdringlicher Dschungel – ein *fast* undurchdringlicher Dschungel, denn eine schmale Eisenbahntrasse windet sich durch den wilden Busch zur Hafenstadt Limon. Die Fahrt sollte sechs Stunden dauern, und wir freuten uns schon auf den Luxus, unsere Mahlzeiten in einem stilvoll eingerichteten Salonwagen einzunehmen, dann einige Nächte in einem anheimelnden Strandhotel zu logieren und in kleinen Fischrestaurants zu dinieren. Paradiesisch.

Also packten wir eine Reisetasche, wanderten zum Bahnhof hinunter, kauften die Fahrkarten und setzten uns auf eine Bank. Der Bahnhof war mit zwei Bahnsteigen nur sehr klein, und ein Teil wurde sogar nur als Eisenbahnmuseum genutzt: Am zweiten Bahnsteig standen drei uralte, winzige, schmale Waggons aus Holz, knallrot angemalt. Sie wirkten wie aus einem Vergnügungspark, wie sie da auf ihren lächerlich kleinen Rädern auf ihren dünnen Gleisen standen, die eine Spurweite hatten wie eine bessere Spielzeugeisenbahn. Trotzdem stiegen Leute ein und setzten sich an die offenen Fenster. Wir dachten, sie wollten nur ein wenig den guten alten Zeiten nachhängen. Dann dampfte und schnaufte eine antike Lok in die Station, fuhr so hart auf die Waggons auf, daß die Leute darin durchgeschüttelt wurden, kuppelte an und zog den Zug ohne weitere Umstände aus dem Bahnhof. In letzter Sekunde sprangen wir noch auf. Unsere Mitreisenden lächelten.

Innen erinnerten die Waggons an Zigarrenkisten, so winzig waren sie. Ein schmaler Mittelgang trennte zwei Reihen hölzerner Bänke, das war alles. Keine Gepäckablage, keine Fußstützen, keine Kopfpolster. Und vor allem kein Speisewagen. Im ganzen Zug gab es keinen Bissen zu essen – außer auf dem Schoß des fetten Mannes, der uns gegenübersaß. Dort lag eine Papiertüte, aus der er einen unendlichen Vorrat von häßlichen kleinen Bananen zog, die er sich dann in den Mund stopfte. Endlich bot er uns auch welche an. Sie waren köstlich. Mit der Zeit konnte man sich wirklich an diesen Zug gewöhnen!

Wir fuhren durch eine hügelige Dschungellandschaft, einen wogenden Tunnel aus wucherndem Grün. Und plötzlich brach eine Hälfte der Welt weg; wo der Dschungel gerade noch undurchdringlich schien, war jetzt nur noch Luft. Neugierig beugte ich mich aus dem Fenster – und zog den Kopf erschrocken wieder ein. Denn einen Schritt neben den Gleisen begann ein Abgrund.

»Fünftausend Chinamänner sterben«, sagte unser dicker Freund, »bauen Zug, fallen. Serr tief. Niemals wieder auftauchen.«

Halb auf englisch, halb auf spanisch erzählte er uns von den unendlichen Mühen, die es gekostet hatte, diese schmale Bahnlinie direkt am Abgrund zu bauen. Für die gerade dreißig Kilometer habe man zehn Jahre gebraucht, in der Nacht hätten die chinesischen Arbeiter an Bäume gebunden geschlafen, um nicht in die Schlucht hinunterzustürzen. Doch habe sich oft genug weiter oben am Hang eine Schlammlawine gelöst, die dann die Chinesen mitsamt den Bäumen in den Abgrund riß.

Dann erreichten wir einen winzigen Bahnhof, wo tausend kleine Kinder die Waggons stürmten, um uns »*Papas, papas, papas!*« zu verkaufen, Pommes Frites. Andere verkauften aus schweren Müllsäcken, die sie über den Boden schleiften, dampfend heiße Maiskolben. Schnell wurden die Geschäfte abgeschlossen, dann zuckelte der Zug wieder in den Dschungel.

Bald verfinsterte sich der Himmel, es begann zu regnen. Es schüttete, als ob der Zug unter einem Wasserfall durchführe. Ich stand auf, um das Fenster zu schließen, durch das der Regen sintflutartig in den Waggon strömte. Es gab aber keine Fenster, nur Löcher in der Waggonwand. Innerhalb von Sekunden saßen wir völlig durchnäßt im Finsteren – natürlich hatten die Waggons auch keine Beleuchtung – und knabberten an triefnassen Maiskolben.

So hatte ich meinen sechsundzwanzigsten Geburtstag gefeiert.

Auf den Tag genau sechzehn Jahre später nahmen wir den Zug nach Venedig. Es gab gepolsterte Sitze und kleine Ausklapptische, Fenster, die man schließen konnte, und sogar einen Speisewagen mit Tischdecken und Silberbesteck. Aber irgendwie vermißte ich die Maiskolben und den Wasserfall.

Die Luft war milchig und verwischte alle Farben, als der Vaporetto Nr. 2 am Steg anlegte. Leute stiegen aus, wir stiegen ein und setzten uns ganz ans Heck des Bootes. Wenn wir von hier nach hinten blickten, konnten wir uns einbilden, allein an Bord zu sein.

Nebel stieg aus der Lagune. Das Licht war silbrig-rosa, wie Perlmutter. Still glitt das Schiff dahin, seine Bugwelle plätscherte an die tangbewachsenen Steine der Scuola dei Morti, des Ordens der Toten – worauf sich das genau bezieht, will ich gar nicht wissen. Wir passierten eine alberne Kirche, der Nebel schob sich bereits den Canale di Canareggio hinunter. Die Ebbe kam. Die Luft war jodgeschwängert und roch wie der Meeresboden. In den Fenstern entlang der schmalen *rio*s gingen Lichter an und bestrahlten den Nebel, wie Christbaumkerzen das Lametta. Wir schlangen uns den Schal um die Gesichter und kuschelten uns ganz nah zusammen.

Dann tauchte die Rialtobrücke aus dem diffusen, flackernden Licht auf, zwölf Bögen, die – welche Anmut, welche Arroganz! – nicht durch einen Schlußstein miteinander verbunden werden, sondern durch einen letzten, größeren Bogen. Bei der Anlegestelle Santa Maria del Giglio stiegen wir aus und schlenderten zu einem kleinen Hotel, das wir bereits von früheren Besuchen kannten. Der Concierge erwartete uns bereits. »Die Herrschaften mit dem leichten Gepäck. *Ben tornati!*« sagte er.

An diesem Abend waren wir zum Abendessen im *palazzo* unseres alten Freundes und Segelkameraden Emilio eingeladen, dem eines der edelsten Restaurants von Venedig gehört. Er wohnt an einem schmalen Kanal im ruhigsten Wohnbezirk. Wir hatten nicht die leiseste Chance, allein dort hinzufinden, also vereinbarten wir, uns abends um acht am Ponte dell'Accademia mit Emilio zu treffen.

Als es Zeit wurde, packten wir uns dick ein und gingen in den Nebel hinaus. Wir wanderten dunkle Straßen entlang, über kantige, schmale Brücken, die in hohem Bogen über die zahllosen Kanäle führen. Schon bald erreichten wir die Holzstufen des Ponte dell'Accademia. Niemand zu sehen. Wir lehnten uns über das Brückengeländer und verfolgten die blinkenden Lichter des Canale Grande.

»Sehr verirrte Damen und Herren, willkommen in Venedig!« kam plötzlich eine Stimme aus dem Halbdunkel. Emilio. Herzlichstes Wiedersehen.

Sein Haus war ebenso verwinkelt wie die ganze Stadt, mit Innen- und Außentreppen, halbdunklen Absätzen, Dachterrassen und großartig verspielten venezianischen Kaminen. Und das Essen, das Emilio und seine Frau Anna an jenem Abend für uns auftischten, diente uns noch jahrelang als gastronomische Meßlatte. Als Appetizer servierten sie Pilze und Fische *sottolio*, danach gab es *spaghetti alle vongole*, gegrillte *dentice* und *orate* mit Petersilien-Sauce. Alles schmeckte einfach himmlisch, oder – wie die Italiener so lapidar sagen – alles war *giusto*, richtig. Wir unterhielten uns blendend mit unseren alten Freunden, redeten über die Schönheit der Toskana und den Zauber Venedigs. Am Ende beschlossen wir, im kommenden Frühling eine gemeinsame Segeltour auf Emilios Schaluppe zu unternehmen: quer über die Lagune zum Markusplatz. Wie würde es sich anfühlen, mit dem Segelboot auf die Serenissima zuzugleiten und es vor dem

Markusplatz zu vertäuen wie die Reisenden vergangener Jahrhunderte?

Weit nach Mitternacht verabschiedeten wir uns, vom Champagner beflügelt. Wir bogen aus dem Hof in eine schmale Gasse. Der Rest der Stadt lag im Nebel verborgen. Zielsicher überquerten wir eine schmale Brücke, dann noch eine, kamen an einem Torbogen vorbei, den ich mir beim Hinweg eingeprägt hatte, überquerten eine *piazzetta*, noch eine Brücke – und stellten fest, daß wir uns hoffnungslos verlaufen hatten. Weit nach Mitternacht, im dicken Nebel. Nichts bewegte sich, kein Laut war zu hören, bis auf ein Nebelhorn, das am anderen Ende der Welt tutete. Zögerlich gingen wir weiter, drehten um, wenn die Gasse im Kanal endete. Einmal folgten wir einem breiteren Kanal, doch auch hier schnitt uns ein kleiner Seitenkanal den Weg ab. Eine Glocke schlug eins. Überraschend gelangten wir auf eine *piazzetta*, suchten nach Straßenschildern, fanden aber nur bröckelnden Stuck an den Hauswänden. Wir berieten uns, probierten Brücken, horchten nach fernen Nebelhörnern oder dem Tuckern eines *vaporetto*s, das uns zum Canale Grande hätte lotsen können. Nichts, nur gedämpfte, undefinierbare Geräusche. Wir waren aufgeregt wie Kinder am Weihnachtsabend und fast ein bißchen enttäuscht, als wir auf eine große baumbestandene *piazza* gelangten, die wir wiedererkannten. Doch nur zwei Straßen weiter hatten wir schon wieder die Orientierung verloren. Endlich ein Mensch: Eine ältere Frau kehrte mit müden Bewegungen ein Café aus. Die Stühle standen alle schon auf den Tischen, doch aus reiner Nächstenliebe servierte die Frau uns heiße Schokolade. Und beschrieb uns den Weg so genau, daß wir uns unmöglich noch einmal verirren konnten. Wir haben es trotzdem fertiggebracht.

Wir stießen sogar zweimal auf den Canale Grande – zumindest dachten wir das –, aber jedesmal am Ende einer Sackgasse. Zweimal mußten wir also mit der Rettung vor Augen wieder umdrehen, zurück in das Labyrinth aus Nebel. Bald kannten wir jeden Kanal, jeden Weg, jede Brücke, jedes Haus. Wir hatten alles schon einmal gesehen – bis auf den Ausgang. Wieder schlugen die Glocken, zwei Uhr. Und plötzlich stand direkt vor uns die Rialtobrücke. Wir stiegen den gewaltigen Bogen hinauf und lehnten uns an die Brüstung. Kaum, daß wir das Wasser unter uns im Nebel ausmachen konnten. Die Kälte und der Wein ließen Candaces Gesicht rosig leuchten. Mit fröhlichen Augen sah sie mich an und sagte: »Versprich mir, daß du mich wieder mitnimmst, wenn du dich das nächstemal verirrst.«

»Versprochen.«

»Alles Gute zum Geburtstag, Alter!«

15   ～ Holzhackerbuam

Lange hielten sich sinnliche Wärme und herbstliche Farben in jenem Herbst. Schon längst war der Wein gelesen, kahl standen die Pappeln, doch die Eichen und Granatapfelbäume trennten sich erst allmählich, in aller Seelenruhe, von ihrem Grün. Irgendwann nach der *vendemmia* legten wir unsere Armbanduhren ab, die kurze Tageszeit zwischen dem späten Sonnenaufgang und der frühen Dämmerung ließ sich auch so leicht überblicken. Morgens, mittags und abends läuteten die Glocken, jeden Tag rollte das Auto des Postboten zur gleichen Zeit hinter unserem Haus vorbei, Bazzottis Hunde bellten jedesmal, wenn er nach seiner Arbeit in der Stadt zurückkam und sie fütterte. Wenn der Wind gut stand, trug er sogar das Toben der Schulkinder aus dem Pausenhof des Frauenklosters zu uns herüber.

In jenem Herbst beschlossen wir, während des Glocken-läutens das Arbeiten einzustellen, eine Minute innezuhalten und auf die ganze Schönheit zu blicken, die uns umgab: Hügel, Stadt, Wolken, Licht, ein Falke, der über uns im Aufwind kreiste.

Doch eines Morgens erwachten wir, und es war Winter. Über Nacht hatte sich kalte Luft aus dem Norden über die Abruzzen geschoben und die warme Seeluft über der Toskana in einen Nebel verwandelt, der so dicht war, daß wir vom Haus

aus nicht einmal mehr die Hecke sehen konnten. Dumpf und scheinbar unendlich weit entfernt schlugen die Glocken, wie alte Erinnerungen.

Später blies der Nordwind, *tramontana* genannt, den Nebel fort, und mit jeder Stunde wurde es kälter, bis man schließlich nicht mehr auf dem offenen Feld arbeiten konnte. Die Paoluccis zogen sich daher in den Schutz des Waldes zurück, um Feuerholz für den Winter zu schlagen.

In der Toskana fällt man keinen Baum – auch keinen eigenen – ohne die Erlaubnis des Försters. Jeder noch so kleine Hain ist in den Landkarten der Region verzeichnet und darf aus keinem Grund verkleinert werden, man darf den Wald lediglich alle zwölf Jahre einmal pläntern. »Pläntern« bedeutet Ausdünnen, d. h. man läßt mindestens alle fünf Meter einen Baum stehen, so daß der Wald erhalten bleibt und sogar gepflegt wirkt, wie ein Park. Bis heute hat dieses strenge Gesetz mitgeholfen, die Schönheit der Toskana zu bewahren, denn was wäre die Landschaft ohne die Wäldchen zwischen den Feldern, den Bächen entlang und auf den Hügeln, die zu steil für Landmaschinen sind. Ganz die gesetzestreuen Bürger, fällten die Paoluccis keine lebenden Bäume, sondern zersägten ausschließlich umgestürzte, abgestorbene Bäume.

Am zweiten Tag schloß ich mich den Paoluccis an. Natürlich stand ich deutlich nach ihnen auf, fand sie aber ganz einfach, indem ich auf den Rauch zuhielt, der aus dem Wäldchen am Bach aufstieg. Dort arbeiteten die Paoluccis zu dritt: Franco entastete mit seiner Motorsäge die toten Eichen und Pappeln und zersägte sie dann, Rosanna hackte mit einer *penatta*, einer kurzen, breiten, gebogenen Machete, Zweige und dünnere Äste ab. Die Nonna sammelte die besseren Zweige ein und schnürte sie zu Bündeln, den Rest warf sie ins prasselnde Feuer. Ich rollte die großen Klötze zum Anhänger und hob sie hinauf. Manche waren so schwer, daß die Nonna helfen mußte.

Bis zum Mittagsläuten schafften wir eine halbe Wagenladung. Das Feuer war zu einem Ascheberg niedergebrannt, in dessen Mitte ein Haufen glühender Kohlen lag. Da es ein langer Fußmarsch nach Hause gewesen wäre (beziehungsweise eine nur unwesentlich kürzere Fahrt auf dem unbequemen Traktor), aßen wir vor Ort zu Mittag. Ich hatte Käse und kalten Braten mitgebracht, doch Rosanna lächelte und sagte, wer im Wald arbeite, müsse ein solides, heißes Mittagessen bekommen, um bei Kräften zu bleiben.

Dann stocherte sie in dem Aschehaufen und zog einen kleinen Topf daraus hervor. Vorsichtig hob sie den Deckel, und eine Wolke aus Dampf und Zwiebelduft erfüllte die Luft. Die Nonna holte eine hölzerne Obstkiste vom Traktor, aus der sie Teller, Gabeln, Brot, Wein, Blechtassen und eine braune Tüte mit Kalbsschnitzeln hervorzauberte. Wir holten vier dicke Holzklötze, gruppierten sie um die Kohlen und setzten uns drauf. Dann nahmen wir Brot und Wein, Rosanna verteilte den Inhalt des Topfs – eine Soße – auf die Teller. *Buon appetito*! Zuerst blickte ich ein wenig ratlos, was sollte ich mit der Soße anfangen? Doch als ich sah, wie die anderen sie mit Weißbrot auftunkten, ließ ich mich nicht zweimal bitten. Die Sauce war ganz bemerkenswert: Lange, durchsichtige Zwiebelstreifen schwammen in rotem Olivenöl. Ich verschlang sie mit größtem Genuß, kam aber nicht hinter das Geheimnis des köstlichen roten Olivenöls. Schließlich fragte ich Rosanna, die lachte und sagte, daß die rote Farbe ausschließlich von Tomaten und rotem Paprika komme. Ich hatte in meinem Leben kaum etwas Besseres gegessen als diese Soße – dabei bestand sie nur aus Zwiebeln, Tomaten und Paprika!

Dann legte Rosanna die Kalbsschnitzel auf das Feuer. Nach dem Essen streckte ich mich kurz auf ein paar Holzklötzen aus, um meinen Rücken auszuruhen, und blickte nach oben, wo die Äste der Bäume im Wind schwankten.

Nach dieser Mittagspause flogen die Klötze nur so auf den Wagen, dennoch näherte sich schon die Dämmerung, als wir die Ladung mit einem Seil fixierten und dem Traktor nach Hause folgten. Kaum verließen wir den Wald, traf uns der beißende Wind. Schnell zogen wir die Jacken enger und beschleunigten unseren Schritt. Doch als wir den ersten Hügel erklommen hatten, war uns schon wieder warm. Von dieser Anhöhe konnte ich das behagliche Licht sehen, das unser Haus verströmte.

16 ～ Porca

Eines Morgens legte sich weiß glitzernder Rauhreif wie eine hauchdünne Schneedecke über das Tal. Als die Sonne höherstieg, gleißte die Welt, das Licht brach sich in den schmelzenden Tropfen. Still lag das Land. Es war noch zu früh, um Oliven zu ernten oder Rebstöcke zu beschneiden, zu spät, um Weizen oder Hafer zu säen, zu kalt, um *funghi* zu sammeln.

Der Holzstapel hinter dem Haus türmte sich hoch, im Nebengebäude hingen Zwiebel- und Knoblauchzöpfe, die Kartoffeln lagerten auf einer Rohrmatte, und die Äpfel – klein und voller Flecken, aber im Geschmack unschlagbar – glühten rot in ihrem Bett aus Stroh. Weiße Trauben hingen in dicken Büscheln von einem Balken herunter und trockneten ganz langsam zu süßen Rosinen. Drei Körbe voll kleiner, dunkler Walnüsse – die stolze Ernte aus unserem jungen Walnußhain – lagerten an der Eingangstür, nahe bei der Frischluft.

Wir hatten uns zwei Glasballons Wein gekauft – einen von Paolucci, den anderen von Crociani weiter oben am Hügel – und machten uns mit großem Tamtam daran, ihn in Flaschen abzufüllen. Beim *consorzio agrario*, der bäuerlichen Einkaufsgenossenschaft, kauften wir hundert neue Flaschen und einen höchst faszinierenden Verkorker, also ein Gerät mit einem Hebel, das auf wundersame Weise den Korken in den Flaschenhals kriegt.

Mit einem Saugheber füllten wir den Wein aus den Ballon-flaschen in die kleineren Flaschen um, was allerdings nicht ganz reibungslos ablief: Oft genug verschütteten wir etwas, weil wir zu heftig pumpten, dann wieder rutschte uns der Saugheber ab. Wir hatten gerade die Hälfte geschafft, da wurde mir ganz schwummerig von den Weindünsten. Doch nach einer kurzen Pause an der frischen Luft konnte ich weiter-machen, bis abends alle Flaschen voll waren. Stolz klebten wir Etiketten auf die Flaschen, schrieben den Jahrgang und den Produzenten darauf und lagerten sie in einem Kellerregal, das ich aus rohen Brettern selbst gezimmert hatte. Ein herzer-wärmender Anblick!

Jetzt fehlte uns nur noch eines für den Winter: *prosciutto* – und zwar ein ganzer Hinterschinken vom Schwein. Unser Lieblingsmetzger machte uns einen guten Preis für einen schönen, mageren *prosciutto stagionato*, der bereits ein Jahr in der Luft gehangen hatte und deshalb hart und trocken war. Glücklicherweise bevorzugen die Einheimischen den saftige-ren jungen Schinken, so daß der lange gereifte für uns übrig geblieben war. Je älter der Schinken, desto kräftiger sein Geschmack; natürlich wird er mit der Zeit auch zäher, aber das Abwarten lohnt sich auf jeden Fall. Daheim hängte ich die mächtige Schinkenkeule mit einem festen Draht an die Keller-decke und sicherte sie mit einem Kragen aus Blech gegen abenteuerlustige Mäuse.

Jetzt konnte der Winter kommen.

Später am Vormittag, als sich der Reif nur noch in den Senken hielt, ging ich ins Freie, um Späne zu hacken. Gerade hatte ich mich schön warmgearbeitet, da hörte ich hinter mir Hufge-trappel. Ich wandte mich um und sah Franco, der ohne Sattel auf einem Pony ritt, das er die Woche zuvor gekauft hatte. Seine Füße hingen so weit herunter, daß sie den Boden fast berührten. Er sah aus wie Sancho Pansa, hielt in einer Hand Wurst und Brot, schien sich köstlich zu amüsieren und strahlte über das ganze Gesicht.

»*Che ne pensi?*« fragte er mit vollem Mund. Na, was sagst du jetzt?

»*Stupendo*«, sagte ich, »du siehst aus wie John Wayne. Neid zerfrißt mich.«

»Wieso kaufst du dir nicht auch eines? Dann könnten wir zusammen reiten.«

»Gleich morgen«, versprach ich.

»Morgen geht es nicht. Morgen schlachten wir ein Schwein.«

Am nächsten Morgen lag wieder Reif, dick und weiß, und die Luft war noch winterlicher als am Tag zuvor. Das Schwein hatte ich völlig vergessen. Ich saß im Bademantel neben dem Kamin am Küchentisch, schlürfte einen Cappuccino, blätterte in einer alten italienischen Zeitschrift, als plötzlich ein Schwein quiekte. So durchdringend, daß es durch das ganze Tal schallte. Schnell zog ich mich an, verabschiedete mich von Candace und ging zu den Paoluccis hinüber.

»Sag mir Bescheid, wenn die Würste fertig sind«, rief mir Candace noch nach.

Ich hatte gerade den Teich passiert, als plötzlich das Schwein über die Straße galoppierte, einen Strick um den Hals hinter sich herziehend. Dicht dahinter folgten Pasquino in einer Metzgerschürze und Paolucci in Gummistiefeln. In blinder Angst flüchtete sich das Schwein in den Heuschober, wo es eine Wolke von Hühnern aufflattern ließ. Dort endete die Flucht, Franco packte den Strick und zog das Schwein hinter sich her, zurück auf den Hof. Dort hielt er an, Pasquino setzte sich auf das Schwein, hielt sich an der Schlinge um dessen Hals fest, und los ging das Schweine-Rodeo. Denn natürlich versuchte das arme Tier zu entkommen, rannte los, quiekte, versuchte Pasquino loszuwerden. Das glückte aber nur teilweise, halb ritt Pasquino, halb rannte er nebenher, aus voller Kehle fluchend. Anna versperrte dem Schwein den Weg mit einer Schaufel, doch die Nonna gab ihm mit einem Besen einen Klaps auf das Hinterteil, so daß es noch panischer umherrannte. Pasquino brüllte Flüche, das Schwein quiekte, und Annas Lachen übertönte beides. Aus dem Nirgendwo tauchte Bazzotti auf und schrie jedem zu, was er tun solle, doch niemand achtete auf ihn. Mit stoischer Gelassenheit zündete sich Paolucci eine Zigarette an. Allmählich wurde das Schwein müde; es rannte in eine Sackgasse und stoppte. Ich hörte noch einen letzten Fluch von Pasquino, dann einen Schuß. Das Schwein brach zusammen wie ein leerer Sack, mit einem sehr säuberlichen Loch oberhalb der Augen.

»*Porca*«, sagte Pasquino. Sau.

Im riesigen Kessel kochte bereits dampfend das Wasser. Zeit für ein schönes heißes Bad und eine Rasur. Wir zogen das Schwein auf eine Palette, dann schüttete Nonna eimerweise kochendes Wasser darüber. Anna schrubbte das Tier mit einer Bürste, Pasquino zog ein altes Rasiermesser heraus, wie Barbiere sie benutzen, schärfte es an einem Riemen, den er an einem Balken festgemacht hatte, kniete sich nieder und fing an, das Schwein zu rasieren. Er begann mit langen, gleichmäßigen Strichen von den Schultern nach hinten und beendete seine Arbeit mit vorsichtigen, sauberen Schnitten um die Ohren. Die Nonna goß immer wieder kochendes Wasser über das Schwein, bis es blitzblank sauber war, mit rosafarbener, haarloser Babyhaut. Jetzt kam der anstrengendste Teil der Arbeit: Wir rollten das Schwein auf eine hölzerne Leiter, drehten es auf den Rücken, banden die Hinterbeine über der obersten Sprosse fest und rangen mit der sauschweren Leiter, bis wir sie an eine Wand gelehnt hatten. Dann ging Pasquino seine Schlachtermesser schleifen, massive, selbstgemachte Messer mit starken Klingen und schönen Griffen aus Olivenholz. Währenddessen holte ich schnell meine Gummistiefel.

Als ich zurückkam, war das Schwein bereits weit aufgeschnitten und größtenteils ausgenommen. Gerade spülte Nonna den Kadaver zum letzten Mal mit kochendem Wasser aus. Im kleinen Raum neben dem Stall schnitt Anna das Fett klein und warf es in einen mächtigen Topf, der auf einem holzgefeuerten Ofen stand. Rosanna schrubbte die Därme und tauchte sie kurz in kochendes Wasser, damit man sie später als Wursthaut verwenden konnte. Pasquino summte vor sich hin und zerteilte die Sau, während Paolucci wie ein vorbildlicher Gastgeber sich um alle möglichen Kleinigkeiten kümmerte. Allerdings ließ er sich dadurch nicht allzusehr vom Rauchen und Weintrinken abhalten.

Das Verarbeiten und Kochen ging den ganzen Tag weiter: Würste, Sülze und Salamis mußten gemacht, die vier *prosciutti* vom Fett befreit und zurechtgeschnitten, Schnitzel, Koteletts und Filets auf dem Feuer gegrillt werden. Wir machten nur mittags eine kurze Pause, aßen Kutteln und frische Grieben – die knusprigen Bröckchen, die übrigbleiben, wenn das Fett ausgekocht und abgefiltert wurde. Dann machten wir uns wieder an die Arbeit.

Anna und Rosanna bereiteten *fegatelli* zu, gekochte Leber, die in pflaumengroße Stücke geschnitten und für den Winter in Öl eingelegt wird. Ächzend schleppte ich die vier Schinkenkeulen in die kühle, zugige Dachkammer, nachdem sie zweimal gewaschen und mit einem Handtuch abgetrocknet worden waren. Dort legte ich sie auf einen mit einer Bastmatte belegten Tisch und wartete, daß die Nonna komme und sie zubereite. Langsam erklomm sie die Stufen, einen kleinen Sack in Händen. Hinter ihr her trug Franco den Topf mit der Marinade: Essig, der zusammen mit Knoblauch, Rosmarinzweigen, Pfefferkörnern und *peperoncini* – winzigen, teuflisch scharfen Peperoni – aufgekocht worden war. Sorgfältig badete die Nonna die Schinken in der kalten Marinade, legte sie dann mit der Schwarte nach unten auf den Tisch und salzte sie ein. Immer wieder griff sie in die Stofftasche, holte eine Handvoll Salz heraus und streute es über den Schinken, bis er mit einer weißen Kruste überzogen war. Die nächsten fünfundzwanzig Tage würde sie jeden Morgen in die Dachkammer steigen, um durchgefeuchtete Stellen abzutrocknen und noch ein bißchen Salz über die Keulen zu verteilen. Am sechsundzwanzigsten Tag würde sie das Salz abbürsten und durch eine Schicht gemahlenen Pfeffer ersetzen. Am Tag darauf mußte man die *prosciutti* aufhängen und danach mindestens zwei Monate reifen lassen. Erst dann konnte man den Schinken in dünnen Scheiben herunterschneiden und genießen. Allerdings ist mir völlig schleierhaft, wie jemand seelenruhig insgesamt drei Monate warten kann, bevor er sich auf den *prosciutto* stürzt und ihn vertilgt.

Bis wir die ganze Schweinerei aufgeräumt hatten, war es längst dunkel und eiskalt. Als letztes brachten wir den *lombo* – das begehrte, sehr zarte Filetstück vom Rücken –, die Salamis und die Wurstketten in die Küche, um sie dort zum Trocknen aufzuhängen. Bald baumelten von allen Balken Wurstketten wie Weinachtsdekoration.

Und genau eine Minute nachdem Rosanna Schnitzel, Koteletts und Würste auf den Grill gelegt hatte und die Küche sich mit dem herrlichsten Duft füllte, schneite Candace herein und fragte: »Und, sind die Würste fertig?« Ich hätte sie erwürgen können – wenn sie nicht einen riesigen Apfelkuchen mit Marmelade aus frischen Pflaumen mitgebracht hätte.

Dann aßen wir. Pasquino, der ohnehin immer kräftig zulangt, schaufelte heute wie ein Weltmeister.

»Du frißt ja wie Bricco«, sagte Anna.

»Niemand frißt wie Bricco«, widersprach Paolucci. Pasquino wollte darauf etwas erwidern, aber er hatte den Mund gerade zu voll, also nickte er nur.

»Bricco könnte ein Haus vertilgen«, behauptete Paolucci.

»Und das dazugehörige Grundstück«, sagte die Nonna.

»Und wer ist Bricco?« wollte ich wissen.

»Ein Mordskerl aus Montisi, ein Lastwagenfahrer.«

»Sein Hauptberuf ist aber das Essen«, meinte Rosanna.

»Und das Saufen«, ergänzte Anna. »Bei der *Festa* in Pienza hat er an einem Abend einmal siebzig Gläser Wein getrunken.«

»Oder siebenhundert«, sagte Paolucci.

»Was? Siebenhundert?« fragte Rosanna.

Paolucci wischte den Einwand mit einer Handbewegung weg. »Bricco ist gebaut wie ein Stier. Sein Frühstück im Lastwagen sieht so aus: Er klemmt sich einen Kilolaib Brot unter einen Arm und eine Zweiliterflasche Wein zwischen die Beine, dann hängt er sich eine Wurstkette um den Hals und beißt abwechselnd von Brot und Wurst ab, spült das Ganze mit dem Wein runter – und das alles während des Fahrens!«

»Manchmal ißt er auch Aal«, meldete sich Pasquino zu Wort, der endlich den Mund frei hatte. »Er nimmt ein Stangenweißbrot, reißt es der Länge nach auf, stopft einen ganzen gekochten Aal hinein, der länger ist als mein ...«

»Fang nicht damit wieder an!« brüllte Anna.

»... länger als eine Anakonda, dann nimmt er einen eingesalzenen Kabeljau, schlägt ihn ein paarmal gegen eine Hausmauer, um das Salz abzuklopfen, wirft den Fisch in das Brot, damit der Aal Gesellschaft hat, und schiebt sich das Sandwich ins Maul.«

»Und trinken kann er für zehn!« sagte Paolucci. »Als er in Pienza die siebenhundert Gläser geleert hatte ...«

»Ach Unsinn, siebenhundert!« protestierte Rosanna, wieder erfolglos.

»Wo ist denn da der Unterschied, *Madonna serpente*!« fluchte Paolucci. »Er säuft und säuft, *punto*! Wie auch immer, nachts um drei sehe ich ihn in Pienza um seinen Laster herumkriechen und immer wieder die Hand ausstrecken und Reifen, Stoßstangen, Nummernschilder abtasten. ›Was ist los, Bricco?‹ frage ich. ›Geht's dir nicht gut?‹ ›Doch, doch, wunderbar‹, antwortet er mir grinsend, ›aber ich kann die blöde Tür nicht finden. Fünfzehn Jahre fahre ich jetzt diesen Laster, und jetzt finde ich die *cazzo* Tür nicht.‹ Und ich sage: ›Du bist doch viel zu betrunken, um heimzufahren!‹ Worauf er sagt: ›Wer redet denn hier von Fahren. Hilf mir einfach, die Tür zu finden und ans Steuer zu kommen, den Rest macht der Laster allein. Und der hat in seinem ganzen Leben noch keinen Unfall gebaut.‹«

»Höflich ist er auch«, sagte Pasquino, »jedes Mal, wenn er eine alte Dame sieht, hält er seinen Laster an, steigt aus, trägt ihr die Einkaufstaschen und führt sie über die Straße.«

»Ja, Bricco di Montisi«, sagte Paolucci.

»Siebenhundert Glas Wein in einer Nacht«, ergänzte Rosanna.

Und wir lachten, aßen und tranken, amüsierten uns über Bricco und Pasquinos Ritt auf dem ungezähmten Schwein. Das ging so lange, bis sich Pasquino an die Wand lehnte, seinen Kopf auf die Brust fallen ließ und aus alter Tradition zu schnarchen begann, daß die Fensterscheiben bebten.

17   ∾   Schnee

Im Dezember blies zwei lange Tage eine wilde *tramontana*, die die Zypressen zu demütigen Verbeugungen zwang, die letzten Blätter von den Bäumen riß, das Schilf zu Boden drückte, durch jede Mauerfuge pfiff, das Federkleid der Hühner aufplusterte und sie auf die windabgewandte Seite des Hauses vertrieb, wohin auch schon Enten, Katzen und Hunde geflüchtet waren. Der kalte Wind drang bis ins Mark und wollte einfach nicht mehr aufhören. Es blies Tag und Nacht, während wir aßen und während wir schliefen, während wir versuchten, miteinander zu reden oder nur einen vernünftigen Gedanken zu fassen. In der Nacht riß der Wind an allem, was klappern konnte, an Türen, Fenstern, Läden, Dachrinnen. Er sperrte uns ein; wir sehnten uns nach der Stadt, wußten aber, daß die schmalen Gassen sich in Windkanäle verwandelt hatten. Also schürten wir das Feuer und blieben, wo wir waren. Draußen bewegte sich nichts – außer wenn es von der *tramontana* umhergeworfen wurde. Endlich verzog sich der Wind irgendwohin nach Afrika, aber es blieb kalt.

Am nächsten Morgen fühlten wir uns wie neugeboren. Ein klarer Himmel überspannte das Tal, die Kirchenglocken klangen so nah, als ob sie direkt vor unseren Fenstern hingen. Wir beschlossen, in die Stadt zu gehen. Bei den Bazzottis und den Paoluccis hielt es auch niemanden im Haus, alle kehrten oder harkten, Rosanna putzte die Fenster, als ob nicht der Winter begänne, sondern der Frühling sich mit seinem ersten warmen Tag zeigte.

Auch in der Stadt strömte alles auf die Straßen wie nach einer langen Belagerung. Die Menschen schlenderten umher, blieben stehen und plauderten. Weit offen standen die Laden-türen, die Geschäftsinhaber dehnten ihre Ausflüge viel weiter aus als sonst. Gerade stritten zwei über eine Topfpflanze, die der Wind geknickt hatte. »Ich hab dir doch gesagt, binde sie fest. – Ich hab' sie doch festgebunden. – An einem Zahn-stocher? – Nein, an der Wand. – Mit einem Faden! Da hätte man einen soliden Besenstiel gebraucht, wie ich ihn dir am liebsten in den *culo* stecken würde!«

Vom Geschrei angezogen, gesellten sich zwei weitere Ladeninhaber dazu. »*Che peccato!* Wie schade! – Der Wind war schuld. – Ja, genau.«

Dann brüllte eine Dame aus einem Fenster im zweiten Stock herunter: »Assassini!« Mörder! Alle brachen in Ge-lächter aus.

Am Nachmittag erhob sich eine leichte Brise aus dem Süd-westen und schob schwangere schwarze Wolken über den Himmel. Ich hatte Holz gehackt und lud gerade die Schub-karre voll, um einen Vorrat direkt neben der Küche anzu-legen.

»Beeilt euch, bald schneit es«, sagte die Nonna, die kurz vorbeigekommen war.

»Woher weißt du das?« fragte Candace. »Weil die Tauben gurren oder warum?«

»Nein«, sagte die Nonna lächelnd, »weil es kalt ist und schwarze Wolken heranziehen.«

Also halfen wir schnell zusammen, um das Holz vor die Küche zu schaffen. Noch bevor wir fertig waren, schwebten die ersten Schneeflocken über dem Dach, so groß wie Pappelsamen im Frühjahr. Ganz langsam färbten sie das Tal weiß. Im Westen spitzte die tiefstehende Sonne durch Löcher in der Wolkendecke und warf einen letzten Strahl goldenen Lichts auf die Mauern von Montepulciano. Und dann verschwand sie hinter wabernden Vorhängen aus Schnee. Wir waren ganz aufgeregt, rannten zur Gartenmauer, schoben die wenigen Flocken zu Schneebällen zusammen und begannen eine Schneeballschlacht. Dann fuhren wir eine letzte Wagenladung Holz vor das Haus und machten einen Spaziergang in die Hügel, von wo wir beobachten konnten, wie Haus und Garten sich weiß verfärbten.

Als erstes bedeckte der Schnee die *coppe* auf dem Dach und die schmiedeeisernen Außenlampen, dann die Pfosten, zwischen denen die Stützdrähte für die Weinstöcke gespannt wurden, die Äste der kahlen Bäume, den zurückgelassenen Handwagen beim Haus. Ein Schwarm Sperlinge sauste über unsere Köpfe hinweg und ließ sich schutzsuchend im geknickten Schilf des Teichs nieder. Paoluccis trächtige Kuh rülpste laut, doch durch das Schneetreiben drang das Geräusch nur gedämpft zu uns. Wir machten noch mehr Schneebälle und bewarfen alle möglichen Ziele; Pfosten und Bäume, den Kamin und uns gegenseitig. Langsam wurde es dunkel. Hinter dem fallenden Schnee, unendlich weit entfernt, flackerten die schüchternen Lichter der Stadt wie Pulsare einer anderen Galaxie. Wir luden eine letzte Fuhre Holz auf, hielten kurz bei der *cantina* an, um einige Scheiben *prosciutto* und eine Flasche Wein für das Abendessen mitzunehmen. Als wir das Haus fast erreicht hatten, tauchte plötzlich ein Schatten aus dem Halbdunkel. Es war Paolucci, mit einem breiten Grinsen im Gesicht.

»*Che bello!*« rief ich und breitete weit die Arme aus. Wie schön!

»*Porca miseria*«, sagte Paolucci, »*mi sento come un bambino.*« Säuische Not, ich fühle mich wie ein kleines Kind. Und dann verriet er: »Ich konnte einfach nicht im Haus bleiben.« Er half mir, das Holz unter den Weiden aufzuschichten und es so vor dem Schnee in Sicherheit zu bringen, dann setzten wir uns auf die krumme Bank neben der Eingangstür und sahen dem Schnee zu, wie er sich auf den Zypressen und den *lentaggine*-Büschen sammelte. Dann brachte Candace Glühwein in dampfenden Tassen, und der Geruch von Zimt erfüllte die Winterluft. Im Halbdunkel saßen wir da und tranken den heißen, bittersüßen Wein. »Rosanna macht heute abend *ciambelline*«, sagte Paolucci, »als Nachspeise. Kommt doch einfach vorbei; man muß sie nämlich essen, solange sie noch heiß sind.« Ich sagte, da könne er sich drauf verlassen, *assolutamente.*

»Für *ciambelline* könnte ich sterben«, schwärmte Candace. Dann trank Paolucci aus, schlug den Mantelkragen hoch und verabschiedete sich, »*A più tardi*«, bis später.

»Verdammt, was sind *ciambelline*?« fragte ich Candace.

»Keine Ahnung, aber ich bin schon sehr gespannt darauf«, sagte sie.

Nach dem Abendessen mummelten wir uns in Daunenjacken, zogen gewachste irische Regenjacken gegen die Nässe darüber, dazu Schals, Handschuhe und Hüte. Leise zischelte der Schnee durch die Büsche, die Nacht schimmerte im gespenstischen Licht des Schnees. Die langen Blätter der *nespole*

hingen herunter wie die Ohren eines traurigen Esels, die Stufen der Gartentreppe lagen unter wogenden Dünen begraben.
Wir huschten an der *corbezzola* vorbei, an den gebeugten
Ästen der Olivenbäume, zur Straße hinauf, wo Fahrbahn und
Straßengraben unter einer dicken Decke ununterscheidbar
miteinander verschmolzen waren. Und es schneite immer
weiter. Auf unserem Weg quer durch die Felder hinterließen
wir eine tiefe Spur im Schnee. Als wir die Eingangstür der
Pauluccis öffneten, ergoß sich gelbes Licht in die Nacht, in
dem die Flocken tanzten wie Schmetterlinge.

Alle Pauluccis waren zu Hause und in der Küche versam-
melt. Im Kamin prasselte ein Feuer, der knorrige Wurzelstock
eines Olivenbaums knisterte und flackerte, noch im Tod sehr
lebendig. Carla saß auf der kleinen Couch in der Ecke und
schnitt gerade nach einer Papiervorlage den Stoff für einen
Rock zurecht. Paolucci und die Nonna hatten es sich auf den
schmalen Bänken in der Feuerstelle bequem gemacht, er
flocht gerade einen neuen Gurt an einen Korb, mit dem man
Oliven einsammelte, die Nonna strickte Socken aus grober
Wolle. Rosanna und Eleonora standen am holzgefeuerten
Herd und fischten Teigringe aus einem Topf mit siedendem
Öl. »*Ciambelline*«, schrie Candace, »ich hab' dir ja gleich
gesagt, daß ich sie liebe!«

»Donuts«, sagte ich.

»Wasch dir den Mund mit Seife aus«, rügte Candace.

Wir setzten uns an den großen Tisch, Franco schickte
Eleonora um eine Flasche *vinsanto*, worauf Eleonora
schimpfte, sie habe nun wirklich zu tun, warum er denn nicht
selbst gehe. Dann holte sie aber den Wein doch, ein wunder-
bares, bernsteinfarbenes Getränk, und stellte die *ciambelline*
in einer tiefen Schüssel auf den Tisch. Sie waren noch heiß

vom Fett und rochen verführerisch. Dann nahm Rosanna einen Zipfel ihrer Schürze, umgriff damit einen kleinen Topf, nahm ihn vom Herd und goß seinen zähflüssigen, goldenen Inhalt über die *ciambelline*. »Mit heißem Honig schmecken sie köstlich«, sagte sie.

Und wirklich, es konnte nichts Besseres geben für eine kalte, verschneite Winternacht.

»*Domani si fa festa*«, kündigte die Nonna an, morgen ist Feiertag.

Paolucci schlug vor: »Wenn es bis dahin zu schneien aufgehört hat, können wir morgen ja zur alten Mühle hinuntergehen und zwei Christbäume schlagen.«

»Vielleicht hört es aber nie mehr zu schneien auf«, bemerkte Eleonora versonnen.

»Früher hat es dauernd geschneit«, behauptete die Nonna.

»Das stimmt«, pflichtete ihr Paolucci bei, »einmal hat es vier Tage ohne Unterbrechung geschneit, in der Stadt haben sie eine Schneise durch den hüfthohen Schnee gegraben, damit die Leute über den Corso gehen konnten. Und manche Bürger waren zu faul, die Strecke von ihrer Eingangstür bis zu dieser Schneise zu schippen, also haben sie einfach aus den Fenstern im ersten Stock eine Leiter heruntergelassen, über die sie direkt auf den Corso gelangten.«

»Eine ganze Woche sind wir hier nicht herausgekommen«, berichtete Rosanna.

»*Che festa!*« jubelte Carla, was für ein Festtag.

Wir verabschiedeten uns erst spät. Der Schneefall hatte leicht nachgelassen, wir konnten die verschleierten Lichter der Stadt eben noch erkennen. Inzwischen reichte uns der Schnee bis zum Knie. Wir standen auf der verwaisten Straße und sahen dem Mondlicht zu, das sich immer wieder einen Weg durch die Wolken bahnte.

»Laß uns in die Stadt gehen«, sagte Candace.

»Du spinnst ja«, meinte ich.

»Und was hat das mit dem Reispreis in China zu tun?«

Ich hatte keine Ahnung, was dieser Satz bedeuten sollte, aber ich fühlte mich viel zu wohl, um nachzufragen. Also gingen wir nicht nach Hause, sondern folgten dem unberührten Band der weißen Straße bis Montepulciano.

Die Welt schien sich für einen Festtag herausgeputzt zu haben: Paoluccis Rebstöcke trugen lange Halsketten aus Schnee, die Zypressen hatten spitze weiße Hüte aufgesetzt, auf den blanken Ästen der Ulmen lag feinste winterliche Spitze. Selbst auf Anselmis Hof waren Pflüge und Karren verschwunden, statt ihrer standen wunderlich geformte Hügel und Dünen herum.

Nur die alten, würdigen Zypressen am Friedhof hatten sich nicht fein, sondern eher albern angezogen: Ihre windzugewandte Seite leuchtete schneeweiß, ihre Leeseite trug finsterstes Nachtschwarz. Die Straße stieg jetzt leicht an; als wir nach einer Weile zurückblickten, sah der Friedhof unter uns aus wie ein bewegtes Meer. Aus jeder Welle, von jedem Grab drang ein schüchternes rötliches Licht: Das Feuer der Grabkerzen hatte kleine Schächte im Schnee freigehalten, erschöpft kämpfte sich ihr Schein an die Oberfläche. Diffuses, rotes Flackern lag über dem Friedhof. Als ob die Seelen tanzten.

»Kein Wunder, daß niemand in der Nähe des Friedhofs wohnen will«, flüsterte Candace. Bei einer kleinen Kapelle hielten wir kurz an, setzten uns auf die schmale Bank und rasteten ein wenig. Weiter unten im Tal seufzte der Wind in den Bäumen, Büsche lagen geplättet am Boden, von der Last des Schnees niedergerungen. Wir gingen weiter bergan und sahen schon bald durch das Westtor die weiß verhüllte Stadt. Über wenigen schwerbeladenen Fensterbrettern blinkte noch Licht, eisige Wasserspeier ragten von den Straßenlampen, von jedem Zacken und Vorsprung. Und in den Straßen wogten Dünen, vom Wind geformt und geglättet.

In der kleinen Bar brannte noch Licht, ein Mann stand am Fenster und blickte nach draußen. Ein einsamer Kunde saß an seinem Tisch und starrte vor sich hin. Wir gingen hinein, *buonasera, buonasera*, setzten uns ans Fenster und ließen uns zuerst dampfend heiße Schokolade bringen, dann zwei Brandys.

»*Che silenzio*«, sagte der Mann am Fenster. Was für eine Stille.

»Ganz anders als früher«, sagte der andere, »damals gab's viel Lärm.«

»Einen Heidenlärm«, bestätigte der erste.

Und dann redeten sie über eine Winternacht vor langer Zeit, als das Geschrei und das Lachen der Kinder die Straßen erfüllten, als Pietro sich auf die umgedrehte Kühlerhaube eines Cinquecento setzte und sich von seinem Hund durch die ganze Stadt ziehen ließ, als sich Beppe in zwei Weidenkörbe stellte, sie um die Knöchel festband und als Schneeschuhe verwendete. Damals tobte die Schneeballschlacht auf der Piazza tagelang, damals bauten die Kinder eine Schneerampe unter dem Fenster des Frauenklosters, um durch die Fenster zu spionieren. Vittorio wurde *Il Missile Umano*, die menschliche Rakete, als er sich einen Düngersack überzog und mit dem Kopf voran die schneebedeckten Kirchenstufen hinuntersauste. Und als eine spielverderberische Mamma ihre Fensterläden aufriß und hinunterbrüllte: »Morgen ist Schule«, hörten alle zu spielen auf, bückten sich und warfen ihr jede Menge Schneebälle durch das offene Fenster ins *soggiorno.*

»*Che tempi*«, seufzte der Inhaber, was für Zeiten.

Dann schloß die Bar, wir vermummelten uns wieder und traten ins Freie. *Buonanotte, buonanotte.*

Die Piazza lag still und leer, eine Bö verwehte den lockeren Schnee zu neuen Formen. Schon trugen der Greif und der Löwe am steinernen Brunnen weiße Mützen, und noch immer tanzten dichte Flocken. Wir lauschten aufmerksam, um vielleicht das verhallende Echo der längst vergangenen Schneeballschlacht zu hören, die festen Schritte des wagemutigen Polarforschers mit den Weidenkörben an den Füßen, das fröhliche Bellen des Hundes, der die Kühlerhaube durch die Stadt zog. Fast war uns, als sähen wir durch den dichten Schleier Vittorio, *Il Missile Umano*, wie er gerade die Kirchentreppen hinuntersauste.

Die Glocken schlugen Mitternacht.

Und es schneite und schneite.

❧ Epilog

Der Schnee blieb nur zwei Tage liegen, dann wurde die Luft wieder wärmer. Jenen Winter verbrachten wir mit langen Spaziergängen durch die Felder, mit Reisen nach Rom und Florenz. Manchmal fuhren wir ans Meer und sahen den Stürmen zu, die an die Felsenküste brandeten. An kalten, aber windstillen Tagen besuchten wir oft die winzige Ortschaft Bagni Vignoni am Fuß des alten Vulkans. Dieser Flecken ist nicht um eine *piazza* herum angelegt, sondern um eine dampfende *vasca*, die vor fünfhundert Jahren aus dem Kalkstein geschlagen worden war und die eine heiße Quelle faßt. Ganz in der Nähe stürzte das heiße Wasser in einem Wasserfall herab. Dort schwammen wir gern im von Mineralien milchig trüben Wasser oder stellten uns unter die tosenden Kaskaden. Dick waberte der Dampf durch die Winterluft.

Wir machten Ausflüge in die vielen kleinen Ortschaften in der Umgebung, fuhren in die Stadt, wo wir in den Cafés saßen, plauderten oder die Zeitung lasen. An milden Tagen setzten wir uns auf der Piazza Grande in die Sonne und sahen der Stadt beim täglichen Leben zu. Wir besuchten Freunde und wurden besucht, von Bazzotti, Inaldo, Nebbia, den Piccardis, Gianni und Monica und natürlich den Paoluccis.

Eine nach der anderen leerten wir die selbstgefüllten Weinflaschen unserer *cantina*, und ganz allmählich lernten wir mehr über die Toskana, ihre Hügel, ihr Licht, ihre Kunst, ihre Küche, ihre Weine und hauptsächlich über die natürlichen, leidenschaftlichen, lebensfrohen Menschen dieser Region. Trotz unseres quecksilbrigen Temperaments lernten wir sogar, das Leben so zu genießen wie die Menschen der Toskana – *piano, piano, con calma.*

Während des Winters besuchte uns jeden Tag ein Fasan. Er strich ums Haus herum, krähte mit seiner Säuferstimme, pickte im Garten herum, an unseren Topfpflanzen und an den Körnern, die wir ihm hinstreuten. Eines Morgens hörten wir dann die Stimme eines Kuckucks aus der Hecke hinter den Olivenbäumen. Einige Tage später steckte eine Füchsin ihre Schnauze aus dem stillgelegten Abwassertunnel hinter dem Haus. Sie schnupperte die Luft, sondierte die Lage und kam aus dem Tunnel – gefolgt von sechs tapernden, stolpernden Jungen, die aussahen wie Wollknäuel.

Der Frühling war da.